中国光伏政策效应的微观机制研究

袁潮清 张 蕊 张玉龙◎著

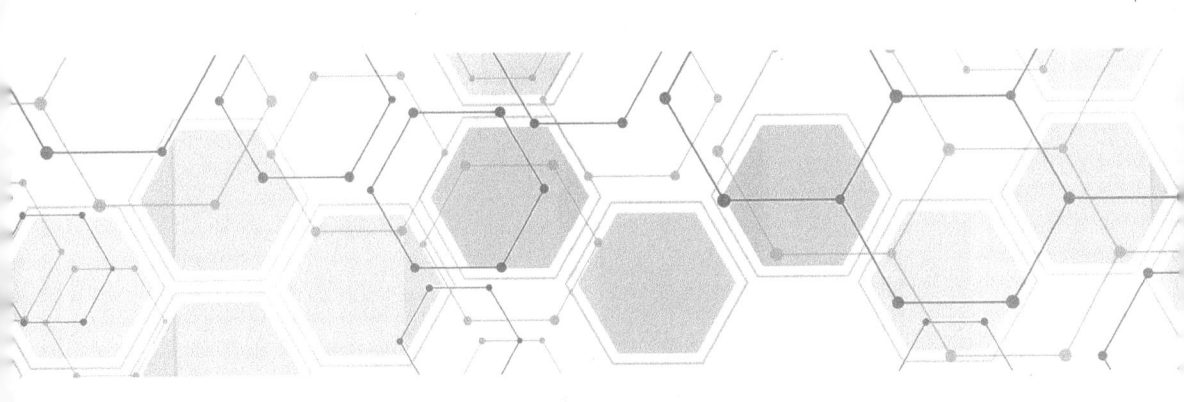

科学出版社

北京

内 容 简 介

中国光伏产业发展与产业政策演变相互交织。产业政策对市场主体行为产生了引导、激励和调节作用。本书对光伏政策动态演化规律进行了分析，以光伏企业、银行等微观主体为研究对象，针对光伏产业投融资、创新、生产和出口等多个环节，从信号引导、产业补贴等多个视角揭示光伏政策的微观作用机制。本书通过文本分析实现了对光伏政策内容研究的深化，同时也更加系统和全面地研究了产业政策作用机制。

本书可以作为产业经济和能源经济等专业的本科生、研究生学习参考书，也可以为相关领域的研究人员、企业管理者和政府工作人员提供借鉴。

图书在版编目（CIP）数据

中国光伏政策效应的微观机制研究 / 袁潮清，张蕊，张玉龙著. -- 北京：科学出版社，2025. 3. -- ISBN 978-7-03-081442-5

Ⅰ. F426.61

中国国家版本馆 CIP 数据核字第 2025NY8986 号

责任编辑：郝　悦／责任校对：王晓茜
责任印制：张　伟／封面设计：有道设计

科学出版社 出版
北京东黄城根北街 16 号
邮政编码：100717
http://www.sciencep.com

天津市新科印刷有限公司印刷
科学出版社发行　各地新华书店经销
*
2025 年 3 月第　一　版　开本：720×1000　1/16
2025 年 3 月第一次印刷　印张：13
字数：260 000
定价：150.00 元
（如有印装质量问题，我社负责调换）

前　言

发展光伏等新能源是应对全球气候变化的重要途径之一。中国光伏产品的光电转化率不断刷新纪录，成本快速下降，并实现平价上网，产量和出口在国际处于领先地位，装机和发电稳居世界第一。中国光伏产业的跨越式发展离不开产业政策的大力扶持。

本书主要以光伏企业、银行等微观主体为研究对象，从投融资、创新、生产和出口等多个环节揭示光伏政策的微观作用机制。具体而言，主要研究内容包括以下方面。

分析了中国光伏产业发展态势，并对中国光伏产业减排潜力进行了估算。从创新与技术进步、产能与产量、装机与发电等多个维度分析中国光伏产业发展的现状和态势；基于全产业链的视角构建光伏产业排放测算体系，测算光伏产业碳排放以及在"双碳"目标下的减排贡献潜力，从政策、技术等多方面探讨发挥光伏产业减排潜力的关键因素，科学合理地评估光伏产业未来发展对"双碳"目标的贡献。

对中国光伏政策的动态演化规律进行了可视化的分析。从国务院和国家部委网站，收集中央政府层面的光伏政策。对中国光伏政策采用社会网络分析方法，根据政策之间的相互引证关系识别相应的政策群；采用共词分析揭示各个光伏政策群的重点，刻画光伏政策的动态演化。政策群的重点反映了政策目标和侧重点，也是分析其作用机制的重要依据。

在掌握了产业发展趋势和政策演化规律的基础上，从产能、创新、出口等多个维度展开了对光伏政策作用的微观机制研究。

研究了中国光伏政策与产能波浪式过剩的内在机制。光伏产能的过剩是产能扩张的结果。光伏产能的扩张是企业投资行为的直接后果，同时也是银行信贷支持的间接结果。对于产能过剩问题始终未能根治的光伏产业，为什么企业能不断获得信贷从而扩张产能？本书采用文本分析构建政策情感指标，对政策进行量化，揭示了光伏政策情感影响了银行对行业风险的判断而增加了信贷的间接机制。对于光伏产能投资，考虑光伏技术轨道变迁造成成本的非连续下降，新进入企业有短期成本优势但是存在长期成本领先的幻觉，即企业按照长期成本学习曲线进行投资决策而按照短期学习曲线运营，分析企业的进入和退出行为，揭示了光伏产业波浪式产能过剩的内在机制，并将光伏政策变量引入实证，发现光伏政策对光伏产能过剩并无实质性影响。

揭示了中国光伏政策对产业技术创新的促进机制。构建光伏企业研发的利润最大化模型，分析政策对光伏企业新技术开发的影响。根据世界贸易组织的相关规定，很多光伏政策可以归结为政府补贴，而且政府补贴也是最为直接的支持方式，据此就政府补贴对光伏创新的影响进行了计量分析，从而实证研究光伏政策对创新的促进作用。考虑了外部环境尤其是企业所处的区域创新体系对创新的影响，研究区域创新体系对光伏政策的调节效应。

辨析了中国光伏出口鼓励政策与光伏全要素生产率（total factor productivity, TFP）的提升关系。国际贸易的相关研究表明，出口可以提高企业的TFP。如果出口能促进光伏企业TFP的提高，出口鼓励政策则能推动光伏产业的健康发展。通过收集光伏企业的进出口数据，计算其TFP，分析光伏企业的出口对TFP的影响以检验光伏政策的这一作用机制。

调查研究了中国光伏扶贫政策的微观效应。从消费视角出发，对于G省B市W县4个乡镇既往建档立卡的贫困户开展入户调查，对脱贫后的贫困家庭贫困脆弱性进行测度，采用虚拟变量回归、分位数回归等方法评估光伏扶贫项目减贫效果，并进行了稳健性检验，充分揭示了光伏扶贫项目的精准性、有效性和效果持续性的特征。

提出了中国光伏政策的优化建议。在前几部分研究的基础上，从政策重点、产业链特征、前瞻性等方面提出一些光伏政策优化的建议。

本书的写作得到了南京航空航天大学灰色系统研究所刘思峰教授，南京航空航天大学经济与管理学院周德群教授、江可申教授、王英教授、王建立教授、朱庆缘教授，中国社会科学院数量经济与技术经济研究所吴滨主任的热情关心、指导、支持和帮助。在此向他们表示衷心的感谢！

研究生同学们和作者共同完成了本书的写作。其中，胡玲参与了第2章，朱玉欣参与了第3章，陈红雪和沈媛参与了第4章，张蕊和张玉龙参与了第5章，周凯轩参与了第6章，董鸿源参与了第7章，伦涛参与了第8章，丁天莉参与了第9章。感谢他们在本书写作中的重要贡献！

本书的写作得到了国家自然科学基金面上项目（72374102）、教育部人文社会科学研究规划基金项目（21YJA630110）、南京航空航天大学学术著作出版基金（NR2024031）、南京航空航天大学经济与管理学院出版基金项目的资助，在此一并表示感谢！

作　者

2025年3月

目 录

第1章 绪论 ·· 1
  1.1 研究背景 ·· 1
  1.2 研究思路 ·· 3
第2章 中国光伏产业的跨越式发展与其减排潜力分析 ······················· 6
  2.1 中国光伏产业的跨越式发展 ··· 6
  2.2 中国光伏产业未来减排贡献的情景分析 ·································· 7
  2.3 本章小结 ··· 23
第3章 中国光伏产业政策的动态演化 ··· 24
  3.1 中国光伏政策群划分网络的构建 ··· 24
  3.2 中国光伏产业政策群的内容演化分析 ··································· 30
  3.3 中国光伏政策的宝贵经验和重要启示 ··································· 39
  3.4 本章小结 ··· 41
第4章 政策引导下光伏产能过剩微观机制 ······································· 51
  4.1 产业政策与银行对光伏产业的信贷支持 ······························· 51
  4.2 非连续技术进步、产业政策与光伏产能过剩 ························· 73
  4.3 本章小结 ·· 104
第5章 光伏政策对企业技术创新的促进作用机理研究 ······················ 106
  5.1 光伏政策鼓励下新进企业的新技术选择模型研究 ·················· 106
  5.2 异质性创新政策下光伏企业新技术开发选择模型 ·················· 108
  5.3 考虑创新体系建设的光伏产业企业新技术开发选择模型 ········· 109
  5.4 本章小结 ·· 110
第6章 政府补贴对光伏技术创新促进机制 ······································ 111
  6.1 研究假设提出 ··· 111
  6.2 研究设计 ··· 116
  6.3 模型构建 ··· 118
  6.4 实证分析 ··· 121
  6.5 本章小结 ··· 138
第7章 光伏政策与区域创新体系耦合机制 ····································· 139
  7.1 研究设计 ··· 139

7.2　实证结果分析 ·· 145
　　7.3　研究结论与启示 ·· 150
　　7.4　本章小结 ·· 152
第 8 章　出口对中国光伏企业全要素生产率的影响 ······················ 153
　　8.1　模型设定与变量选取 ·· 153
　　8.2　实证结果分析 ·· 157
　　8.3　结论与启示 ·· 159
　　8.4　本章小结 ·· 159
第 9 章　光伏扶贫政策的扶贫效应 ···································· 160
　　9.1　安徽省 B 市 W 县光伏扶贫项目调查和现状分析 ················ 160
　　9.2　安徽省 B 市 W 县光伏扶贫项目减贫效果分析 ·················· 172
　　9.3　本章小结 ·· 191
第 10 章　进一步完善光伏政策的建议 ································· 192
　　10.1　强化自主创新在发展中的核心地位，将创新作为光伏政策的主要
　　　　　着力点 ··· 192
　　10.2　强化光伏政策和市场机制的相互耦合，推动"有为政府"和"有效
　　　　　市场"的协同与配合 ······································· 192
　　10.3　发挥高校和研究机构在自主创新体系中的原始创新贡献，增强光
　　　　　伏等产业创新生态的活性 ··································· 193
　　10.4　精准研判和理解产业链复杂程度，针对性构建产业发展的策略
　　　　　和路径 ··· 193
　　10.5　深度契合新时代高技术产业发展趋势，提高光伏等产业政策制定的
　　　　　前瞻性和实施的有效性 ····································· 194
参考文献 ·· 195

第 1 章 绪　　论

1.1　研究背景

在全球气候变化的大背景下，洪水、干旱、高温、台风、雨雪冰冻等极端天气和气候事件频繁发生，给人民生活和财产安全造成了巨额的损失。以2022年为例，全球范围内几乎都发生了气候事件和极端天气灾难。夏季高温打破了中国干旱天气纪录。欧洲也经历了历史上最为炎热的夏天，英国气温首次突破40摄氏度，意大利北部发生了70多年来最严重的干旱。而2022年6月美国经历了一系列洪水；同时，美国中部却发生了极端干旱，密西西比河水位骤降；2022年11月发生的飓风"妮科尔"导致了灾难性的风暴潮。气候变化已经是世界各国共同面临的巨大难题和挑战，国际社会也正在积极寻求充分合作从而加以有效应对。

联合国大会于1992年5月9日通过了《联合国气候变化框架公约》，其终极目标是将大气温室气体浓度维持在一个稳定的水平，以确保人类活动不会对气候系统产生危险干扰。依据《联合国气候变化框架公约》，1997年通过了《京都议定书》，限制发达国家温室气体排放量以抑制全球变暖；2007年通过了"巴厘路线图"，要求签署《京都议定书》的发达国家须履行《京都议定书》的规定，同时要求发展中国家和未签署《京都议定书》的发达国家也要采取进一步的应对措施；2015年正式签署的《巴黎协定》，承诺将加强对气候变化威胁的应对，把全球平均气温较工业化前水平升幅控制在2摄氏度之内，并努力将升温控制在1.5摄氏度以内；2021年签署的《格拉斯哥气候公约》，将以全球变暖维持在1.5摄氏度内为共同目标，并敲定了《巴黎协定》的实施细则。

长期以来中国高度重视气候变化问题。中国正在努力大幅度降低单位国内生产总值二氧化碳排放，并争取积极稳妥推进碳达峰碳中和。《中华人民共和国国民经济和社会发展第十四个五年规划和2035年远景目标纲要》对中国碳达峰和碳中和做了相应的部署。碳达峰、碳中和已经成为我国的一项重要战略任务。

太阳能光伏发电因其可再生、无污染、无限量、易取得的优势，成为最为理想的新能源之一，也是目前技术较为成熟的新能源之一。因此光伏也被认为是实现能源转型、积极应对全球气候变化的重要选择。全球光伏发电量呈现了指数增长的态势，如图1.1所示，从2011年65.5太瓦时增长到2021年的1032.5太瓦时，年均增长率为31.75%。除了欧洲、美国、日本等发达国家和地区光伏发电在快速增长以外，中国和印度等发展中大国的光伏发电量也在迅速增加，中国的光伏发电量更是自 2018 年超过欧洲稳居世界第一。据国际能源署发布的《世界能源展望 2023》估计，到 2050 年太阳能和风能的装机将增长 9~15 倍。

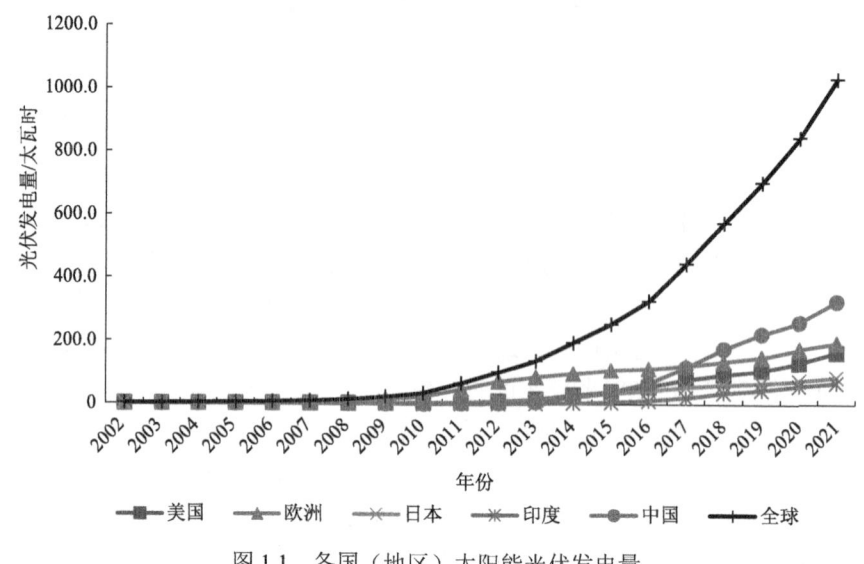

图 1.1 各国（地区）太阳能光伏发电量
资料来源：*BP Statistical Review of World Energy June* 2022

光伏发电前景被广泛看好，也就成为各国政府能源政策的一个焦点。德国政府早在 1991 年和 1999 年分别提出"千个屋顶计划"和"10 万个屋顶计划"，并于 2000 年颁布《可再生能源法》，从而开始了固定上网电价制度的实施。该上网电价制度先后进行了 5 次修改，重点制定了基于发电量的补贴政策。

美国以并网电价补贴为主，出台了多项激励光伏产业发展的政策措施，1997 年联邦政府推出"百万屋顶计划"，2010 年通过"千万太阳能屋顶"提案，各州级政府也为当地光伏企业提供税收优惠、贷款优惠等扶持政策。1974 年日本政府出台"阳光计划"，为安装太阳能发电设备的用户发放补贴，后期并持续为光伏产业提供了多种税收优惠和支持政策。2005 年，《中华人民共和国可再生能源法》颁布，其后对光伏等新能源的鼓励政策不断出台和调整，已经形成了相对完善的光伏政策体系，特许权招标、金太阳示范工程、光电建筑应用、微电网示范项目、多能互补集成优化工程、领跑者计划、光伏扶贫等一系列的产业政策推动了光伏发电的发展、应用与普及。

毫无疑问，正是在各国政府政策的推动下，全球光伏产业和光伏发电取得了迅猛发展。但是对光伏政策的评价却经常出现争议与分歧。这一点在中国光伏产业的体现最为明显。一方面，中国光伏产业的产能过剩问题始终不能得到有效解决，很多学者将其归因为产业政策补贴带来的负面作用；另一方面，中国光伏产品在国际市场上占据了大部分的份额，欧美等国家和地区以中国政府存在向国内生产企业提供供应链补贴、设置贸易壁垒等行为为由，掀起了数轮反倾销、反补贴调查。当然，产业政策本身就是一个充满争议的话题。例如，经济学家张维迎和林毅夫围绕政府是否应该制定产业政策爆发了激烈的争论，争论点之一即为光伏产业政策的有效性。

对于光伏政策效果或者绩效的争议，是值得深入研究的。一方面，这是一个富有吸引力的理论问题，光伏政策发挥作用的机制是什么？又是如何发挥作用的？另一方面，就光伏政策而言，因为产业本身正在急剧演化，政策的作用就会变得极其复杂和不确定。类似的产业还有很多，如新能源汽车、区块链、物联网等。因而对光伏政策的研究结论，对这些产业发展也具有非常好的借鉴价值。

光伏政策影响了企业、银行等微观市场主体的行为。研究光伏产业政策的作用机制和效果，必须以这些市场主体为研究对象，重点分析它们对政策的反应以及由此带来的后果。因此，本书以微观经济学理论为基础，主要依据利润最大化、效用最大化的逻辑来建模和分析不同主体的行为。这样的研究思路，使得研究结果能直接根植于企业、银行等市场主体行为的变化。相对于现有的政策效果评估方法而言，本书所采用的研究思路和方法所得到的结论具有更强的可解释性。

1.2 研究思路

本书的研究思路如图 1.2 所示。第 1 章主要介绍本书的研究背景和总体的研究思路。第 2 章重点分析光伏产业发展的状况，以及在"双碳"目标下光伏产业的潜在减排贡献，而且指出减排潜力的关键在于低碳政策和光伏产业技术进步。第 3 章对中国光伏政策采用社会网络分析方法，根据政策之间的相互引证关系识别相应的政策群，采用共词分析发掘光伏政策群的重点。政策群的重点反映了政策目标和侧重点，也是分析其作用机制的重要依据。第 4 章至第 9 章依据政策的侧重点分别分析光伏政策对产能、创新和扶贫的具体作用机制。其中，第 4 章研究光伏政策对光伏产能扩张的作用机制，采用文本分析构建政策情感指标，对政策进行量化，揭示了光伏政策引导下银行对光伏企业的信贷支持行为；进一步研究表明光伏企业的投资主要是由于技术轨道变迁造成的非连续技术进步，而不是光伏政策。第 5 章则考虑技术进步的随机性，就光伏政策对新技术开发的促进作用进行了理论研究。根据世界贸易组织的相关规定，很多光伏政策可以归结为政

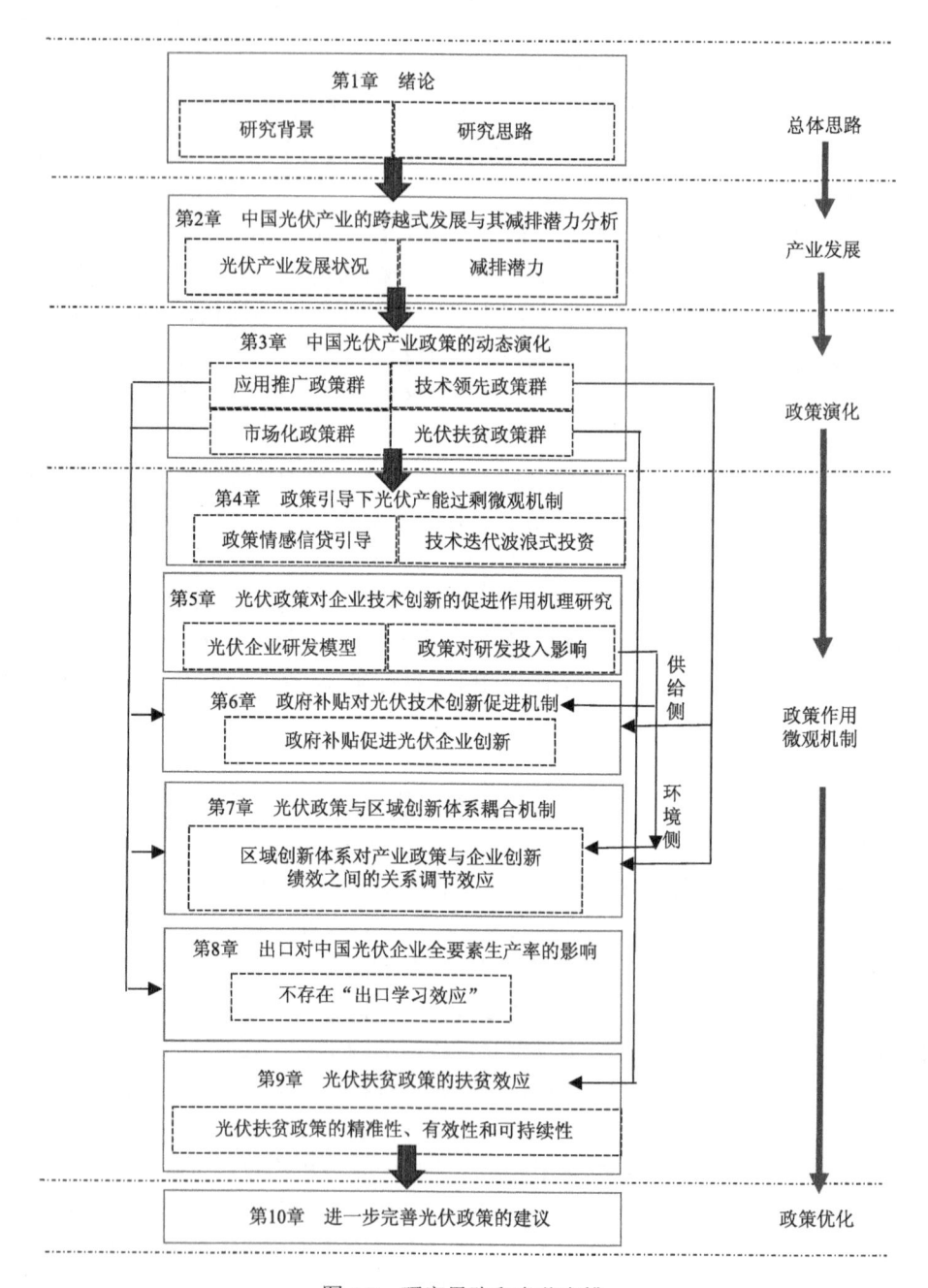

```
┌─────────────────────────────────┐
│      第1章  绪论                │
│  ┌──────────┐  ┌──────────┐    │   总体思路
│  │ 研究背景 │  │ 研究思路 │    │
│  └──────────┘  └──────────┘    │
└─────────────────────────────────┘
                ↓
┌─────────────────────────────────┐
│  第2章  中国光伏产业的跨越式发展与其减排潜力分析  │
│  ┌────────────────┐  ┌──────────┐│   产业发展
│  │ 光伏产业发展状况│  │ 减排潜力 ││
│  └────────────────┘  └──────────┘│
└─────────────────────────────────┘
                ↓
┌─────────────────────────────────┐
│  第3章  中国光伏产业政策的动态演化│
│  ┌──────────┐  ┌────────────┐  │
│  │应用推广政策群│技术领先政策群│  │   政策演化
│  ├──────────┤  ├────────────┤  │
│  │市场化政策群│ │光伏扶贫政策群│  │
│  └──────────┘  └────────────┘  │
└─────────────────────────────────┘
                ↓
┌─────────────────────────────────┐
│  第4章  政策引导下光伏产能过剩微观机制│
│  ┌──────────────┐ ┌──────────────┐│
│  │政策情感信贷引导│ │技术迭代波浪式投资││
│  └──────────────┘ └──────────────┘│
└─────────────────────────────────┘
┌─────────────────────────────────┐
│ 第5章  光伏政策对企业技术创新的促进作用机理研究│
│ ┌──────────────┐ ┌────────────────┐│
│ │光伏企业研发模型│ │政策对研发投入影响││  供
│ └──────────────┘ └────────────────┘│  给   政策作用
└─────────────────────────────────┘  侧   微观机制
┌─────────────────────────────────┐
│ 第6章  政府补贴对光伏技术创新促进机制│
│      ┌──────────────────────┐    │
│      │政府补贴促进光伏企业创新│    │
│      └──────────────────────┘    │  环
└─────────────────────────────────┘  境
┌─────────────────────────────────┐  侧
│ 第7章  光伏政策与区域创新体系耦合机制│
│   ┌────────────────────────┐    │
│   │区域创新体系对产业政策与企业创新│
│   │     绩效之间的关系调节效应     │    │
│   └────────────────────────┘    │
└─────────────────────────────────┘
┌─────────────────────────────────┐
│ 第8章  出口对中国光伏企业全要素生产率的影响│
│      ┌──────────────────┐        │
│      │ 不存在"出口学习效应" │        │
│      └──────────────────┘        │
└─────────────────────────────────┘
┌─────────────────────────────────┐
│    第9章  光伏扶贫政策的扶贫效应    │
│  ┌──────────────────────────┐  │
│  │光伏扶贫政策的精准性、有效性和可持续性│  │
│  └──────────────────────────┘  │
└─────────────────────────────────┘
                ↓
┌─────────────────────────────────┐
│    第10章  进一步完善光伏政策的建议   │   政策优化
└─────────────────────────────────┘
```

图1.2 研究思路和章节安排

府补贴，而且政府补贴也是最为直接的支持方式。因此第 6 章重点研究了政府补贴对光伏创新的影响。第 7 章则考虑了外部环境尤其是企业所处的区域创新体系对创新的影响，研究区域创新体系对光伏政策的中介效应。除了第 6 章、第 7 章产业技术创新的影响外，政策也会促进出口，从而促进产业生产率的提高。第 8 章分析出口对光伏企业全要素生产率的影响，以检验光伏政策的这一作用机制。第 9 则是在实地调查的基础上，研究光伏扶贫的政策效应。第 10 章在前几章研究的基础上，提出一些光伏政策优化的建议。

第 2 章 中国光伏产业的跨越式发展与其减排潜力分析

2.1 中国光伏产业的跨越式发展

中国太阳能光伏电池的研究始于 20 世纪 50 年代末。早期由于生产能力和高成本的制约，光伏发电技术的应用领域十分狭窄。"六五"时期，国家就开始投入资金发展光伏产业，曾引进了多条光伏电池生产线。但是光伏产业大规模商用始于 2010 年前后。当时全球金融危机爆发，各个国家都在寻找经济恢复和发展的新方向，均大力推动光伏等新能源的发展。同时气候变化也在全球范围受到了热切的关注。在这样的背景下，中国光伏产业果断抢占了发展先机，实现了快速增长。

从光伏发电装机来看，2022 年我国光伏新增装机量为 87.41 吉瓦，连续 10 年位居全球首位。光伏累计装机量为 392.61 吉瓦，连续 8 年位居全球首位。2022 年我国多晶硅产量为 82.7 万吨，连续 12 年位居全球首位；硅片产量为 357 吉瓦；电池片产量为 318 吉瓦；组件产量为 288.7 吉瓦，连续 16 年位居全球首位。2022 年光伏产品（硅片、电池片、组件）出口总额约 512.5 亿美元，同比增长 80.3%。其中，光伏组件出口额 423.61 亿美元，出口量约为 153.6 吉瓦，同比增长 55.8%；硅片出口量约为 36.3 吉瓦，同比增长 60.8%；电池片出口量约为 23.8 吉瓦，同比增长 130.7%[①]。

根据中国光伏行业协会统计，2022 年，N 型 TOPCon（tunnel oxide passivated contact，隧穿氧化层钝化接触）电池平均转换效率达到 24.5%，HJT（heterojunction with intrinsic thin-film，本征薄膜异质结）电池平均转换效率达到 24.6%，XBC（X back contact，交叉指式背接触）电池平均转换效率达到 24.5%。

光伏装备也已经实现国产化。新投 PERC（passivated emitter and rear contact，钝化发射极和背面接触）电池线生产设备，基本实现国产化；国内组件生产线设备主要包括焊接机、划片机、层压机、EL（electroluminescent，电致发光）测试仪、IV 测试仪（I-V Tester，电流-电压特性测试仪）、装框机、打胶机、上下载

---

① 资料来源：http://m.cnr.cn/tech/20230221/t20230221_526160483.html。

机械手八种设备,已经全部实现国产化。异质结电池线生产装备也由国内的上市公司提供。

2.2 中国光伏产业未来减排贡献的情景分析

在过去的十多年间,中国光伏产业经历了从无到有、由弱到强的爆发式发展,在全球的重要性已无可替代。大力发展光伏发电已成为能源转型的重要途径。中国光伏产业未来减排的贡献是发展光伏产业的重要价值所在,也是制定光伏政策的重要出发点和归宿点。

2020年对中国光伏产业的发展具有里程碑意义,光伏发电在商民两用领域成本持续下降,基本实现平价上网。在"双碳"目标下,平价甚至廉价的光伏发电将迎来新的发展浪潮,光伏产业将会做出更大的减排贡献。

考虑到中国大量制造光伏组件和建设光伏电站产生了相当量的碳排放,而其中只有部分在国内安装发电,发电减排是否能抵消生产过程中的碳排放从而使整个产业链实现减排效应?科学核算中国光伏产业碳排放,摸清光伏产业碳排放的现状,对制定光伏政策和减排政策都有重要意义。作为重要的清洁能源,光伏产业的减排贡献到底能有多大?又应该采取什么样的政策来推动光伏产业发挥减排效应?本章的研究将系统地回答上述几个重要问题。

2.2.1 全产业链视角下中国光伏产业碳排放核算

中国光伏产业,在技术、生产、出口等环节都处于领先地位。中国光伏产业的发展支撑了全球光伏发电需求的扩张。中国光伏产业生产环节在国内,而部分发电环节减排的效应在国外。如果按照光伏系统全寿命周期来核算,会将中国出口到国外的光伏系统减排贡献计入到中国光伏产业,从而和产业的实际碳排放产生相当大的偏差。这就需要依据国内全产业链的情况更加精确地核算光伏产业碳排放。

1. 核算思路

完整的光伏产业链条的碳排放核算,上游应该追溯到产能建设、产品生产,下游应延伸至运输、安装和应用发电,据此将中国光伏产业碳排放核算划分为五大模块:①产能建设产生的碳排放;②组件生产产生的碳排放;③运输过程产生的碳排放;④电站建设产生的碳排放;⑤光伏发电减少的碳排放。将上述五大模块的碳排放进行加总,即可核算当年整个光伏产业的碳排放,如图2.1所示。而寿命周期评价(life cycle assessment,LCA)法针对的是某一个光伏产品或光伏组件的全寿命周期排放的核算,其中在组件生产和电站建设的过程中有排放,电站建成后则开始长期减排，将前期的排放和后期累计减排相加（$\sum C_t$）即可得到单个光伏系统全寿命周期的碳排放[1]，如图2.2所示。

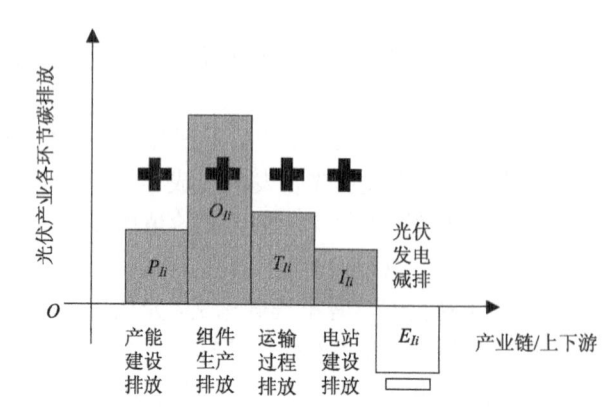

图 2.1　第 i 年光伏产业碳排放核算思路

图中"+"表示碳排放环节或者年份，"-"表示减排环节或者年份

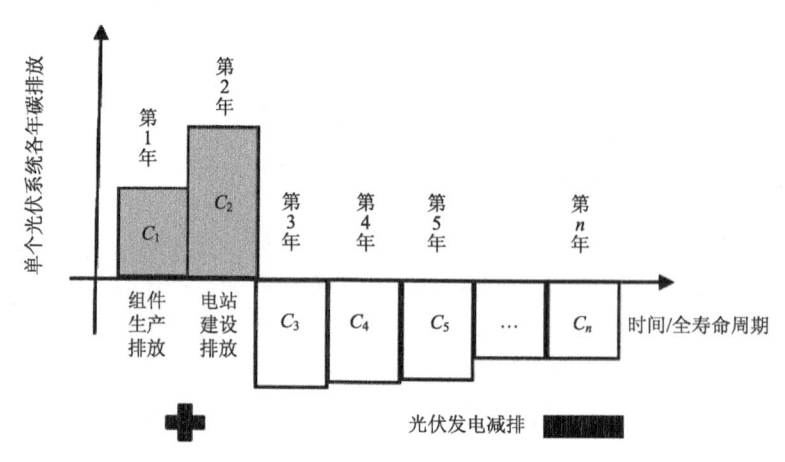

图 2.2　单个光伏系统 LCA 碳排放核算思路

图中"+"表示碳排放环节或者年份，"-"表示减排环节或者年份

显而易见，本章的核算思路和 LCA 方法存在根本的差别。从坐标系可以看出，两者核算的维度不同，本章提出的光伏产业碳排放是对某个年份产业链各个环节总的碳排放进行核算；LCA 碳排放针对光伏系统，核算其超过 20 年的寿命周期内总的碳排放。从核算结果看，某个年份光伏产业碳排放可能为正也可能为负，而 LCA 碳排放肯定为负。所以按照本章的思路核算光伏产业碳排放、估算其对减排的贡献是有必要的。

2. 核算方法

根据图 2.1 的核算思路，光伏产业第 i 年碳排放量的核算方法为

$$C_{Ii} = P_{Ii} + O_{Ii} + T_{Ii} + I_{Ii} - E_{Ii} \tag{2.1}$$

其中，C_{Ii} 为第 i 年中国光伏产业碳排放总量（吨）；P_{Ii} 为第 i 年中国光伏产业新增产能建设产生的碳排放（吨）；O_{Ii} 为第 i 年中国光伏组件生产产生的碳排放总量（吨）；T_{Ii} 为第 i 年中国新增装机所需光伏组件运输过程产生的碳排放量（吨）；I_{Ii} 为第 i 年中国新增光伏电站建设产生的碳排放量（吨）；E_{Ii} 为第 i 年国内光伏发电因替代传统煤炭发电而减少的碳排放总量（吨）。

产能建设是在产能规划的基础上通过建设生产场所，购置生产设备、工具及劳动力形成总体生产能力。其中，厂房建设和专用设备的获取是这一环节碳排放的主要来源。本章将光伏产业根据产品流向划分为高纯多晶硅生产阶段、硅片生产阶段、电池片及电池组件生产阶段，每一阶段产能建设的碳排放都具体包括专用厂房和设备的获取。因此：

$$P_{Ii} = F_j \times p_{ij} + D_j \times p_{ij} \tag{2.2}$$

其中，F_j 为第 j 阶段厂房建设的单位产能碳排放（吨）；D_j 为第 j 阶段专用设备的单位产能碳排放（吨）；p_{ij} 为第 i 年第 j 阶段新增产能（兆瓦）。

考虑到工业厂房的建造结构主要包括砖混和框架两种，本章假设光伏产业各产品阶段厂房类型为砖混结构和框架结构各占 50%。参考相关文献对砖混和框架厂房主要建设材料用量的研究[2]，对其取均值，所需水泥 31.95 千克/米^2，钢筋 138.5 千克/米^2。

为便于研究，高纯多晶硅生产环节选取近年来中国多晶硅产能最大的江苏中能硅业科技发展有限公司位于江苏徐州的工厂为研究代表；硅片生产环节以天合光能股份有限公司一家 350 兆瓦产能的工厂为代表；电池片及电池组件生产环节也以天合光能股份有限公司位于常州的一家 280 兆瓦高效太阳能电池和光伏组件项目为代表。根据项目具体情况，多晶硅、硅片、电池片及电池组件在厂房建设环节的碳排放系数分别为 19.055 吨/吨、13.5 吨/兆瓦、5.075 吨/兆瓦。

光伏组件的制造需要经历从多晶硅到硅片、电池片，最终封装成电池组件的过程，各环节都需要不同的专业设备。多晶硅的提纯主要用到硅芯炉、还原炉、单晶炉等多种设备；硅片制造过程主要用到单晶硅生长炉、多晶硅铸锭炉、切片机等设备；电池片生产需要用到制绒清洗设备、扩散炉、刻蚀设备、丝网印刷机等。本章参考相关文献对 280 兆瓦电池组件垂直一体化生产过程所需设备碳排放量的研究[3]，整理得到各环节所需各类设备的单位产能碳排放量，由此得到多晶硅、硅片、电池片及电池组件设备获取的碳排放系数分别为 0.44 吨/吨、6.1 吨/

兆瓦、4.23 吨/兆瓦。

从市场占有率来看,晶硅体光伏组件占有绝对优势,因此这一环节主要考虑晶硅体太阳能电池生产的碳排放。晶硅体光伏组件是将硅料通过各类技术和工艺路线生产出太阳能电池片,并将太阳能电池片通过串并联后进行封装保护所形成。目前晶硅类电池的技术方向包括单晶和多晶,二者制造流程大体相同,在硅片生产环节略有不同。单晶硅片是通过将高纯多晶硅拉棒形成单晶硅棒,再进行切片而得。多晶硅片则通过铸锭制成多晶硅锭,再将多晶硅锭切片制成硅片。此前,由于多晶硅制造工艺更加简单、成本更具优势,早期在市场上的应用远远高于单晶硅。因此学者的研究也多集中于多晶光伏系统。近年来,伴随着单晶硅片龙头企业产能的大幅扩张,以及下游电池片环节 PERC 等高效技术的发展,单晶硅片成本逐步下降,转换效率不断突破,逐步取代多晶硅成为市场主流。

本章选取 1 千瓦峰值光伏组件,在单晶、多晶光伏组件生产工艺流程基础上,收集整理光伏产业研究中心 SOLARZOOM、solarwit 等平台资料,并参考相关论文研究以及光伏行业研报中的数据,分别得到两种材料的光伏组件获取阶段输入输出数据。运用生命周期评价软件 SimaPro 9.0 计算得到 1 千瓦峰值单晶光伏组件生产环节碳排放为 1433 千克,多晶光伏组件生产环节碳排放为 1343 千克。两类材料的碳排放差异主要体现在硅片生产环节,这是由单、多晶技术工艺差异所致,而能耗又是其中影响最大的碳排放因素。多晶硅片由于铸锭工艺简单,单次投入硅料较多,电能利用效率较高,因此碳排放低于单晶硅片。然而在金刚线切割技术下,由于多晶硅锭较单晶硅棒而言硬质点较多,切割速度及切片效率都低于单晶,工业硅和硅锭(硅棒)的投料略高,因此这两个环节的碳排放会高于单晶系统。电池片生产及封装工艺基本相同,因此碳排放量无差异。

在此基础上,结合光伏产业各类组件产量,得到组件生产环节碳排放核算公式如下:

$$O_{li} = m \times \mathrm{MO}_i + p \times \mathrm{PO}_i \tag{2.3}$$

其中,m 为 1 千瓦峰值单晶光伏组件生产碳排放(千克);MO_i 为第 i 年中国单晶光伏组件产量(吉瓦);p 为 1 千瓦峰值多晶光伏组件生产碳排放(千克);PO_i 为第 i 年中国多晶光伏组件产量(吉瓦)。运输环节碳排放需要考虑运输距离、运输重量及运输方式。由于光伏组件安装于全国各地,现实运输路线十分复杂。本章提出以下的测算方案:选取全国光伏组件产能前五位省份,包括江苏省、浙江省、陕西省、江西省及河北省,作为生产地。五省之外的省份按照运输距离最短的原则,假定其各年新增装机从上述五省选择最合适产地;五省内光伏组件的运输距离则取省内各市之间的平均距离。目前组件封装工艺已相当成熟,主要厂家生产的玻璃层压带铝合金边框的光伏组件,在重量上基本相同,约 0.06 千克/

瓦。选取公路货车柴油方式运输，参考相关研究[4]，货车每吨公里耗柴油量0.053千克，结合柴油的二氧化碳排放系数3.06，对该环节碳排放进行核算。

$$T_{li} = w \times d \times 0.053 \times 0.06 \times 3.06 \tag{2.4}$$

其中，w 为光伏装机数量；d 为运输距离。由于光伏电站的建设项目众多，工程量较大，难以对每一项基础设施建设活动进行碳排放核算，因此只考虑最主要的两部分：发电设备基础工程建设及变配电工程建设。由于光伏电站建设所需建材及施工流程基本一致，本章参照对新疆石河子10兆瓦光伏电站项目建设期的能耗及排放的探究[5]，结合其电站建设阶段清单数据得到电站建设环节单位碳排放量为166吨/兆瓦，再根据中国各年份新增光伏电站规模对光伏产业这一环节碳排放进行核算。

$$I_{li} = w \times 166 \tag{2.5}$$

其中，w 为光伏装机数量。

光伏发电是能源生产和减排过程，其产生的绿色电力通过替代煤炭发电（退煤为主的能源转型）从而实现减排。因此光伏发电减少的这部分碳排放应使用煤电的碳排放强度来衡量。根据国务院办公厅印发的《能源发展战略行动计划（2014—2020年）》及其他资料得到，2015年全国煤电供电煤耗315克/千瓦时，至2019年已降至307克/千瓦时，其间经历了趋于线性递减的过程。结合标准煤二氧化碳排放系数可以得到2015年至2019年各年度煤电碳排放强度。在此基础上根据每年光伏实际发电量数据即可对光伏发电所实现的减排效益进行测算。

因此，

$$EI_i = w_i \times PV_i \tag{2.6}$$

其中，w_i 为第 i 年中国煤电碳排放强度（吨/兆瓦时）；PV_i 为第 i 年中国光伏发电量（兆瓦时）。

3. 核算结果

根据核算思路和核算方法，选取中国光伏产业2015年至2021年相关产业数据，核算得到2015年至2021年中国光伏产业碳排放总量如表2.1所示。

表2.1 2015~2021年中国光伏产业碳排放总量（单位：吨）

年份	碳排放量					
	产能建设	组件生产	运输	电站建设	发电	光伏产业
2015	2.40×10^6	6.27×10^7	8.94×10^7	2.28×10^6	-1.23×10^8	3.33×10^7
2016	2.56×10^6	7.36×10^7	1.78×10^8	5.03×10^6	-2.07×10^8	5.26×10^7
2017	3.44×10^6	1.03×10^8	3.75×10^8	5.56×10^6	-3.65×10^8	1.22×10^8

续表

年份	碳排放量					
	产能建设	组件生产	运输	电站建设	发电	光伏产业
2018	5.68×10^6	1.17×10^8	1.79×10^8	3.87×10^6	-5.45×10^8	-2.39×10^8
2019	3.87×10^6	1.38×10^8	1.38×10^9	2.97×10^6	-6.89×10^8	8.36×10^8
2020	5.34×10^6	1.69×10^8	6.73×10^8	5.42×10^6	-8.11×10^8	4.19×10^7
2021	6.08×10^6	2.47×10^8	7.28×10^8	4.25×10^6	-1.01×10^9	-2.48×10^7

一般认为光伏产业是绿色能源，可以减少碳排放。而核算结果和这一观点并不相同，仅在2018年和2021年，中国光伏产业实现了减排。在大多数年份里光伏发电在建设时期产能建设、组件生产、运输安装等碳排放仍然超过了发电减排。2018年受政策因素影响，新增装机容量同比下降18%，光伏产品运输活动放缓，由此带来的运输环节碳排放明显减少，在光伏发电稳定增加的情况下光伏行业也首次实现了减排。光伏系统投入运营后基本不再产生碳排放，而其产生的清洁电力可以替代煤炭发电从而实现减排。随着中国光伏装机规模不断扩大，光伏减排效益也将日渐可观。2021年中国光伏产业再次实现了减排效应。可以明显看到，光伏发电的减排效益连年增加，按照这个趋势2021年是光伏减排的真正元年。除此以外，中国的光伏产业在减排方面还有外溢效应和待发掘的潜力。

中国作为全球最大的光伏组件生产和出口大国，光伏产业在产品供应环节产生了巨大的碳排放量。这些组件一部分在国内通过安装发电产生减排效益抵消部分其生产环节产生的碳排放；另一部分则通过出口将减排效益溢出到了国外，产生了减排效益的溢出效应，为全球的减排做出了重要贡献。

同时，中国光伏产业的碳排放也存在一定的"漏出效应"。由于集中式光伏电站主要建设于西北地区，当地光照资源丰富，是光伏发电建站热点地区；但该地区火电装机也已形成规模，加之电力需求远不及东部地区，进而造成较大的电力富余。现阶段，远距离输配电设施建设仍未完善，储能技术尚未成熟，"弃光限电"现象仍然存在。未并入电网的这部分光伏电力由于未被消纳，其所未能实现的减排效果就是光伏产业减排效益的"漏出"部分。近年来，全国光伏发电消纳形式得到逐步改善，光伏弃光率不断下降，但每年仍有一部分光伏电力无法接入电网。从区域分布来看，华东、华中区域电网现已无弃光；东北区域电网光伏消纳形式也得到显著改善，基本不弃光；而西北地区的光伏消纳问题仍然未能彻底解决。光伏产业的减排尚有一些潜力可以发掘。

2.2.2 基于 EBC 框架的情景分析马赛克决策模型

1. EBC 三维情景生成框架

从前文核算结果可知,中国光伏产业链目前尚未在国内稳定地实现碳中和。这是由光伏产业链上下游诸多企业的经营行为决定的,包括投资、生产、出口、装机等。而企业的这些生产经营活动在很大程度上又是对经营环境变动的反应,这些环境因素包括国内政策、国际形势、技术变化等诸多方面。概而言之,光伏产业链里相关企业对政策、国际形势、技术变化等环境条件的变化做出了反应,调整了自己的经营行为,由此导致了不同的光伏产业碳排放结果的变化。这是光伏产业碳排放情景分析的内在逻辑基础。

在情景设定过程中,通常是对各个情景要素进行分析预判,进而直接设定不同的要素参数并进行组合形成相应的情景。这个过程中包含了对环境和行为以及二者相互关系的考量,但是未能将其逻辑显性地勾画和表述出来。考虑到这一点,本章创新性地提出 EBC(environment-behavior-consequence)三维情景分析框架,旨在厘清行为主体对不同环境和条件的行为反应,进而揭示不同行为结果情景生成的内在机制,如图 2.3 所示。

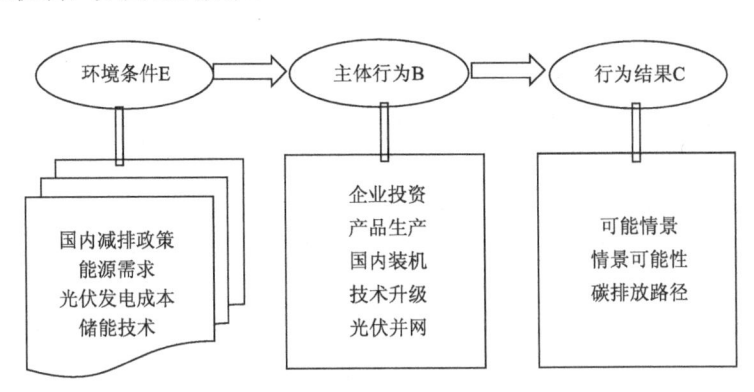

图 2.3 EBC 情景生成逻辑图

环境条件(environment)、主体行为(behavior)和行为结果(consequence)三个情景分析维度并不是简单地连接在一起,而是通过大量的决策环节相互嵌套形成的决策体系。每一个决策环节如同一块马赛克,图 2.4 中共有 9 块马赛克,以①~⑨进行编号。而 EBC 分析框架则是由这些马赛克(决策环节)之间相互衔接、拼接形成的复杂决策体系,如同马赛克拼图一样,因此将其称为情景分析的马赛克决策体系,如图 2.4 所示。鉴于该体系的复杂性,需要对其各个决策环节及其相互衔接关系进行深入剖析。

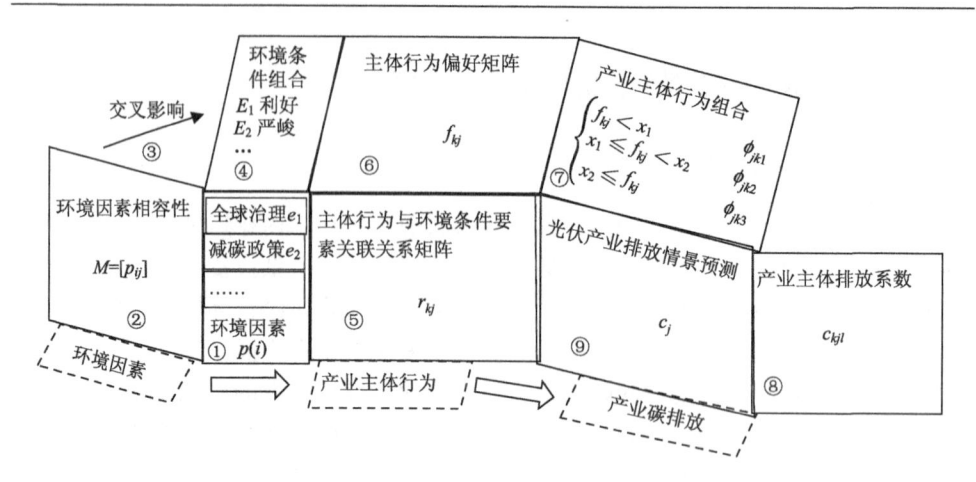

图 2.4 基于 EBC 框架的马赛克决策模型

2. 基于 EBC 框架的马赛克决策模型

定义 2.1 设影响光伏产业碳排放的环境因素共有 m 种，即 $e_1, e_2, \cdots, e_m$。其中 $e_i(1 \leq i \leq m)$ 表示第 i 种环境影响因素。

每种环境因素的变化，可能朝着有利的方向发展，也可能朝着不利的方向变化。

定义 2.2 将环境因素向有利方向发展的初始概率 $p(i)(1 \leq i \leq m)$ 设为六档分值：0（不可能）、0.3（不太可能）、0.4（有点可能）、0.5（可能）、0.7（很可能）、0.8（十分可能）。分值越大表示其向有利方向发展的可能性越大。如图 2.4 中的马赛克①所示。

同时，环境因素之间存在相互关联和相互影响。某个环境因素向有利方向发生了变化，会引起其他环境因素以一定的概率向有利或者不利的因素发生变化。

定义 2.3 设环境因素 i 对环境因素 j 的影响为 $p_{ij}(1 \leq i, j \leq m)$，记环境因素相互影响矩阵为 $M = [p_{ij}]$。

将环境因素之间相互影响程度的分值进行如下设置：0（无影响）、±0.2（影响较弱）、±0.6（影响一般）、±0.8（影响较强）、±1（影响很强），分值正负号表示影响方向的正向和负向，绝对值大小表示影响力强弱。

在考虑上述环境因素之间的相互影响的前提下，比如在某些因素积极向好的情况下，另外的环境因素受此影响也以很大的概率向积极的方向发展。换而言之，环境因素的组合因为它们之间的相互影响而产生了内在的逻辑相容性问题。如图 2.4 中的马赛克②所示。

为进一步明确未来中国光伏产业发展可能面临的环境，借鉴马尔可夫链的交叉影响分析方法，构建非线性规划对上述经逻辑筛选后的环境因素组合进行概率推演。如图 2.4 中的马赛克③所示。

首先需要对各个环境条件要素向有利方向发展的初始概率进行交叉影响运算，得到交叉影响概率值 $P'(i)$，计算公式[6]为

$$P'(i) = P(i) + M \cdot P(i)[1 - P(i)] \tag{2.7}$$

由此得到交叉影响概率矩阵；并结合马尔可夫稳定状态矩阵 $S^{(n)}$，运用公式计算 $P(i)$ 的矫正概率 $P(i)^*$

$$P(i)^* = \sum P(i)S^{(n)} \tag{2.8}$$

$$S^{(n)} = P_1^{-1} \cdot b \tag{2.9}$$

其中，P_1^{-1} 是将 P 转置后进行运算并求其逆矩阵得到：

$$P_1^{-1} = \begin{bmatrix} p_{1,1}-1 & p_{2,1} & \cdots & p_{m-1,1} & p_{m,1} \\ p_{1,2} & p_{2,2}-1 & \cdots & p_{m-1,2} & p_{m,2} \\ \vdots & \vdots & & \vdots & \vdots \\ p_{1,m-1} & p_{2,m-1} & \cdots & p_{m-1,m-1}-1 & p_{m,m-1} \\ 1 & 1 & \cdots & 1 & 1 \end{bmatrix}_{m \times m}^{-1} \tag{2.10}$$

$$b = \begin{bmatrix} 0 \\ 0 \\ 0 \\ \vdots \\ 1 \end{bmatrix}_{m \times 1} \tag{2.11}$$

在此基础上，为求得各个环境条件的组合概率 y_k，建立一个非线性规划模型拟合矫正概率 $P(i)^*$，使得校正概率与环境条件组合的理论概率偏差最小。所构建模型如下：

$$\text{Min} \sum_{i=1}^{6} [p_i'' - p^*(i)]^2 \tag{2.12}$$

$$\text{s.t.} \begin{cases} p_i'' = \sum_{i=1}^{33} q_{ik} y_k & i = 1,2,\cdots,6; k = 1,2,\cdots,33 \\ \sum_{i=1}^{33} y_k = 1 \\ y_k \geq 0 \\ q_{ik} = 1 & e_i \in E_k \\ q_{ik} = 0 & e_i \notin E_k \end{cases} \tag{2.13}$$

其中，p_i'' 为环境条件要素 e_i 向有利方向发展的理论概率；q_{ik} 为 e_i 在 $E_k e_i$ 中的利好可能性，取 1 时表明 e_i 在 E_k 中是利好要素，取 0 则相反。

对以上非线性规划进行求解，得到各个环境条件组合的概率 y_k，将 $y_k \leqslant \partial$（不太可能发生）的环境条件组合进行去除，得到量化缩减后环境要素组合及其概率。如图 2.4 中的马赛克④所示。

产业主体主要指各类光伏企业，都有独立行为权利并形成属于自己的行为集，它们会根据自己的期望目标以及对环境条件的判断从其行为集中选择一个行为。由此，构建了一个主体行为的偏好矩阵 f_{kj}，以量化主体的偏好，表达其对环境要素组合的反应，或者环境要素组合对它的影响。

定义 2.4 对于某一个行为主体 k，受到某个环境要素 e_i 影响，改变或者做出行为反应，将行为和环境要素之间的关联关系记作 r_{kj}。

进一步量化主体行为与环境要素的关联关系 r_{kj}，将它们之间的关联程度划分为四类并赋予相应分值："强相关" 5 分，"中等相关" 3 分，"弱相关" 1 分，"不相关" 0 分。如图 2.4 中的马赛克⑤所示。

上述的关联关系 r_{kj} 描述环境和行为的关系。产业主体根据环境要素利好与否，即 q_{ik} 的取值为 1 或是 0，从而将更大可能采取某种行为。这就决定了在特定的环境要素组合条件下，主体将会呈现出某种特定的行为偏好。

定义 2.5 行为主体 k 判断环境要素组合 j，并对该组合下各环境要素做出反应，从而形成在该环境要素组合下的行为偏好 f_{kj}，且

$$f_{kj} = r_{kj} \times q_{ik} \tag{2.14}$$

上述公式中 q_{ik} 取 1 时，偏好 f_{kj} 更大，表明 f_{kj} 为在有利环境下的积极行为偏好，如图 2.4 中的马赛克⑥所示。因此可以根据 f_{kj} 的大小来确定主体的行为方式，根据这种偏好和行为的对应关系，构建偏好和行为的映射方式。

$$l = \begin{cases} f_{kj} < x_1 & \phi_{jk1} \\ x_1 \leqslant f_{kj} < x_2 & \phi_{jk2} \\ f_{kj} \geqslant x_2 & \phi_{jk3} \end{cases} \tag{2.15}$$

其中，x_1, x_2 为 f_{kj} 的临界值，$\phi_{jk1}, \phi_{jk2}, \phi_{jk3}$ 表示主体 k 在环境要素组合 j 下的三种行为。如图 2.4 中的马赛克⑦所示。

根据前文碳排放的核算方法，计算行为主体对应的行为方式的碳排放量，如图 2.4 中的马赛克⑧所示，并汇总就可以得到各种环境要素组合下的碳排放。

定义 2.6 行为主体 k 在环境要素组合 j 下将采用行为 l，其碳排放为 c_{kjl}，则环境要素组合 j 下的碳排放为

$$C_j = \sum_k c_{kjl} \tag{2.16}$$

特定情景下的碳排放如图 2.4 中的马赛克⑨所示。

2.2.3 中国光伏产业减排贡献情景分析

1. 环境要素识别与环境要素组合生成

根据 2.2.2 节的步骤，通过专家意见法（共有 37 位专家，其中高校 15 位，科研机构 13 位，政府部门 9 位；本章中下文为同一专家组），确定了影响光伏产业碳排放的环境要素包括以下四个方面（按照 80%的阈值筛选获得）。

（1）全球气候治理（e_1）。国际社会建立了以《联合国气候变化框架公约》为基础的多边气候合作机制，通过了《京都议定书》《巴黎协定》等多份气候变化协定，但是在气候变化应对中各个国家在责任划分、行动方案等方面仍存在较大分歧。全球气候变化的治理存在相当大的不确定性。

（2）国内减碳政策。现阶段中国正处于经济社会发展全面绿色低碳转型的关键时期，国内减碳政策框架已经形成，包括：节能减排目标（e_2），中国从"十二五"规划开始，已经连续在三个五年规划中设定节能减排目标；新能源补贴（e_3），从 2009 年金太阳工程开始，政府就对光伏产业进行了补贴和扶持，但是"退坡降补"已是大势所趋；碳排放权交易市场（e_4），2020 年生态环境部正式公布了《碳排放权交易管理办法（试行）》，标志着中国碳市场正式投入运行。碳排放权交易的展开不仅限制了碳密集行业的排放，同时为光伏等新能源项目增加了额外收益，从而促进光伏等新能源行业的发展。可见，无论是补贴或是市场交易机制，也无论是限制性或是鼓励性方式，不同类型的减碳政策都对中国光伏产业的发展起着重要作用。

（3）能源需求（e_5）。在中国 2050 年现代化目标的要求下，能源需求预计仍将持续增长。而随着电力技术的发展和电网设施的改善，加之电源结构清洁化转型要求，光伏在电力结构中的占比会不断提高。

（4）储能行业发展（e_6）。当光伏等可再生能源大量并网后，会极大地影响电网的调度，可能造成电网电压、电流和频率的波动，进而直接影响电网的电能质量，还会导致电力设施的寿命折损。此时能够对电力需求峰谷进行适时调节的储能技术设备和设施尤为重要。为提供安全、清洁、稳定的电力能源，可再生能源行业与储能行业必须齐头并进，形成相辅相成的作用体系。而现阶段包括中国在内，储能产业仍处于发展初期，技术瓶颈有待突破。

由于各个环境要素在未来具有多变性，假设每个环境要素具有两种属性状态，用"1"表示该环境要素向有利方向发展，相反为"0"，如表 2.2 所示。将这 4

个环境条件要素按不同属性进行排列组合,可形成 64 种环境条件的组合情景(E_k)。

表 2.2 环境条件要素属性表

环境条件要素	要素属性	数值	环境条件要素	要素属性	数值
全球气候治理	约束力差	0	碳排放权交易市场	成长缓慢	0
	约束力强	1		成长快速	1
节能减排目标	作用微弱	0	能源需求	提升缓慢	0
	作用显著	1		提升显著	1
新能源补贴	力度减弱	0	储能行业发展	势头一般	0
	力度加强	1		势头良好	1

通过专家问卷调查,对收回的信息汇总整理后得到各个环境要素的初始概率 $p(i)$ 和相互影响矩阵 M 值(专家意见平均分),如表 2.3 所示。

表 2.3 专家意见汇总表

e_i	$p(i)$	M					
		e_1	e_2	e_3	e_4	e_5	e_6
e_1	0.45	—	0.68	0.51	0.62	0.22	0.42
e_2	0.71	0.60	—	0.55	0.64	0.16	0.45
e_3	0.52	0.32	0.60	—	0.54	0.21	0.65
e_4	0.57	0.61	0.67	0.24	—	0.12	0.36
e_5	0.52	0.24	0.66	0.22	0.35	—	0.48
e_6	0.58	0.28	0.57	0.45	0.43	0.52	—

从受访专家的意见中可以看出,他们对节能减排目标这一环境要素向利好方向发展最为乐观。为顺利实现"双碳"目标,节能减排目标作为限制性减排政策一定会被严格执行并发挥显著作用。但是专家对于全球气候治理则表现出更为谨慎的态度,主要因为这一环境要素需要国际社会的协调一致,其向有利方向发展需要多方力量的积极配合,增强了其复杂性和多变性。对于其他环境条件要素的发展,受访专家总体上较为乐观。

从专家意见中还可以看出,对于任何一行都至少有一个 $p_{ij} \geqslant 0.5$,某一环境要素的有利变动至少会对另一种环境要素产生相对较强的正影响。由此,可以删除某一要素为 1,其余要素全为 0 的组合,以及某一要素为 0,其余要素全为 1 的组合。

第 2 章　中国光伏产业的跨越式发展与其减排潜力分析

当全球气候治理发挥强约束力时，中国需要实施更加严格的碳排放限制政策以增强和国际社会的合作，这将对节能减排目标和碳排放权交易市场产生较强的正向影响。因此，当 $e_1=1$ 时，e_2、e_4 同时为 0 的概率极低，可以将这一环境要素组合删除。

当节能减排目标的减碳政策作用显著时，一方面将加大国内碳排放成本，助推碳排放权交易市场的发展；另一方面，中国在减碳工作上的努力和成效也会对全球气候治理产生积极影响。因此，剔除 $e_2=1,e_1$、e_4 同时为 0 的组合。

当新能源补贴力度加大时，政府可能制定更高的节能减排目标，储能行业也可能加快发展，因此 $e_3=1,e_2$、e_6 同时为 0 的组合需要删除。

当碳排放权交易市场迅速成长时，不仅会对全球气候治理产生较大的联动效应，也会更好地实现节能减排目标。因此 $e_4=1,e_1$、e_2 同时为 0 的组合也要删除。对初始情景组合进行逻辑筛选后得到未来中国光伏产业可能面临的所有合理的环境要素组合共 33 种，记作 E_k（$k=1,2,\cdots,33$）。

依据式（2.12）、式（2.13）建立规划模型，求解可以得到各个环境要素组合的概率 y_k，将 $y_k \leqslant 0.03$（不太可能发生）的环境条件组合删除，得到量化缩减后的 9 种环境条件组合及其概率，如表 2.4 所示。

表 2.4　环境条件组合概率

环境条件组合编号 E_k		e_1	e_2	e_3	e_4	e_5	e_6	概率
环境条件利好型	E_2	1	1	1	1	1	1	0.2221
	E_{17}	1	0	1	1	1	1	0.1672
	E_{20}	1	1	1	0	1	1	0.0836
	E_{28}	1	1	0	1	1	1	0.0428
环境条件尚可型	E_{11}	1	1	0	0	1	1	0.0319
	E_{23}	0	1	0	1	1	1	0.0566
	E_{24}	1	0	0	0	1	1	0.0404
环境条件严峻型	E_1	0	0	0	0	1	1	0.0375
	E_9	0	0	1	0	1	1	0.1310

2. 主体行为

前文光伏产业碳排放核算过程表明，碳排放来自不同主体的行为。依照碳排放核算，主体行为包括企业投资、组件生产、光伏装机、生产技术升级、光伏发电五种。

按照 2.2.2 节的思路，通过专家意见法，获取主体行为与环境条件要素的关联

关系 r_{kj}，结果如表 2.5 所示。

表 2.5　主体行为与环境条件要素关联关系矩阵

环境条件	企业投资	组件生产	光伏装机	生产技术升级	光伏发电
全球气候治理	3	4	5	3	3
节能减排目标	3	4	4	3	4
新能源补贴	5	4	5	4	5
碳排放权交易市场	3	4	5	3	4
能源需求	3	4	5	3	4
储能行业发展	5	3	5	4	5

根据式（2.14），计算得到主体在各个环境条件组合下的偏好矩阵，如表 2.6 所示。不同环境条件组合下，主体有着不同的偏好，这直接决定着主体的行为选择。

表 2.6　主体行为偏好矩阵

环境条件组合编号 E_k		b_1	b_2	b_3	b_4	b_5	概率
环境条件利好型	E_2	22	23	29	20	25	0.2221
	E_{17}	19	19	25	17	21	0.1672
	E_{20}	19	19	24	17	21	0.0836
	E_{28}	17	19	24	16	20	0.0428
环境条件尚可型	E_{11}	14	15	19	13	16	0.0319
	E_{23}	14	15	19	13	17	0.0566
	E_{24}	14	15	20	13	16	0.0404
环境条件严峻型	E_1	8	7	10	7	9	0.0375
	E_9	13	11	15	11	14	0.1310

光伏应用受光照等自然条件限制，光伏装机容量存在极限。因此受此需求影响，光伏产业投资、生产行为都会产生较大的变动，不能维持线性或者稳定的趋势。在主体行为参数设定的时候，必须考虑这样的变化。因此以装机容量饱和为前后分界点，赋以两阶段不同数值。根据国际能源署对欧洲较早发展光伏发电国家的研究进行推测，光伏发电量占比在达到 15% 之前对储能需求不会很强烈。而国家能源局公布的统计数据显示，截至 2020 年底，我国光伏累计装机容量 253 吉瓦，全年发电 2605 亿千瓦时，仅占总发电量的 3.5%。据此，光伏占比达到 15% 的水平时，累计装机容量极限约为 1100 吉瓦。装机容量极限时点主要取决于新增

装机速度，以 15%的年均新增装机速度为例，2029 年将达到该容量极限。而后新增装机规模将取决于储能技术的发展和对已安装的光伏组件的淘汰更换。若储能技术无法支持庞大的装机规模，则在装机容量达到极限后，新增装机仅为对已安装光伏组件的更换，累计装机容量不再扩大；若储能技术与光伏发电相互协调，则装机容量仍可以保持一定速度的缓慢上升。

对光伏投资（b_1）而言，尽管存在一定的产能过剩问题，但是由于光伏技术进步，光伏制造装备不断更新迭代，所以光伏投资在未来几年仍会维持在较高水平。同时也不断有产能因为技术相对落后而被淘汰。光伏装机的需求和光伏国际市场的开拓，使得光伏组件的生产（b_2）在短期内仍然会较快增长。但是随着装机容量逐步饱和以及光伏企业在海外投资，光伏生产的增长肯定会放缓，甚至在更远的未来，中国将有可能从光伏组件出口大国发展为光伏组件进口国。而装机行为（b_3）受光伏装机容量的限制，会出现明显的分段特征。而对于生产技术升级行为（b_4），企业研发新技术、新工艺、新产品不仅节约生产成本、提高光电转换效率，同时也降低了生产过程的碳排放，假定这一过程基本均匀稳定。而对于光伏发电行为（b_5），近年来中国光伏发电消纳状况有了明显改善，2019 年全国弃光率已降至 2%，但是光伏装机规模势必会继续扩张，光伏发电仍面临着一定的消纳压力，政策协调、电力设施和储能技术的发展都将有重要影响。据此，对五种行为进行了设定。并根据表 2.6 和式（2.15）将行为偏好转化成了行为参数，如表 2.7 所示。

表 2.7 行为参数赋值表

企业投资		组件生产		光伏装机		技术进步		光电利用率	
f	b_1	f	b_2	f	b_3	f	b_4	f	b_5
[0,15)	10%→0	[0,15)	10%→0	[0,15)	15%→3%	[0,15)	0.5%	[0,15)	95%
[15,20)	12%→−1%	[15,20)	15%→−1%	[15,20)	20%→5%	[15,20)	1.5%	[15,20)	98%
[20,30)	15%→−2%	[20,30)	20%→−2%	[20,30)	30%→8%	[20,30)	2%	[20,30)	100%

3. 不同情景下的光伏产业碳排放结果

基于该行为参数赋值表，某些情景组合下主体行为会相同，将行为合并，由此得到六大类行为。将每种行为由增速转化成相应的物理量，作为核算碳排放的依据。而在前文核算基础上，得到主体行为的碳排放系数，如表2.8所示。进一步核算的不同行为碳排放如图2.5所示。

表2.8　主体行为碳排放系数

主体行为	碳排放系数
企业投资	170 吨/兆瓦
组件生产	1 380 吨/兆瓦
光伏装机（运输及电站建设）	13 654 吨/兆瓦
光伏发电	−297 吨/万千瓦时

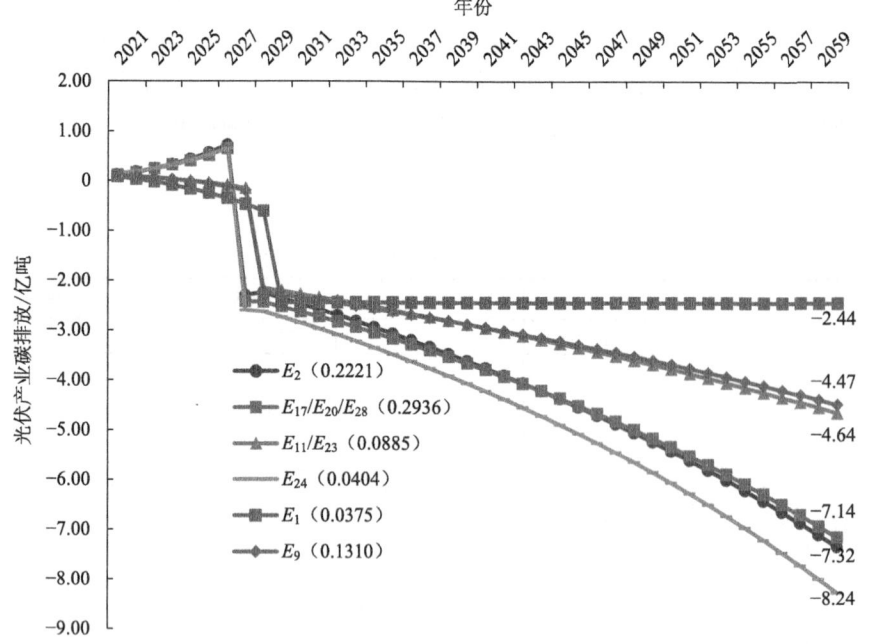

图2.5　不同情景碳排放路径及其概率

根据6种主体行为，得到未来光伏产业碳排放路径的情景预测，结果如下。

（1）中国光伏产业在经历了快速发展后，碳排放已经基本达到峰值。企业投资和组件生产的高排放行为在多数情景中都以较为稳健、温和的中等速度增长，光伏产业上游碳排放大概率将得到合理控制。

（2）伴随着光伏累计装机容量的不断扩大和充分利用，光伏发电的减排效益加速释放。从图 2.5 中可以看到，光伏产业 2021 年将实现自身的碳中和，极端情况下会有反弹，此后将迅速产生显著的减排效益。在 $E_{17}/E_{20}/E_{28}$、E_2、E_{24} 情景下，光伏产业可以完成较大的减排目标。但从光伏减排的潜力来看，尽管光伏产业的减排贡献十分可观，但要实现碳中和的目标，仍然不可过分依赖光伏产业，必须要同时采用多种技术和多种途径。

（3）光伏产业碳排放路径在不同环境要素组合下，由于主体行为反应的不同，从而碳排放产生了显著差异。在环境条件利好情景（$E_{17}/E_{20}/E_{28}$）下，相关主体对光伏产业发展前景更加看好，产能投资、光伏生产及安装等行为反应相对积极，由此导致光伏减排时点略有滞后；在此之后，应用市场的大力开发，将为中国碳减排作出更大贡献。相反，在环境条件严峻（E_1、E_9）时，主体行为表现得较为谨慎，投资、生产、装机增速都有所放缓，光伏产业将较早实现碳中和，但之后预期实现的减排贡献相对较小。

在 6 种碳排放路径演化情景中，减排能力表现较好的 E_2、$E_{17}/E_{20}/E_{28}$、E_{24} 情景下，年新增装机都以 30%的速度快速增长且在达到装机容量极限后仍能以 8%的新增规模稳步扩大。而在 E_1 下，装机增速缓慢，后期新增装机主要是对老旧废弃组件的淘汰更换。在此情景下，虽然可以较早迎来碳中和时点，但是从长远来看，减排贡献较小，与其他情景减排贡献差距较大。要发挥光伏的减排作用，扩大装机是关键。技术升级和解决好弃光问题才能维持装机的持续扩张，这会直接影响光伏产业碳排放总量。特别是当装机容量达到很大规模时，光伏电力消纳问题将对光伏发电减排效果产生极为重要的影响。因此，鼓励储能技术创新、保障光伏消纳是助推利好情景的基本举措。

2.3 本 章 小 结

发展光伏产业是实现"双碳"目标的重要途径，本章在对光伏产业发展现状概括的基础上，构建了新的 EBC 情景分析框架对光伏减排潜力进行了研究。其中，政策等外部环境对光伏行业投资、生产、研发等行为产生重要影响从而影响其减排效应。第 3 章将对光伏产业政策动态演化进行系统性的研究，后续章节将重点研究光伏产业政策对企业投资和创新等方面的影响。

第3章 中国光伏产业政策的动态演化

作为重要的战略性新兴产业门类，光伏产业受到了政府的高度重视，产业政策也相继出台。政策是中国光伏产业高质量发展的重要驱动因素。而光伏产业政策往往因为产业外部发展环境、产业发展状况及社会公众的态度等不断调整和优化。政策的变动，其影响往往会波及光伏产业链中的绝大多数企业，引发光伏产业供需两端的波动。因此，对于光伏政策脉络的全面梳理，有助于理解光伏产业发展历程。

本章采用社会网络分析的方法，对我国光伏政策进行综合梳理。依据政策间的引证关系建立政策集群的划分网络，搭建分析框架以梳理我国光伏政策体系的脉络。基于此，将光伏政策由一个复杂、繁芜的体系细分成若干个具有某种特定特征的子群进行更细致、具体的研究。由此精准勾勒出中国光伏产业政策的发展轨迹，进而揭示我国光伏产业政策体系的演进规律。从政策节点和政策子群两个层面着手，采用社会网络理论中的度数中心度、接近中心度、中间中心度、网络规模及密度等结构性指标，引入时间因素，深入探索光伏产业政策群网络结构的动态演化。本章对我国光伏产业政策群结构演化进行深入研究，主要涉及政策群识别、政策节点和政策子群结构性指标的动态分析。

3.1 中国光伏政策群划分网络的构建

3.1.1 中国光伏政策引证关系的建立

社交网络分析是用于研究不同主体之间所形成的关系结构及其内在属性的一套方法和规范。社会网络分析的结构观不同于传统抽象的社会结构分析，其强调对关系的研究和定量分析，因此成为目前社会关系相关研究的新范式[7,8]。社会网络有两个基本属性：一是行动者，其在网络上被看作点或节点；二是关系，行动者间的联系即为两者的关系纽带，纽带加总便形成了一个群体的关系。所以在政策群划分网络中，各政策文本是网络的"行动者"，政策文本之间的相互引证组建为该网络的关系纽带。

本章选取1994~2018年中国国家层面光伏政策为研究对象。其政策文本的检索来源包括：一是相关政府部门的网站，如国务院、财政部、国家发展和改革委员会、科学技术部、住房和城乡建设部；二是已有文献中的政策数据样本；三是光伏相关网站上的政策数据库,如北极星太阳能光伏网、索比光伏网、中国新能源网。此外,在检索政策时,为保证光伏政策数据的完整性,选取的关键词既包括"光伏、太阳能、光电、多晶硅"等直接性关联词语,还包括"新能源、可再生能源"等间接性关联词语。经筛选整理,1994~2018 年我国国家层面的光伏政策文本共计 291 份,形式包括法律、规划、条例、公告、意见、通知、函等,组成了政策群划分网络的 291 个政策节点,具体政策清单参见本章附录。

若政策 B 引用政策 A 中的内容,则政策信息从 A 传向 B,A 被称为源文件,B 被称为目标文件,A 指向 B 构成一条关系纽带。根据政策文件的相互关系,具体引证关系包括:一是政策文本序言部分的直接引用或被引用;二是政策文本内容中的间接提及与被提及;三是政策文本归属同一类别,如共同归属于扶贫政策。整理得出 576 条关系纽带。

此外,本章选用的社会网络可视化分析工具为 Gephi,其具有以下优点。①通过引入时间要素,可以迅速地完成政策网络结构和内容的动态演变及对比。②Gephi 可利用政策节点的大小或色彩,实现对度数中心度、中间中心度等网络指标结果的判别,使最终结果图的可读性更佳。Gephi 还拓展了所有应用于无向图的指标和算法,使其更适于有向网络的计算。③Gephi 的"ForceAtlas2"布局和模块化"Modularity"均具有分类功能,可为政策群的划分及光伏政策群政策热点的分类给予可行而有效的参考依据[9]。

3.1.2 中国光伏政策群的识别

对"社会群体"的概念进行识别及解释是社会网络分析的一项重要任务。社会群体可以利用网络中行动者子群的部分特征来描述,而行动者子群又可以在行动者之间的某些特定关系属性的基础上通过整体网络中的凝聚性给出。社会网络理论中采用网络属性,如派系、K-丛、K-核等,可以有效地量化子群的聚集性。本章应用力引导布局"ForceAtlas2"[10]和模块化"Modularity"[11]来识别中国光伏政策体系中的政策群,得到光伏产业政策群划分网络。

从结果看,光伏产业政策的绝对数量从政策频数层面看呈递增趋势。中国光伏产业政策体系从 1994 年开始起步,但直到 2005 年,光伏政策量才有了明显变化,特别是在 2013 年之后,政策出台尤为频繁。另外,根据政策数量的增长趋势,可以发现在我国光伏产业政策体系的发展进程中,2009 年、2013 年和 2018 年这三个时间点存在三个明显的峰值,因而本章选择这三个时间点为结构性指标计算的时间节点来进行动态分析。

同时,本节还给出了光伏产业政策群划分的结果。在解析度 3.0、模块度 0.61 的条件下,光伏产业政策体系通过力引导布局"ForceAtlas2"和模块化"Modularity"的数次优化与迭代被划分为 5 个政策子群,每个子群的度数中心度决定节点大小,而不同的灰度代表模块化的结果。结果表明政策之间并不是相互独立的，而是由若干关系纽带相互联系，且具有较强关联性的政策节点汇集形成一个政策子群。除此之外，各政策子群均有一个或多个核心政策节点，以政策群1举例，其核心节点为16（《中华人民共和国可再生能源法》）、26（《中华人民共和国国民经济和社会发展第十一个五年规划纲要》）、7（《中华人民共和国国民经济和社会发展第十个五年计划纲要》）等。表3.1呈现了光伏产业政策群的具体识别结果。

表3.1 光伏产业政策群识别结果

政策群分类	涉及政策（政策编号）
政策群1	2,4,5,6,7,8,10,11,12,16,17,19,21,22,23,24,26,27,28,29,30,31,32,33,34,35,36,37,38,39,40,42,43,44,45, 46,47,48,49,51,52,53,54,55,56,57,58,63,66,67,68,71,72,73,74,75,77,79,80,81,84,85,86,88,89,91,92, 96,97,98,99,101,102,105,106,109,111,112,122,127,140,157,206,218,231
政策群2	3,14,15,20,25,41,50,59,60,61,62,64,65,69,70,76,78,82,83,87,90,93, 94,95,100,103,104,107,108,110,113,114,115,116,117,118,119,121,123,124, 125,126,128,129,130,131,132,133,134,135,136,137,138,139,141,143,145,146,147,148,150, 153,158,159,165,167,168,169,176,178,179,186,190,191,194,201,202,207,208, 219,220,223,234,236,244,247,248,254,261,262,263,265,266,269,270, 276,277,279,281,283,284,285,287,289
政策群3	1,9,13,18,152,154,161,171,174,180,182,185,189,193,210,213,217,221,222,235,240,242,243,249,259, 268,271,282,288
政策群4	120,149,155,156,160,162,163,164,170,181,183,187,192,195,196,198,200,203,204,205,209,211,212, 214,215,216,224,225,226,227,229,230,232,237,238,241,246,250,252,255,256,257,258,260,267,275, 280,290
政策群5	142,144,151,166,172,173,175,177,184,188,197,199,228,233,239,245,251,253,264,272,273,274,278, 286,291

3.1.3 中国光伏政策群结构演化的动态分析

1. 政策节点结构变化

中心度是一种度量行动者在网络中位置的指标，它反映了某一节点度或关系的集中程度，还可体现某个行动者在网络中是否处于主导地位及其重要程度[12]。在社会网络中心度分析中度数中心度、接近中心度、中间中心度是主要测度方法，故本章也采用这三个指标，计算它们在2009年、2013年、2018年这三个时间节点的数值，并对其进行综合比较，以揭示我国光伏政策体系的核心区域、核心政策及其动态变化规律。具体结果见表3.2。

第 3 章 中国光伏产业政策的动态演化

表 3.2 光伏政策节点的结构性指标结果

排序	度数中心度（出度+入度）			接近中心度			中间中心度		
	2009 年	2013 年	2018 年	2009 年	2013 年	2018 年	2009 年	2013 年	2018 年
1	16（17+0）	16（17+0）	107（33+3）	1（0.357）	5（0.261）	50（0.224）	30（29）	52（80.5）	107（293.23）
2	37（8+1）	107（14+3）	62（32+1）	7（0.369）	29（0.269）	29（0.227）	9（27）	30（62）	9（164）
3	26（5+1）	62（14+1）	16（17+0）	5（0.394）	21（0.3）	5（0.233）	15（24）	31（59）	52（152.98）
4	31（5+1）	37（8+1）	152（16+1）	3（0.4）	7（0.305）	7（0.25）	26（21）	107（55.17）	137（129）
5	30（3+3）	73（8+1）	173（13+0）	29（0.438）	1（0.326）	21（0.254）	37（17）	26（52）	62（128.63）
6	33（3+3）	52（5+4）	83（13+0）	26（0.5）	30（0.347）	65（0.279）	31（15）	68（43）	73（120.67）
7	39（3+2）	88（4+5）	3（11+0）	9（0.5）	6（0.383）	1（0.28）	29（12.5）	55（42.5）	152（118.5）
8	15（4+1）	3（8+0）	15（10+1）	21（0.5）	26（0.391）	30（0.282）	33（11）	15（42）	26（106.5）
9	9（2+3）	24（7+1）	123（8+3）	2（0.5）	6（0.429）	26（0.284）	10（9）	9（40）	168（105.6）
10	46（0+5）	33（5+3）	254（0+11）	8（0.556）	3（0.443）	142（0.29）	21（6.5）	88（34）	157（104.1）

注：每个单元格中括号前的数字为政策编号，括号内的数字为相应的中心度

就度数中心度而言，政策群 1 中的政策 16（《中华人民共和国可再生能源法》）和政策群 2 中的政策 107（《关于促进光伏产业健康发展的若干意见》）呈现出明显的局部中心点的特征。对比不同时点的核心政策，发现政策网络的局部中心区域出现了明显转移，早期的核心政策多归属于政策群 1，而 2018 年度排名前十的光伏政策除政策 16 外多属于政策群 2。与此同时，表 3.2 中度数中心度用绝对值表示，有向图包括连出度和连入度。观察全部年份确定的核心政策，可发现大部分节点的连入度比连出度低，也就是说政策网络的局部中心点多为被引证的政策，即政策信息传出方。这说明了相应的政策为其他政策的制定提供了依据和方向。

就接近中心度而言，某个点的接近中心度越小则意味着这个点与其他点的距离越近，更方便传递信息，故更有可能位于网络的核心位置。由于政策群的划分对象为有向网络，故要先排除接近中心度为零的现象，也就是说连出度为零意味着这个政策不能传递信息而只能接收信息，该政策并未被引证。在此条件下，接近中心度较小的这部分政策节点无显著变化，三个时间节点的计算结果有很大程度的重合。接近中心度较小的政策多属于政策群 1。研究说明：首先，政策群 1 与其他政策子群间的联系更为紧密，这与政策群形成的时间有很大的关系，政策子群形成越早越便于成为其他政策子群的衍生基础，便越利于信息的顺畅、高效传递；其次，识别出的节点多为法律、规划、纲要等政策类型，光伏政策的级别越高，越利于其与其他政策文本产生更紧密的关系。

就中间中心度而言，一方面，高中间中心度的节点具有"中介人"的作用，

故那些同时存在政策信息流入和流出的政策节点更容易扮演中介角色，如政策 9（《国务院关于印发电力体制改革方案的通知》）、30（《关于推进可再生能源在建筑中应用的实施意见》）、52（《太阳能光电建筑应用财政补助资金管理暂行办法》）、107（《关于促进光伏产业健康发展的若干意见》）。另一方面，有学者提出可以根据中间中心度分析等级嵌套，具体过程为：先计算各点的中间中心度，将中间中心度为零的点删除，后对删除后的简化图再次进行计算和删除。如此多次迭代得到一个嵌套系列，可用于分析网络图中哪些点的中间中心度最大或最核心，哪些点的中心度稍小，从而对整体网络的核心–边缘–外围区域进行初步的划定。相比于一次计算，这种计算方法的结果更加精准、合理。针对当前的政策网络进行分析，得到如表 3.3 所示的光伏政策体系等级嵌套分析结果。

表 3.3　光伏政策体系等级嵌套分析结果

等级分类	政策编号
核心	176,31,52,175,233,239,137
	30,55,79,83,89,101,114,116,119,123,129,133,135,155,157,162,14,172,181,183,188,198,200,204,208,209,264
次核心	10,11,12,15,29,37,39,43,48,51,53,54,68,73,78,87,92,103,107,110,113,118,120,124,152,153,161,168,169,170,174,180,184,185,193,194,210,211,212,215,238,27,272
边缘	8,9,13,19,21,24,26,27,33,36,38,41,44,60,61,62,64,65,70,72,74,75,80,81,82,90,93,108,111,112,115,126,128,130,132,134,136,139,144,154,160,166,182,189,190,191,192,206,216,218,221,224,234,235,240,241,245,250,251,260,261,263,268,276,278
外围	1,2,3,4,5,6,7,1,16,17,18,20,22,23,25,28,32,34,35,40,42,45,46,47,49,50,56,57,58,59,63,66,67,69,71,76,77,84,85,86,88,91,94,95,96,97,98,99,100,102,104,105,106,109,117,121,122,125,127,131,138,140,141,142,143,145,146,147,148,149,150,151,156,158,159,163,165,167,171,173,177,178,179,186,187,195,196,197,199,201,202,203,205,207,213,214,217,219,220,222,223,225,226,227,228,229,230,231,232,236,237,242,243,244,246,248,249,252,253,254,255,256,257,258,259,262,265,266,267,269,270,271,273,274,275,277,279,280,281,282,283,284,285,286,287,288,289,290,291

其中，最核心区域的光伏政策有 176（《国家发展改革委关于完善陆上风电光伏发电上网标杆电价政策的通知》）、31（《可再生能源建筑应用专项资金管理暂行办法》）、52（《太阳能光电建筑应用财政补助资金管理暂行办法》）、175（《国土资源部关于发布〈光伏发电站工程项目用地控制指标〉的通知》）、233（《国家能源局　国务院扶贫办关于"十三五"光伏扶贫计划编制有关事项的通知》）、239（《关于支持光伏扶贫和规范光伏发电产业用地的意见》）、137（《能源发展战略行动计划（2014—2020 年）》），重点集中于价格补贴和光伏扶贫等问题。另外，核心区域的光伏政策并不仅限于单一政策群，除政策群 3，其他政策群都有涉及。

第3章 中国光伏产业政策的动态演化

通过上述分析，把中国光伏产业政策体系划分成了5个静态的政策群。要把握光伏政策的动态演化，则需要在此基础上，对各个政策群的特征及其变化做深入分析。

2. 政策子群结构变化

政策子群结构变化是以上述政策群为单位进行分析的。根据政策网络分析[①]，可明显观察到政策群形成的先后顺序，分别为政策群1、2、3、4、5，政策群3、4、5基本是在2013年后才开始集聚。观察关系纽带，政策群4和2之间存在紧密联系，特别是和政策节点62(《中华人民共和国可再生能源法(2009年修正)》)、107(《关于促进光伏产业健康发展的若干意见》)的关联性较强。除此之外，还可发现政策网络中光伏政策文本的重要程度并不是恒定不变的，政策子群的局部中心点的核心性可能不断强化进而成为整体网络的中心，也可能伴随政策体系的完善而逐步弱化其中心性。

表3.4呈现出了整体网络结构性指标在不同年份的计算结果，揭示了以下特征。一是政策网络的规模呈指数级增长，而其密度呈明显递减趋势，这在一定程度上反映出我国光伏政策体系在不断完善的同时，政策间的关联却越来越松散。这可能是由于政策出自多个不同部门，政策之间难以形成天然的联系和衔接。但是，由于网络密度为实际边数和最大可能边数的比值，而随着网络规模的扩大，实际边数的增幅会被最大可能边数远远超越，故仍需结合中心势等指标进行进一步分析。中心势是一种体现整体网络或图的集中度的概念。由表3.4中中心势的计算结果可得：政策群1的中心势呈显著下降趋势；政策群2的中心势呈明显上升趋势；政策群3的中心势小幅上升；政策群4和政策群5形成较晚，其中心势不大；整体网络的中心势总体变化不大。除此之外，鉴于中心势的计算需基于度数中心，需考虑各点间的直接关系。故综合而言，随着中国光伏政策体系的规模增大，网络密度虽有所下降，但其局部子群的政策文本间却形成了更紧密的联系。二是呈现了各政策子群的核心政策节点，具体来看：政策群1的核心为政策16(《中华人民共和国可再生能源法》)；政策群2的核心为政策3(《中华人民共和国电力法》)、107(《关于促进光伏产业健康发展的若干意见》)；政策群3的核心包括政策9(《国务院关于印发电力体制改革方案的通知》)、13(《关于印发电价改革方案的通知》)、152(《关于进一步深化电力体制改革的若干意见》)；政策群4的核心则是政策155(《光伏制造行业规范条件(2015年本)》)、183(《中华人民共和国国民经济和社会发展第十三个五年规划纲要》)、181(《关于推进"互联网+"智慧能源发展的指导意见》)；政策群5围绕政策173(《中

[①] 由于页面大小限制，本章政策社会网络分析的插图略去。

共中央 国务院关于打赢脱贫攻坚战的决定》）形成。从总体上看，政策群1与政策群2在光伏政策体系中所处的位置较为突出。

表 3.4 光伏政策子群的结构性指标结果

指标		2009 年	2013 年	2018 年
网络规模	政策群1	47	80	85
	政策群2	11	43	103
	政策群3	4	4	30
	政策群4	/	1	48
	政策群5	/	/	25
	整体网络	62	128	291
网络密度	政策群1	0.035	0.022	0.02
	政策群2	0.045	0.037	0.018
	政策群3	0.25	0.25	0.059
	政策群4	/	/	0.033
	政策群5	/	/	0.072
	整体网络	0.025	0.014	0.007
中心势	政策群1	26.71%	15.06%	14.16%
	政策群2	13.33%	27.29%	23.29%
	政策群3	33.33%	33.33%	42.86%
	政策群4	/	/	10.82%
	政策群5	/	/	24.88%
	整体网络	12.44%	10.77%	11.13%
核心政策-政策编号（值）	政策群1	16（15+0）	16（15+0）	16（15+0）
	政策群2	3（2+0）	107（11+3）	107（24+3）
	政策群3	9（1+1）；13（1+1）	9（1+1）；13（1+1）	152（14+1）
	政策群4	/	/	155（8+0）；183（8+0）；181（7+1）
	政策群5	/	/	173（13+0）
	整体网络	16（17+0）	16（17+0）	107（33+3）

注："/"表示没有取值

3.2 中国光伏产业政策群的内容演化分析

通过研究政策群的结构演化，我们可以清晰了解目前光伏政策体系中存在的政策集群和核心政策，以及它们之间存在怎样的变化和相互关系。然而，若想搞清楚政策集群包含什么内容、政策文本具体传递哪些信息等一系列问题，需要我们做深一步的探索。本节采用文本分析法从政策文件中提取关键词，并建立关键词之间的共现关系，从而架构政策热点网络加以深入分析。类似地，首先，引入时间因素研究光伏产业政策群在内容方面的动态演化过程；其次，参考力引导布局"ForceAtlas2"和模块化"Modularity"的结果，分类探讨每个政策群的政策热点。

3.2.1 中国光伏政策热点网络的构建

1. 中国光伏政策关键词的提取

政策的关键词与学术文献相似，是概括政策文本核心内容的特征词汇。利用 NLPIR（network language processing and information retrieval platform，网络语言处理与信息检索平台）大数据语义智能分析平台对关键词进行自动抓取，除此之外依据政策文本的长度确定关键词个数（4~7 个），并将其与人工精读结合加以归纳整理，最终得到光伏政策群政策热点网络的数据样本。

具体而言，目前流行的关键词提取方法大致可归纳为三类[13]：一是基于统计信息的方法，比如 TF-IDF（term frequency–inverse document frequency，词频-逆文档频率）、词频、词共线等；二是基于机器学习的方法，如信息熵、决策树、向量机；三是基于语义结构的方法，主要利用词与词之间的语义依存关系与词法分析来获取关键词。本章所选的 NLPIR 大数据语义智能分析系统利用交叉信息熵的算法实现关键词的自动计算[8]。另外，对于关键词数据的处理，还结合政策文本高频词统计结果进一步进行了整理和归纳。针对如《中华人民共和国国民经济和社会发展五年计划纲要》这类国家最高层面的纲要类政策文本，虽然此类文件牵涉到了社会与经济发展的各个方面，但它们却是制定光伏政策具体措施极为重要的依据，故需提取其中和光伏有关的关键词包括可再生能源、新能源、光伏、太阳能的有关内容进行关键词提取以提高结果的精准度。而且文本长度往往也决定了关键词数量，如表 3.5 所示。

表 3.5　中国光伏政策关键词个数的确定原则

政策文本字数 X	关键词个数
$X<500$	4
$500 \leqslant X<2000$	5
$2000 \leqslant X<5000$	6
$X \geqslant 5000$	7

2. 关键词共现关系的建立

关键词共现是指政策关键词在同一份政策文本中出现，体现在网络上即政策关键词作为网络节点与一份政策文本的关键词节点同时建立了一条关系纽带[14]。因此，在基于共现关系的网络图中，政策关键词之间的亲属度和重要性排序可根据节点间的位置关系和大小分析得出。再者，考虑到时间因素的影响，可以假设一个政策子群中包括 n 个政策关键词（可表达为关键词集 $K=\{K_1,K_2,K_3,\cdots,K_n\}$）、$m$ 项政策文本（可表达为政策集 $P=\{P_1,P_2,\cdots,P_m\}$）。在政策 P_1 中有关键词 K_1、K_2、K_3，则 K_1、K_2、K_3 两两之间共现，共形成三条关系纽带，这些关系纽带的时间信息就是政策 P_1 的出台信息；若政策 P_2 中也有关键词 K_1 和 K_2，那么关键词节点 K_1 和 K_2 之间的关系纽带的权重为 2，重合的该关系纽带的时间信息是政策 P_2 的发布时点。以此类推，若在 q 份政策文本中同时出现一对关键词节点 K_1 和 K_2，那么 K_1 和 K_2 之间关系纽带的权重为 q，并且存在 q 个时间信息。从而得出光伏政策群政策热点网络是无向加权动态网络。

由此可得：首先，两个关键词节点之间的连线越粗，反映出两个节点间边的权重越高，这表明这两个关键词在多份政策文本中同时出现，更为重要，该政策文本间必然存在联系。若多份政策文件同时提及一个关键词，反映出该节点的连线越多，这表明该关键词在政策文本中具有相互关联的重要性。其次，政策热点网络图中，关键词节点的规模由其所连接边的权重决定，所以要对其权重求和。节点扩大，带来关键词重要性的增加，政策的热度也随之上升。最后，通过对网络图的可视化分析和聚类算法研究发现，网络中心性、链接结构及主题分布是影响政策热点演变规律的关键因素。根据模块化"Modularity"的结果，关键词节点得以确定。同时，为了提高政策热点网络图的可读性，本章还进行了力引导布局的处理。关系纽带的权重在不同时间段内变化，每截取一个时间点都需重新计算加权度，政策关键词节点的大小随之调整，在网络图上直观呈现政策热点的动态变化过程。

3.2.2 中国光伏政策群内容演化的动态分析

本章还将从整体静态网络和阶段性动态网络两个角度，对前文所列举的 5 个光伏政策群进行综合概括，并对其进行深入探讨。

1. 政策群1："光伏国内应用推广"政策群

对政策群 1 的静态热点分析可以发现，政策群 1 关注的政策热点可归纳为 5 个类别。一是发展规划。突出的关键词有"可再生能源、技术研发、发展规划、光伏发电、自主创新、产业化、战略性新兴产业"。在政策群 1 中，涵盖了多个具有较高级别的规划类政策文本，如 2（《新能源和可再生能源发展纲要（1996—2010）》）、7（《中华人民共和国国民经济和社会发展第十个五年计划纲要》）、23（《国家中长期科学和技术发展规划纲要（2006—2020 年）》），这类政策是光伏产业发展的重要方向标。二是建筑节能。随着我国对能源问题重视程度的不断提高，政府相继出台一系列针对性的政策文件。重要的政策关键词有"建筑节能、绿色建筑、节能减排、监管"，代表性政策为 37（《关于印发节能减排综合性工作方案的通知》）、45（《关于组织申报 2008 年可再生能源建筑应用示范项目的通知》）。倡导节能减排的大背景下，可再生能源在建筑领域的应用正日益推广。三是光电建筑应用与金太阳示范工程，涉及"示范项目、财政补助、光电建筑应用、技术标准、金太阳示范工程"等关键词，重要政策有 51（《关于加快推进太阳能光电建筑应用的实施意见》）、55（《关于实施金太阳示范工程的通知》）。第三类政策热点凸显了太阳能在节能减排方面的重要作用，以及光伏发电技术的示范应用和关键技术的产业化。从这些角度可以看出，政府对光伏产业发展高度重视，并将其作为战略性新兴产业予以支持和鼓励。四是分布式光伏发电，涉及"分布式光伏发电、规模化、并网、用户侧、示范区"等关键词。随着《关于申报分布式光伏发电规模化应用示范区的通知》《关于开展分布式光伏发电应用示范区建设的通知》等政策的出台，分布式光伏行业迎来了崭新的发展阶段。五是发电价格与补贴，针对可再生能源的价格与补贴机制，包含"上网电价、电价附加、电网企业、补贴、接网费用、政府定价"等关键词，相关政策如 24（《可再生能源发电价格和费用分摊管理试行办法》）、33（《可再生能源电价附加收入调配暂行办法》）、99（《关于可再生能源电价补贴和配额交易方案（2010年 10 月—2011 年 4 月）》），这些政策为可再生能源发电产业的发展注入了新的活力。

  通过上述分析，我们可以发现，在分阶段动态热点的网络视角下，政策群 1 的时间范围较广，根据光伏政策数目的变动把它划分成四个不同的发展阶段探讨。截至 2005 年，可再生能源已成为发展规划类和建筑节能相关的政策热点，其中光伏与风能、水能等一同被纳入政策文本中，成为可再生能源的重要组成部分。光伏产业最初主要依靠出口，在国内，其应用主要分为两类：一类是在偏远无电的农村地区推进离网光伏电站的建设，另一类是在民用建筑中应用采暖照明等节能技术。2006~2010 年，建筑节能和光电建筑应用方面的政策热点非常突出，主要通过"示范项目"来进行，而《可再生能源发展专项资金管理暂行办法》和《可再生能源建筑应用专项资金管理暂行办法》的发布象征了政府提供资金方面的支持。光伏政策在该阶段也进一步完善了光伏发电价格和补贴机制，《关于 2008年 7—12 月可再生能源电价补贴和配额交易方案的通知》对包含太阳能发电在内的可再生能源项目开始补贴。在 2011 年至 2012 年期间，光伏政策的重点聚焦于以下几个方面。一是从国家层面上出台一系列鼓励光伏产业发展的政策文件。在国内光伏应用推广的重要渠道中，光电建筑和金太阳示范工程的进一步深化是不可或缺的。二是对光伏技术研发的强调。以 2010 年末《关于加快培育和发展战略性新兴产业的决定》定义光伏产业为战略性新兴产业起点，陆续出台了众多规划类政策，如《国家"十二五"科学和技术发展规划》，该规划认为光伏产业自主创新对于产业发展具有重要意义。三是分布式光伏的崛起。自 2013 年起，"分散式光伏发电"成为政策群 1 的核心议题，国内光伏发电也实现由集中式向分布式有序的转型。分布式光伏在电网中的作用越来越大。在当前阶段，光伏政策群 1 所面临的挑战包括建设分布式光伏应用示范区、提供分布式光伏并网服务以及采用分布式光伏的度电补贴方式等。

根据静态热点和动态热点的分析结果，光伏政策群 1 的政策热点和国内光伏应用的推广息息相关，所以统一归纳为"光伏国内应用推广"政策群。

2. 政策群 2："光伏产业调整升级"政策群

总体而言，政策群 2 的政策焦点可以归纳为"产业调整、电力市场、分布式光伏发电、价格与补贴、电力配额"五个方面。一是产业调整的方向主要集中在行业规范、产品质量、技术标准和自主创新及监管措施的强化上。二是政策热点"电力市场"，该热点聚焦于电力业务开展、市场主体管理、社会资本引入等相关问题，这些问题是政策上备受关注的热点话题。在电力改革的大背景下，"电力市场"也逐渐被赋予了新的含义。三是政策群 2 中分布式光伏发电已经进入规模化应用阶段，该阶段更加强调分布式光伏中光伏发电项目的备案与并网服务。四是"价格与补贴"机制逐步调整与完善，进一步明确了分布式光伏发展的扶持政策和目标。五是随着市场化进程的不断推进，光伏补贴的退坡趋势日益明显，可再生能源电力配额制也必须得到重视。

政策群 2 在 2004 年形成，而在 2009 年、2013~2014 年及 2018 年的政策出台十分频繁。在 2012 年之前，国内光伏制造企业因出口导向的光伏产业发展路径而盲目扩大产能，这已经成为业内的普遍现象。这一时期，国家出台了一系列支持光伏产业发展的政策文件并对其进行推广，以拉动光伏产业快速成长，同时也带动了光伏产业链上下游各环节企业的发展。2008 年金融危机下，欧洲市场需求锐减，这带来的影响是国内多晶硅等光伏产品的产能过剩。尽管随着经济危机影响的减弱，光伏产业逐渐复苏，但是我国光伏产业仍然不得不进行产业调整，以政策 59（《关于抑制部分行业产能过剩和重复建设引导产业健康发展的若干意见》）和政策 69（《关于加快培育和发展战略性新兴产业的决定》）为代表性政策。此后，随着国家对光伏产业扶持力度的加大，我国光伏产业进入结构调整时期。在此阶段，国内光伏产业的发展重心逐渐转移至国内，政策从行业规范、产品技术标准和监管等方面展开，政府越发重视自主创新。2013~2014年以及2015~2017年光伏产业都处于二次调整时期。在此期间，我国出台了一系列光伏产业政策以支持和鼓励光伏产业持续、稳定地发展，其中包括对分布式光伏发电的扶持政策。其中的代表性政策有政策107（《关于促进光伏产业健康发展的若干意见》），政策107是整个光伏政策网络的中心节点。除此之外，还有一些较为突出的政策热点。例如，2013~2014年政府落脚于光伏产业结构调整和分布式光伏发电的管理，出现规模管理、信息管理、电网企业、项目备案及光伏电站等政策关键词。这些政策都体现出了国家对于新能源的重视程度，同时也表明我国光伏市场正在逐步走向成熟。在2015年至2017年期间，政策的一个重要方向是提高产品质量和对技术研发的要求，成立了产品检测认证机构、加强工程质量检查、建立先进技术应用基地。此外，针对价格和补贴方面的政策也备受关注，相关政策包括政策176（《国家发展改革委关于完善陆上风电光伏发电上网标杆电价政策的通知》）、194（《关于继续执行光伏发电增值税政策的通知》）、208（《关于调整光伏发电陆上风电标杆上网电价的通知》）、247（《关于2018年光伏发电项目价格政策的通知》），这些政策的实施效果体现在不断下调的光伏上网电价和退坡的光伏发电项目补贴上。除此以外，光伏行业的投融资、光伏消纳也是备受关注的热点。2018年，政策276（《关于2018年光伏发电有关事项的通知》）的出台对于光伏产业发展又是一次关键性的政策发布。光伏产业开始逐渐向无补贴的平价上网时代过渡，这个阶段的政策关键词有"电网企业、电力用户、光伏发电项目、平价上网、退坡、无补贴"，可再生能源电力配额制缓冲了"531"政策带来的影响。

研究表明，政策群2包含的政策文件、识别出的政策热点与光伏产业的三次调整这三者之间高度契合，可以将这三者归纳为"光伏产业调整升级"政策群。

3. 政策群3："光伏市场化与消纳"政策群

政策群3主要形成于2015年至2018年间，其中的两大主题是"市场化"和"消纳"，可以将政策群3概括为"光伏市场化与消纳"政策群，以下是对该政策群的具体分析。

政策群3的政策焦点可以归纳为电力体制改革、市场化与消纳、电力调度和交易、绿色证书交易四大类别。核心内容是"市场化与消纳"类别的政策热点，关键词有"电网企业、优先发电、电力交易、保障性收购、监管、电力配额、清洁能源"，以上皆为处理光伏消纳问题、加速市场化进程的关键着力点。而电力体制改革的政策热点有"电力体制改革、发电企业、输配电价、上网电价、竞争机制、厂网分开、电力市场、发电技术"等关键词，代表性光伏政策有政策9（《国务院关于印发电力体制改革方案的通知》）、13（《关于印发电价改革方案的通知》）、152（《关于进一步深化电力体制改革的若干意见》）、171（《关于印发电力体制改革配套文件的通知》）。从我国目前的国情来看，我国的电力体制改革已经到了攻坚阶段，而要想达到这一目标必须以政府为主导进行深化改革。围绕"三放开、一推进、三强化"的改革重点和路径，促进市场结构及市场体系有效竞争的形成以及推动市场决定的能源价格机制的构建。"电力调度和交易"和"绿色证书交易"这两个政策热点，不但能有效解决消纳问题，更是市场化尝试的重要环节，其中突出关键词有"电力调度"、"直接交易"、"中长期"、"跨省区"、"现货交易"、"调峰"、"自备电厂"、"绿色电力"和"自愿认购"等。

政策关键词节点之间的关系错综复杂，涉及"市场化"和"消纳"问题，这些问题的重要性不可忽视。除核心区域的一些直接关联的政策关键词外，还出现了电力调度和交易、绿色证书交易、电力体制改革等具体的政策热点类别。那么，市场化机制怎样消纳新能源？在我国可再生能源发展战略下，应加快制定相关配套政策。为了推动市场化跨省跨区交易，我们需要采取更加有力的措施，包括中长期市场的形成与相对稳定的中长期交易机制的建立，这可以很好地鼓励市场主体之间的直接交易，同时区域市场和跨省跨区电力交易机制也需同步跟进。因此，随着电力市场化交易方式的全面推广，光伏并网消纳将得到强有力的促进。

从政策焦点的动态演变看，在政策群3中，电力体制改革和电价改革等措施的实施，旨在促进政企分离、公平竞争、开放有序、健康发展的电力市场体系的形成，并创造有利于产业发展的良好环境。随着电力体制改革不断推进，该阶段的重点逐渐由电网建设向电力生产运营转变，并逐步引入竞争和市场化机制。在中期，随着市场化改革的深化，政策焦点聚焦于保障性收购、电力交易、价格机制，以推动经济发展和社会进步。在光伏产业发展到一定阶段后，消纳问题已成为一个重要难题，因此政策群3中的政策热点不仅涉及市场化交易机制的不断完善，还包括多个方面的解决措施，如调峰、监管、绿色证书交易及电力配额等。

4. 政策群4："光伏智能化与高效化"政策群

2013年，光伏政策群4的首份政策文本发布，同时，根据前文所述，政策群4的形成处在光伏产业的二次调整时期。考虑其覆盖的政策节点和政策热点信息，本章将政策群4归纳为"光伏智能化与高效化"政策群。

政策群4的政策热点被划分为四个类别。首先是产品标准与行业规范，其中"光伏产品、光伏企业、光伏组件、行业规范、技术标准、安全生产、质量管理"等政策关键词非常明显，代表性的光伏政策为政策155（《光伏制造行业规范条件（2015年本）》），目的是促进光伏产业结构调整与转型升级，强化行业管理，提高行业发展水平。该政策涵盖了光伏电池及组件、设备、材料等产业链各环节，涉及多个领域，具有很强的指导性和可操作性。随着产业发展趋势的提质增效，政策群热点网络中的领跑者政策热点备受瞩目，其中 149（《关于印发能效"领跑者"制度实施方案的通知》）和政策 162（《关于促进先进光伏技术产品应用和产业升级的意见》）等代表性政策备受关注，而"领跑者、先进技术应用基地、前沿技术、竞争优选、技术标准、规模管理、项目备案"等重要政策关键词更是凸显其重要性。"领跑者"计划的终极目标在于推动光伏技术的进步和产业的升级，同时降低光伏发电的成本和电价，这一目标可以通过建设先进技术的光伏发电示范基地和实施新技术的应用示范工程等手段来实现。"领先型企业"则以其技术创新为基础，通过对先进技术的引进、消化、吸收、再创新及自主研发形成优势。其次是智能化，包括"智慧能源、微电网、储能、消纳、能源互联网、能源科技、多能互补、分布式能源、示范项目、试点"等关键词，代表性政策有政策 164（《关于推进新能源微电网示范项目建设的指导意见》）、政策 181（《关于推进"互联网+"智慧能源发展的指导意见》）、政策 192（《关于推进多能互补集成优化示范工程建设的实施意见》）。"互联网+"是推动经济社会创新发展的重要引擎，在能源领域，智慧能源的"互联网+"应用可以促进能源生产和消费模式的变革，提高能源利用效率，推动节能减排。再次是技术研发，主要集中在智能电表、大数据及人工智能方面。试点示范新能源微电网、多能互补集成优化及能源互联网等项目，极大地促进了能源的清洁生产，并缓解了弃风、弃光、弃水限电等问题，有效解决了可再生能源的消纳问题。最后，与价格机制有关的政策热点问题包括政策 170（《中共中央 国务院关于推进价格机制改革的若干意见》）以及政策 241（《关于全面深化价格机制改革的意见》）。政策指导下的电力市场交易体系和价格规则得到了进一步的制定与完善。以技术进步和市场供求的实际情况为基础，逐步推进风电、光伏等新能源标杆上网电价的退坡。

政策群 4 在 2016 年、2017 年和 2018 年的政策活动呈现出高度活跃的态势，展现出了政策热点的动态变化过程。从整体趋势来看，随着我国能源消费结构向清洁化方向转变，国家对新能源发展的扶持力度逐渐加大，智能电网、分布式电源等新兴产业得到了较快发展。比较不同年份的政策热点发现，2016 年以前，智能化相关的政策焦点突出，一些光伏政策也较为注重市场化的能源价格以及行业规范和产品标准的相关要求。随着国家对新能源发展扶持力度加大，光伏产业迎来了新一轮的高速发展期。在 2017 年，领跑者成为光伏热词，多项配套政策相应颁布，如政策 227（《关于 2017 年建设光伏发电先进技术应用基地有关要求的通知》）、政策 232（《关于提高主要光伏产品技术指标并加强监管工作的通知》）、政策 238（《关于推进光伏发电"领跑者"计划实施和 2017 年领跑基地建设有关要求的通知》）以及政策 250（《关于 2017 年光伏发电领跑基地建设有关事项的通知》）。这些政策都对未来几年我国的光伏市场产生深远影响，推动国内光伏行业快速成长。同时，智慧能源相关项目的示范试点也在稳步推进，为未来的能源发展奠定了坚实的基础。这些都表明国家对新能源产业的重视程度不断加深，政府出台了一系列针对新兴产业的扶持政策。在2018年，该政策群的核心内容仍然是"智能化"和"领跑者"，然而，随着"平价上网、创新驱动、光伏+应用、环保电价、绿色发展"等新的政策关键词的涌现，高效、智能、绿色、多元的产业发展路径得到了综合体现。

5. 政策群5："光伏扶贫"政策群

光伏扶贫作为"十大精准扶贫工程"之一，基于贫困地区丰富的太阳能资源，通过太阳能资源的开发确保实现稳定收益，将扶贫开发和新能源应用、节能减排三者有效结合。因此政策群5的主题为光伏扶贫。

"光伏扶贫"政策群的形成时间相对较短，相关光伏政策直至2014年末才出台。政策热点主要可分为以下几类：首先是试点与方案，包括政策142（《关于印发实施光伏扶贫工程工作方案的通知》）、政策144（《关于组织开展光伏扶贫工程试点工作的通知》）、政策151（《关于印发光伏扶贫实施方案编制大纲（试行）的函》），关键词包括"实施方案、试点、分布式光伏发电、技术标准、验收评估"等。其次是精准扶贫，它区别于粗放式扶贫，要求依照贫困区域环境和贫困农户状况的差异，采用科学有效的程序，精准识别扶贫对象、并做到精准帮扶以及精准管理，关键词包括"扶贫人口、定点扶贫、精准脱贫、保障措施"等。再次是光伏扶贫方式，从实践来看，光伏精准扶贫主要有四种类型：户用光伏发电扶贫、村级光伏电站扶贫、光伏大棚扶贫及光伏地面电站扶贫，其中村级光伏电站扶贫为政策关注的重点。此外，该政策热点类别还涉及光伏扶贫收益分配、光伏扶贫电站信息管理、分布式扶贫电站接网等问题。最后，光伏用地也是光伏扶贫政策关注的焦点之一，代表性的政策为政策239（《关于支持光伏扶贫和规范光伏发电产业用地的意见》）。

根据政策热点变化过程，可以看出在2015年之前，光伏扶贫政策主要集中于制订光伏扶贫工作方案，这不仅是扶贫工作的一种新途径，也是扩大光伏市场的一个新领域，同时还有序开展了光伏发电产业扶贫的试点工作。

自2016年起，一系列政策如政策199（《关于光伏发电用地有关事项的函》）、政策228（《关于做好财政支农资金支持资产收益扶贫工作的通知》）、政策245（《村级光伏扶贫电站收益分配管理办法》）、政策264（《光伏扶贫电站管理办法》）相继出台。在此阶段，"村级光伏扶贫电站"、"收益分配"、"信息管理"、"建档立卡"、"财政补助"、"责任落实"及"光伏+应用"等政策关键词出现，旨在从多个角度加强对光伏扶贫电站的建设和运营管理，以确保光伏扶贫的实施效果，并推动光伏扶贫工作健康、有序地开展。总体而言，通过政策支持和有效管理，光伏扶贫政策为贫困地区带来了持续的经济效益，助力贫困人口在 2020 年前顺利实现了脱贫。

3.3　中国光伏政策的宝贵经验和重要启示

上述研究对光伏政策群体的动态演变进行了深入剖析。然而，第五个政策群专注于光伏扶贫之外，政策逐渐展现出一条主线：从推广应用，到强调产业健康发展，再到市场化和技术创新。从这条主线中，我们可以汲取一些重要的经验和启示，这些经验和启示对于我们的工作具有深远的影响。

1. 光伏政策越来越聚焦于技术和创新

早期的光伏产业政策注重规模、速度和价格，然而近年来，质量、技术和效益的提升已成为政策的核心关注点。在国家大力扶持新能源发展的大环境下，光伏企业纷纷加大研发力度，提高技术水平，以满足市场需要。《光伏制造行业规范条件（2015 年本）》对光伏产品的技术指标提出了严格的要求，以确保符合光伏产品市场准入标准的要求。在此基础上，国家出台一系列政策措施鼓励企业提高技术水平。"领跑者"计划的推出，为先进光伏技术产品的应用和产业升级注入了新的活力。中国光伏高效化的发展之路，是由一系列重要政策所塑造的。在《关于推进"互联网+"智慧能源发展的指导意见》中，特别强调了对智能光伏电站建设，以及与新能源相关的互联网技术的推广和应用。政策鼓励企业加快研发创新步伐，积极布局智能电网建设。通过光伏政策的引导，产业技术得到了快速迭代，光电转换效率得到了显著提升，同时发电成本也持续降低。

2. 政策引导和市场机制相互耦合，光伏创新发展成为"有为政府"与"有效市场"相结合的成功典范

光伏政策和市场之间的边界逐步清晰。在国家大力扶持新能源发展的大环境下，光伏企业纷纷加大研发力度，提高技术水平，以满足市场需要。光伏产业的投资、生产、装机、发电等环节均由市场机制所主导，而光伏政策则致力于推动创新，消除光伏并网所面临的制度性障碍。政策与市场之间的明确分界，为二者的功能发挥和有效协作提供了至关重要的基础。

光伏政策主动对接了市场运行机制。光伏政策积极与市场运行机制对接，以促进可持续发展。随着《国家发展改革委关于完善陆上风电光伏发电上网标杆电价政策的通知》《关于 2018 年光伏发电项目价格政策的通知》《关于 2018 年光

伏发电有关事项的通知》等一系列光伏发电定价政策的陆续发布，光伏发电价格由政府定价转向标杆电价、市场化竞价制度下的上网指导价，补贴逐渐下降，基本上实现了向无补贴平价上网的转变。在光伏发电领跑基地建设的招标中，强调了企业竞争优选工作的公平公正、公开透明，政策实施过程更加注重市场竞争的公正性。

政策传递的信号引导并充分调动了市场资源。政策是促进光伏产业健康、有序发展的重要保障。光伏产业产能过剩和光伏技术进步的推动力量并非仅限于政策补贴。光伏产业政策不仅能促进行业健康、持续地发展，而且能够在很大程度上提高产业效率。政府对产业发展态势的研判和支持态度在光伏政策中得到了体现，从而引导了企业的投资行为，对银行的信贷行为产生了影响，同时也激发了光伏技术的研发活力。同时，光伏产业政策发挥着重要的激励作用，促进了技术创新成果产业化，提升了行业整体竞争力，优化了产业结构。光伏产业的卓越发展是政府与市场的完美融合，是一个成功的典范。政策扶持不仅能促进企业提高技术创新水平，而且有助于提升产品竞争力。在中国特色社会主义市场经济体制下，政府运用政策引导和市场机制，有效调动社会资源，这是一项有益的探索，旨在推进科技创新和新兴产业的发展，构建新型举国体制。

3. 政策促进了光伏创新主体间紧密协作，光伏自主创新生态体系走向成熟和完善

政府政策支持了光伏技术的多元化探索。光伏政策的实施促进了光伏技术在不同轨道方向上的协同发展，从而推动了该领域的全面进步。政策是促进光伏产业健康、有序发展的重要保障。在过去十余年的时间里，光伏产业的技术轨迹经历了多次演变和变革。市场上，晶硅电池、薄膜电池、多晶硅电池及单晶硅电池等产品备受追捧，成为行业内的热门产品。颗粒硅、大硅片、异质结等工艺也在走向成熟，走向商业化。随着技术的不断突破和成本的逐步下降，光伏产品开始在多个应用领域实现产业化。通过同时探索和发展多种技术方向，光伏创新生态已经呈现出了丰富多彩的面貌，并且具备了优异的新陈代谢能力。

在政策的推动下具有创新基因的光伏企业成为创新的真正主体。无锡尚德太阳能电力有限公司率先开创了全球光伏大规模商用的新纪元。尽管无锡尚德太阳能电力有限公司后来经历了破产重组，但始终致力于研发领域，并拥有相当强大的研发实力。正是众多具备创新基因的光伏企业，催生了光伏产品的快速迭代和技术轨迹的演变。

政策促进了光伏创新生态完整且富有活力。在政策的推动下，光伏新技术的研究和光伏产品的开发呈现出蓬勃发展的态势，形成了一个完整而充满活力的创

新生态系统,从而促进了光电转换效率的提升和光伏成本的降低。通过建立光伏装备制造商和光伏企业之间的紧密联系,实现了光伏设备研制与光伏产品发展的同步对接,从而顺利实现了从进口到国产化的光伏装备转型。

3.4 本章小结

本章以政策引证关系为纽带,将光伏政策体系划分为光伏国内应用推广、光伏产业调整升级、光伏市场化与消纳、光伏智能化与高效化、光伏扶贫五大政策群,并通过中心度、密度等指标对光伏政策结构上的动态演化进行深入研究;通过运用交叉熵和高频词等文本关键词算法,提取政策关键词,并利用共现关系构建光伏政策群的政策热点网络,同时捕捉不同时间节点,以反映各政策群内容上的动态演化过程。中国光伏产业政策群的演化呈现出时间和内容上的交叉性,同时在整体结构上展现出差异性、紧密性和预见性的发展特征,而在内容上则呈现出高效化、多元化、智能化和市场化的"四化"特征。研究发现,光伏产业是国家重点支持行业之一,其发展离不开政府的大力扶持与推动。在接下来的章节中,我们将深入探讨这些政策的运作机制。

本章附录　光伏政策文本清单

政策编号	颁布时间	政策名称
1	1994-09-19	电力工业科学技术发展规划
2	1995-01-05	新能源和可再生能源发展纲要(1996—2010)
3	1995-12-28	中华人民共和国电力法
4	1997-05-27	新能源基本建设项目管理的暂行规定
5	1997-11-01	中华人民共和国节约能源法(1997年)
6	1999-01-12	关于进一步支持可再生能源发展有关问题的通知
7	2001-03-15	中华人民共和国国民经济和社会发展第十个五年计划纲要
8	2001-10-10	新能源和可再生能源产业发展"十五"规划
9	2002-02-10	关于印发电力体制改革方案的通知
10	2002-02-25	关于印发"十五"西部开发总体规划的通知
11	2002-10-15	"送电到乡"工程验收及运行维护管理办法
12	2002-10-15	"送电到乡"工程建设管理办法
13	2003-07-09	关于印发电价改革方案的通知
14	2004-05-27	加强电力需求侧管理工作的指导意见
15	2005-02-15	中华人民共和国电力监管条例
16	2005-02-28	中华人民共和国可再生能源法

续表

政策编号	颁布时间	政策名称
17	2005-03-16	关于组织实施可再生能源和新能源高技术产业化项目专项的通知
18	2005-03-28	关于印发电价改革实施办法的通知（上网电价、输配电价、销售电价）
19	2005-07-11	关于无电地区电力建设有关问题的通知
20	2005-09-28	电力业务许可证管理规定
21	2005-11-10	民用建筑节能管理规定（2005）
22	2005-11-29	可再生能源产业发展指导目录
23	2006-01-04	可再生能源发电价格和费用分摊管理试行办法
24	2006-01-05	可再生能源发电有关管理规定
25	2006-02-09	国家中长期科学和技术发展规划纲要（2006—2020年）
26	2006-03-14	中华人民共和国国民经济和社会发展第十一个五年规划纲要
27	2006-05-30	可再生能源发展专项资金管理暂行办法
28	2006-06-26	可再生能源在建筑应用示范项目可行性研究报告
29	2006-08-06	国务院关于加强节能工作的决定
30	2006-08-25	关于推进可再生能源在建筑中应用的实施意见
31	2006-09-04	可再生能源建筑应用专项资金管理暂行办法
32	2006-09-04	可再生能源建筑应用示范项目评审办法
33	2007-01-11	可再生能源电价附加收入调配暂行办法
34	2007-02-13	关于加强可再生能源建筑应用示范管理的通知
35	2007-04-06	关于组织实施高纯硅材料和高新技术产业化重大专项的通知
36	2007-04-28	高技术产业发展"十一五"规划
37	2007-05-23	关于印发节能减排综合性工作方案的通知
38	2007-07-25	电网企业全额收购可再生能源电量监管办法
39	2007-08-31	可再生能源中长期发展规划
40	2007-09-22	可再生能源与新能源国际科技合作计划
41	2007-10-28	中华人民共和国节约能源法（2007修订）
42	2007-11-22	关于开展大型并网光伏示范电站建设有关要求的通知
43	2008-03-03	可再生能源发展"十一五"规划
44	2008-04-28	民用建筑能效测评标识管理暂行办法
45	2008-06-02	关于组织申报2008年可再生能源建筑应用示范项目的通知
46	2008-06-10	关于对电网企业全额收购可再生能源电量情况和可再生能源电价政策执行情况进行检查的通知
47	2008-07-15	关于印发2008年节能减排工作安排的通知
48	2008-08-01	民用建筑节能条例
49	2008-11-11	关于2007年10月至2008年6月可再生能源电价补贴和配额交易方案的通知
50	2009-02-05	关于印发《能源领域行业标准化管理办法（试行）》及实施细则的通知

续表

政策编号	颁布时间	政策名称
51	2009-03-23	关于加快推进太阳能光电建筑应用的实施意见
52	2009-03-23	太阳能光电建筑应用财政补助资金管理暂行办法
53	2009-07-06	可再生能源建筑应用城市示范实施方案
54	2009-07-06	加快推进农村地区可再生能源建筑应用的实施方案
55	2009-07-16	关于实施金太阳示范工程的通知
56	2009-07-19	2009年节能减排工作安排
57	2009-09-02	关于加快开展可再生能源建筑应用示范项目验收评估工作的通知
58	2009-06-17	关于2008年7—12月可再生能源电价补贴和配额交易方案的通知
59	2009-09-26	关于抑制部分行业产能过剩和重复建设引导产业健康发展的若干意见
60	2009-12-07	关于成立光伏发电及产业化标准推进组的通知
61	2009-12-11	关于成立国家太阳能光伏产品质量监督检验中心的通知
62	2009-12-26	中华人民共和国可再生能源法(2009年修正)
63	2010-04-12	关于组织申报2010年太阳能光电建筑应用示范项目的通知
64	2010-05-07	关于鼓励和引导民间投资健康发展的若干意见
65	2010-05-23	2010年能源行业标准化工作要点
66	2010-08-20	关于2009年7—12月可再生能源电价补贴和配额交易方案的通知
67	2010-09-03	关于举办新能源与可再生能源技术应用培训班的通知
68	2010-09-21	关于加强金太阳示范工程和太阳能光电建筑应用示范工程建设管理的通知
69	2010-10-10	关于加快培育和发展战略性新兴产业的决定
70	2010-11-04	电力需求侧管理办法
71	2011-01-27	关于组织实施太阳能光电建筑应用一体化示范的通知
72	2011-03-08	关于进一步推进可再生能源建筑应用的通知
73	2011-03-14	中华人民共和国国民经济和社会发展第十二个五年规划纲要
74	2011-04-01	关于印发金太阳示范项目管理暂行办法的通知
75	2011-07-13	国家"十二五"科学和技术发展规划
76	2011-07-24	关于完善太阳能光伏发电上网电价政策的通知
77	2011-08-12	关于加强太阳能光电建筑应用示范后续工作管理的通知
78	2011-11-29	可再生能源发展基金征收使用管理暂行办法
79	2011-12-05	国家能源科技"十二五"规划
80	2011-12-16	关于组织实施2012年度太阳能光电建筑应用示范的通知
81	2012-01-08	关于做好2012年金太阳示范工作的通知
82	2012-02-24	太阳能光伏产业"十二五"发展规划
83	2012-03-14	可再生能源电价附加补助资金管理暂行办法
84	2012-03-27	太阳能发电科技发展"十二五"专项规划

续表

政策编号	颁布时间	政策名称
85	2012-04-19	国家能源科技重大示范工程管理办法
86	2012-05-25	关于申报新能源示范城市和产业园区的通知
87	2012-06-18	关于鼓励和引导民间资本进一步扩大能源领域投资的实施意见
88	2012-07-06	可再生能源发展"十二五"规划
89	2012-07-07	太阳能发电发展"十二五"规划
90	2012-07-09	"十二五"国家战略性新兴产业发展规划
91	2012-08-21	关于完善可再生能源建筑应用政策及调整资金分配管理方式的通知
92	2012-09-14	关于申报分布式光伏发电规模化应用示范区的通知
93	2012-10-26	关于做好分布式光伏发电并网服务工作的意见（暂行）
94	2012-10-26	关于促进分布式光伏发电并网管理工作的意见
95	2012-10-26	分布式光伏发电接入配电网相关技术规定(暂行)
96	2012-10-29	关于编制无电地区电力建设光伏独立供电工程实施方案有关要求的通知
97	2012-11-07	关于组织申报金太阳和光电建筑应用示范项目的通知
98	2012-11-20	关于印发可再生能源发电工程质量监督体系方案的通知
99	2012-11-26	关于可再生能源电价补贴和配额交易方案（2010年10月—2011年4月）
100	2012-12-12	关于预拨2012年可再生能源电价附加补助资金的通知
101	2013-01-01	能源发展"十二五"规划
102	2013-02-23	国家重大科技基础设施建设中长期规划（2012—2030年）
103	2013-03-01	关于做好分布式电源并网服务工作的意见
104	2013-03-29	关于预拨可再生能源电价附加补助资金的通知
105	2013-05-02	关于清算光伏金太阳示范工程财政补助资金的通知
106	2013-06-16	分布式光伏发电示范区工作方案
107	2013-07-15	关于促进光伏产业健康发展的若干意见
108	2013-07-18	分布式发电管理暂行办法
109	2013-07-22	关于开展风电太阳能光伏发电消纳情况监管调研的通知
110	2013-07-24	关于分布式光伏发电实行按照电量补贴政策等有关问题的通知
111	2013-08-09	关于开展分布式光伏发电应用示范区建设的通知
112	2013-08-12	南方电网公司关于进一步支持光伏等新能源发展的指导意见
113	2013-08-22	关于支持分布式光伏发电金融服务的意见
114	2013-08-26	关于发挥价格杠杆作用促进光伏产业健康发展的通知
115	2013-08-27	关于调整可再生能源电价附加标准与环保电价有关事项的通知
116	2013-08-29	光伏电站项目管理暂行办法
117	2013-09-10	关于调整可再生能源电价附加征收标准的通知
118	2013-09-17	光伏制造行业规范条件（2013年本）

续表

政策编号	颁布时间	政策名称
119	2013-09-23	关于光伏发电增值税政策的通知
120	2013-10-11	光伏制造行业规范公告管理暂行办法
121	2013-10-29	关于征求 2013、2014 年光伏发电建设规模的函
122	2013-11-14	关于印发《南方电网公司分布式光伏发电服务指南（暂行）》的通知
123	2013-11-18	分布式光伏发电项目管理暂行办法
124	2013-11-19	关于对分布式光伏发电自发自用电量免征政府性基金有关问题的通知
125	2013-11-26	光伏发电运营监管暂行办法
126	2013-11-29	关于印发分布式电源并网相关意见和规范(修订版)的通知
127	2013-12-17	关于清算2012年金太阳和光电建筑应用示范项目的通知
128	2013-12-31	关于可再生能源电价附加补助资金管理有关意见的通知（国家电网公司）
129	2014-01-17	关于下达 2014 年光伏发电年度新增建设规模的通知
130	2014-02-08	关于加强光伏产品检测认证工作的实施意见
131	2014-02-19	关于组织推荐2014 年光伏产业重点项目的通知
132	2014-02-28	新建电源接入电网监管暂行办法
133	2014-03-10	关于印发加强光伏产业信息监测工作方案的通知
134	2014-05-18	关于发布首批基础设施等领域鼓励社会投资项目的通知
135	2014-05-20	关于加强光伏发电项目信息统计及报送工作的通知
136	2014-06-03	关于国家电网公司购买分布式光伏发电项目电力产品发票开具等有关问题的公告
137	2014-06-07	能源发展战略行动计划（2014—2020 年）
138	2014-07-01	关于印发风力发电场、光伏电站并网调度协议示范文本的通知
139	2014-09-02	关于进一步落实分布式光伏发电有关政策的通知
140	2014-09-11	关于加快培育分布式光伏发电应用示范区有关要求的通知
141	2014-10-09	关于进一步加强光伏电站建设与运行管理工作的通知
142	2014-10-11	关于印发实施光伏扶贫工程工作方案的通知
143	2014-10-28	关于规范光伏电站投资开发秩序的通知
144	2014-11-15	关于组织开展光伏扶贫工程试点工作的通知
145	2014-11-21	关于推进分布式光伏发电应用示范区建设的通知
146	2014-12-16	关于做好 2014 年光伏发电项目接网工作的通知
147	2014-12-19	关于分布式光伏发电项目补助资金管理有关意见的通知
148	2014-12-30	关于进一步优化光伏企业兼并重组市场环境的意见
149	2014-12-31	关于印发能效"领跑者"制度实施方案的通知
150	2015-01-09	关于成立光伏产品检测认证技术委员会的通知
151	2015-03-09	关于印发光伏扶贫实施方案编制大纲（试行）的函
152	2015-03-15	关于进一步深化电力体制改革的若干意见

续表

政策编号	颁布时间	政策名称
153	2015-03-16	关于下达2015年光伏发电建设实施方案的通知
154	2015-03-20	关于改善电力运行 调节促进清洁能源多发满发的指导意见
155	2015-03-25	光伏制造行业规范条件（2015年本）
156	2015-03-31	关于开展光伏制造行业规范公告申报工作的通知
157	2015-04-02	可再生能源发展专项资金管理暂行办法
158	2015-04-07	关于开展全国光伏发电工程质量检查的通知
159	2015-04-13	关于进一步做好可再生能源发展"十三五"规划编制工作的指导意见
160	2015-04-20	关于印发光伏发电企业安全生产标准化创建规范的通知
161	2015-05-05	关于完善跨省跨区电能交易价格形成机制有关问题的通知
162	2015-06-01	关于促进先进光伏技术产品应用和产业升级的意见
163	2015-07-04	关于积极推进"互联网+"行动的指导意见
164	2015-07-13	关于推进新能源微电网示范项目建设的指导意见
165	2015-09-08	关于印发《光伏产品检测认证技术委员会章程》的通知
166	2015-09-10	关于支持新产业新业态发展促进大众创业万众创新用地的意见
167	2015-09-24	关于调增部分地区2015年光伏电站建设规模的通知
168	2015-09-28	关于实行可再生能源发电项目信息化管理的通知
169	2015-10-08	关于可再生能源就近消纳试点的通知
170	2015-10-12	中共中央 国务院关于推进价格机制改革的若干意见
171	2015-11-26	关于印发电力体制改革配套文件的通知
172	2015-11-27	关于光伏电站建设使用林地有关问题的通知
173	2015-11-29	中共中央 国务院关于打赢脱贫攻坚战的决定
174	2015-11-30	关于有序放开发用电计划的实施意见
175	2015-12-02	国土资源部关于发布《光伏发电站工程项目用地控制指标》的通知
176	2015-12-22	国家发展改革委关于完善陆上风电光伏发电上网标杆电价政策的通知
177	2015-12-24	关于印发加快贫困地区能源开发建设推进脱贫攻坚实施意见的通知
178	2016-01-05	关于提高可再生能源发展基金征收标准等有关问题的通知
179	2016-01-11	关于做好光伏发电项目与国家可再生能源信息化管理平台衔接有关工作的通知
180	2016-02-05	关于做好"三北"地区可再生能源消纳工作的通知
181	2016-02-24	关于推进"互联网+"智慧能源发展的指导意见
182	2016-02-29	关于建立可再生能源开发利用目标引导制度的指导意见
183	2016-03-16	中华人民共和国国民经济和社会发展第十三个五年规划纲要
184	2016-03-23	关于实施光伏发电扶贫工作的意见
185	2016-03-24	可再生能源发电全额保障性收购管理办法
186	2016-03-31	关于在能源领域积极推广政府和社会资本合作模式的通知

续表

政策编号	颁布时间	政策名称
187	2016-04-07	能源技术革命创新行动计划（2016—2030年）
188	2016-05-05	关于印发光伏扶贫实施方案编制大纲的通知
189	2016-05-27	关于做好风电、光伏发电全额保障性收购管理工作的通知
190	2016-05-30	关于完善光伏发电规模管理和实行竞争方式配置项目的指导意见
191	2016-06-03	关于下达2016年光伏发电建设实施方案的通知
192	2016-07-04	关于推进多能互补集成优化示范工程建设的实施意见
193	2016-07-14	可再生能源调峰机组优先发电试行办法
194	2016-07-25	关于继续执行光伏发电增值税政策的通知
195	2016-07-26	关于组织实施"互联网+"智慧能源示范项目的通知
196	2016-07-31	关于申报多能互补集成优化示范工程有关事项的通知
197	2016-10-13	关于光伏发电用地有关事项的函
198	2016-10-17	关于下达第一批光伏扶贫项目的通知
199	2016-10-27	关于印发"十三五"控制温室气体排放工作方案的通知
200	2016-11-11	国家电力示范项目管理办法
201	2016-11-29	关于印发"十三五"国家战略性新兴产业发展规划的通知
202	2016-12-08	关于加强发电企业许可监督管理有关事项的通知
203	2016-12-08	太阳能发展"十三五"规划
204	2016-12-10	可再生能源发展"十三五"规划
205	2016-12-12	关于开展光伏制造行业规范公告企业自查工作的通知
206	2016-12-20	"十三五"节能减排综合工作方案
207	2016-12-23	关于进一步做好可再生能源信息化管理工作的函
208	2016-12-26	关于调整光伏发电陆上风电标杆上网电价的通知
209	2016-12-26	能源发展"十三五"规划
210	2016-12-29	电力中长期交易基本规则（暂行）
211	2016-12-29	能源生产和消费革命战略（2016-2030）
212	2016-12-30	能源技术创新"十三五"规划
213	2017-01-18	关于试行可再生能源绿色电力证书核发及自愿认购交易制度的通知
214	2017-01-25	关于公布首批多能互补集成优化示范工程的通知
215	2017-02-07	关于征求《微电网管理办法》意见的函
216	2017-02-10	关于印发2017年能源工作指导意见的通知
217	2017-02-14	关于开展跨区域省间可再生能源增量现货交易试点工作的复函
218	2017-03-01	建筑节能与绿色建筑发展"十三五"规划
219	2017-03-13	关于组织申报第七批可再生能源电价附加补助项目的通知
220	2017-03-27	关于深化能源行业投融资体制改革的实施意见

续表

政策编号	颁布时间	政策名称
221	2017-03-29	关于有序放开发用电计划的通知
222	2017-04-10	关于2016年度全国可再生能源电力发展监测评价的通报
223	2017-04-18	关于开展可再生能源电价附加补助资金清算工作的通知
224	2017-04-25	太阳能光伏产业综合标准化技术体系
225	2017-05-05	关于印发新能源微电网示范项目名单的通知
226	2017-05-10	关于报送可再生能源"十三五"发展规划年度建设规模方案的通知
227	2017-05-16	关于2017年建设光伏发电先进技术应用基地有关要求的通知
228	2017-05-31	关于做好财政支农资金支持资产收益扶贫工作的通知
229	2017-06-28	关于公布首批"互联网+"智慧能源(能源互联网)示范项目的通知
230	2017-07-17	推进并网型微电网建设试行办法
231	2017-07-17	关于2016年建筑节能与绿色建筑工作进展专项检查情况的通报
232	2017-07-18	关于提高主要光伏产品技术指标并加强监管工作的通知
233	2017-08-01	国家能源局 国务院扶贫办关于"十三五"光伏扶贫计划编制有关事项的通知
234	2017-08-31	关于减轻可再生能源领域涉企税费负担的通知
235	2017-09-19	关于北方地区清洁供暖价格政策的意见
236	2017-09-20	关于深入推进供给侧结构性改革做好新形势下电力需求侧管理工作的通知
237	2017-09-22	关于促进储能技术与产业发展的指导意见
238	2017-09-22	关于推进光伏发电"领跑者"计划实施和2017年领跑基地建设有关要求的通知
239	2017-09-25	关于支持光伏扶贫和规范光伏发电产业用地的意见
240	2017-10-31	关于开展分布式发电市场化交易试点的通知
241	2017-11-08	关于全面深化价格机制改革的意见
242	2017-11-08	解决弃水弃风弃光问题实施方案
243	2017-12-04	关于做好2017—2018年采暖季清洁供暖工作的通知
244	2017-12-08	关于建立市场环境监测评价机制引导光伏产业健康有序发展的通知
245	2017-12-11	村级光伏扶贫电站收益分配管理办法
246	2017-12-12	建筑用柔性薄膜光伏组件
247	2017-12-19	关于2018年光伏发电项目价格政策的通知
248	2017-12-25	南方区域光伏电站并网运行及辅助服务管理实施细则（试行）
249	2017-12-28	关于开展分布式发电市场化交易试点的补充通知
250	2017-12-29	关于2017年光伏发电领跑基地建设有关事项的通知
251	2017-12-29	关于下达"十三五"第一批光伏扶贫项目计划的通知
252	2018-01-05	关于报送2016年光伏发电领跑基地项目进展情况的函
253	2018-01-12	关于请上报光伏扶贫项目有关信息的通知
254	2018-01-18	光伏发电专项监管工作方案

续表

政策编号	颁布时间	政策名称
255	2018-01-19	关于建立清洁能源示范省（区）监测评价体系（试行）的通知
256	2018-01-19	关于光伏发电领跑基地综合技术监测平台建设有关要求的通知
257	2018-02-08	国家能源局综合司征求光伏前沿对标工作的意见函
258	2018-02-26	2018年能源工作指导意见
259	2018-02-28	关于提升电力系统调节能力的指导意见
260	2018-03-01	光伏制造行业规范条件（2018年本）
261	2018-03-07	关于公布可再生能源电价附加资金补助目录（光伏扶贫项目）的通知
262	2018-03-20	分布式发电管理办法（征求意见稿）
263	2018-03-23	可再生能源电力配额及考核办法（征求意见稿）
264	2018-03-26	光伏扶贫电站管理办法
265	2018-03-30	关于拨付可再生能源电价附加补助资金（光伏扶贫项目）的通知
266	2018-04-02	关于减轻可再生能源领域企业负担有关事项的通知
267	2018-04-11	关于印发《智能光伏产业发展行动计划（2018—2020年）》的通知
268	2018-04-12	清洁能源消纳行动计划（2018—2020年）（征求意见稿）
269	2018-04-13	关于完善光伏发电建设规模管理的意见（征求意见稿）
270	2018-04-13	分布式光伏发电项目管理办法（征求意见稿）
271	2018-04-27	关于进一步促进发电权交易有关工作的通知
272	2018-05-09	关于印发进一步支持贫困地区能源发展助推脱贫攻坚行动方案（2018—2020年）的通知
273	2018-05-11	关于对纳入国家补助目录光伏扶贫项目有关情况核查的通知
274	2018-05-14	扶贫项目资金绩效管理办法
275	2018-05-17	关于印发电力建设工程施工安全专项治理行动实施方案的通知
276	2018-05-31	关于2018年光伏发电有关事项的通知
277	2018-06-11	可再生能源电价附加资金补助目录（第七批）
278	2018-06-15	关于打赢脱贫攻坚战三年行动的指导意见
279	2018-06-19	关于做好光伏发电相关工作的紧急通知
280	2018-06-21	关于创新和完善促进绿色发展价格机制的意见
281	2018-06-29	关于贯彻落实2018年光伏发电相关政策的通知
282	2018-07-16	关于积极推进电力市场化交易 进一步完善交易机制的通知
283	2018-07-20	公共机构分布式光伏发电系统建设指南
284	2018-08-30	关于无需国家补贴光伏发电项目建设有关事项的函
285	2018-09-13	关于加快推进风电、光伏发电平价上网有关工作的通知
286	2018-09-29	关于上报光伏扶贫项目计划有关事项的通知
287	2018-10-09	关于2018年光伏发电有关事项说明的通知

续表

政策编号	颁布时间	政策名称
288	2018-10-30	清洁能源消纳行动计划（2018—2020年）
289	2018-11-15	关于实行可再生能源电力配额制的通知
290	2018-11-28	关于光伏发电领跑基地奖励激励有关事项的通知
291	2018-12-19	关于做好光伏扶贫电站验收评估工作的通知

第 4 章 政策引导下光伏产能过剩微观机制

第 3 章对光伏政策的梳理，已经说明了市场化也是光伏政策的重要导向。不过中国光伏产业的发展过程中，产业政策，政府这只"看得见的手"无疑有非常大的影响。中国光伏产业的发展出现了明显的波动性，尤其是在光伏产业发展、技术进步的同时，却始终摆脱不了产能过剩的阴影。这种情况下，对光伏政策的评价必然存在严重分歧。

现在产业政策效果主要从补贴、优惠和干预等角度来讨论[15]。政府补贴不足以解释光伏产业的发展现状，在产能过剩的情况下，难道理性的企业家会为了那些补贴而如过江之鲫一般不断投资光伏项目？政府发布产业政策是要引导产业发展，具有信号引导作用。改革开放以来政府政策取得的显著成效，无疑会使得产业政策产生巨大的号召和引导作用。而这种隐形效应尚未被充分认识和足够重视。在上述背景下，进一步研究中国光伏政策的作用机理，尤其要关注光伏政策的信号引导作用对银行和企业市场主体行为的改变，完善光伏政策理论，这些对光伏政策科学制定和光伏产业健康发展都具有十分重要的意义。

4.1 产业政策与银行对光伏产业的信贷支持

在产业政策实施的过程中，市场中各个主体都会受到政策信号的影响。现有的文献更多地关注了企业本身和地方政府，但实际上，银行等金融机构作为产业发展的重要参与主体，也会受到产业政策信号的影响，改变了自身的放贷行为。当前银行信贷决策行为的相关研究一部分侧重于从会计信息、社会责任信息披露等企业内部信息及金融环境、制度、政策等外部信息探讨银行信贷决策行为及其影响因素；另外一些研究主要侧重从信贷风险、信贷配给理论、信息不对称等角度出发构建及优化银行信贷决策模型。本节则会从产业政策对银行信贷引导行为角度展开研究。

4.1.1 光伏企业的银行放贷模型

银行的放贷决策行为主要取决于银行对贷款收益和贷款风险的考量，权衡两者以达到放贷效用的最大化。对于银行而言，贷款收益主要取决于贷款利率，利率越高，银行所能获得的贷款收益也就越高。然而对于企业而言，银行的贷款利率越高，企业为获得贷款所需要付出的成本就会越大。一般情况下，信用风险更大的企业不得不支付更高的贷款利率来获得银行的贷款资金。因此，银行和光伏企业会依据各自对利率和风险的判断与权衡，最终形成银企间的信贷均衡。通过构建银行放贷的效用函数，分析两者间的信贷均衡，据此能够探究信贷均衡时银行为达到效用最大化而做出的放贷决策。同时考虑政策的影响，积极的产业政策信号会使银行对产业的发展前景更加乐观，从而影响银行对风险的判断，进而改变银行和光伏企业之间的信贷均衡关系。

1. 光伏企业的银行放贷模型构建

光伏企业因投资光伏项目的需要向银行借款。在借款过程中，企业拥有越多的自有资金，那么企业对银行借款的需求就会越低。假设借款企业的自有资金比例为 α，α 越大的企业，资金需求越低，因此企业愿意接受的贷款利率 r 也就越低。自有资金比例 α 与贷款利率 r 呈反向关系，如图 4.1 所示。

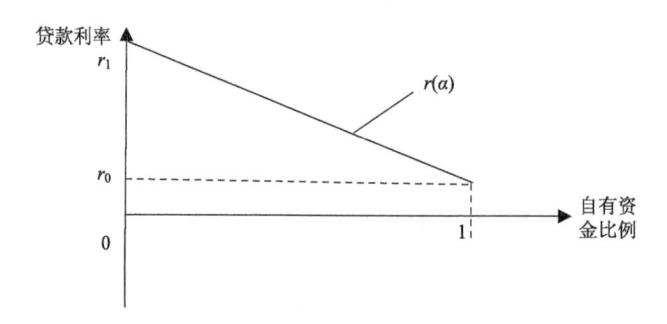

图 4.1 光伏企业贷款利率与自有资金比例

二者的关系用如下线性函数表示：
$$r(\alpha) = (r_0 - r_1)\alpha + r_1 \tag{4.1}$$
其中，r_1 为银行的最高贷款利率；r_0 为仅考虑资金时间价值的银行最低贷款利率，$r_1 > r_0$。同时，假设企业自有资金比例 α 是连续的，并且服从特定的概率分布，记作：$\alpha \sim \gamma(\alpha)$。自有资金比例 α 不同的企业，具有不同的偿债能力，其信用风险也不同，因此银行对这些企业放贷的利率也不同。光伏企业在自有资金比例上的异质性，导致了银行信贷行为的差异性。

进一步，记：
$$a = -(r_0 - r_1) > 0 \quad b = r_1 > 0 \tag{4.2}$$
其中，a 为图 4.1 中斜线 $r(\alpha)$ 的斜率；b 为该斜线在纵轴上的截距。于是式（4.1）变为
$$r(\alpha) = -a\alpha + r_1 \tag{4.3}$$

假设银行对光伏企业的贷款额为 I，则银行的贷款收益 R 为

$$R = rI \tag{4.4}$$

假定企业光伏项目总投资为 1 个单位，则 $I = 1 - \alpha$。

因此，由式（4.1）或式（4.3）、式（4.4）即可以得到银行贷款收益 R 是 α 的函数，则有

$$R(\alpha) = a\alpha^2 - (a+b)\alpha + b \tag{4.5}$$

在银行放贷的过程中，贷款风险也十分重要。银行在放贷时往往十分重视信贷风险的防范和控制。因此一般而言，银行在做出贷款决策之前通常需要进行严格的贷前审查，包括对贷款企业及项目进行全面的风险评估。一方面，贷款企业的偿债能力及信用状况是影响贷款风险的主要因素。若贷款企业自身经营及盈利能力有限或投资项目失败，银行可能面临无法收回贷款的风险；另一方面，贷款企业所处的行业环境同样也具有重要的影响。实际投资中，银行的信贷资金配置往往十分重视行业分布。行业风险会提高企业的债务融资成本，对企业的经营管理具有较大的影响。通常情况下，处于较高风险行业的企业贷款违约的概率也更高。所以对于银行而言，行业风险也是影响贷款风险的重要因素。因此，银行的贷款风险与企业因自身经营造成的损失和行业风险均相关。

假设因企业经营问题而造成的贷款损失额为 x，损失的最大额度为所有本金 I，最小额度为 0，即 $x \in [0, I]$。贷款的损失额度服从截断式正态分布，$x \sim N(x)$。根据 x 的分布函数，可构建银行的损失概率密度函数 $\text{risk}(x)$：

$$\text{risk}(x) = \frac{\dfrac{1}{\sqrt{2\pi}\sigma} e^{-\frac{1}{2}\left(\frac{x-\mu}{\sigma}\right)^2}}{\left[\Phi\left(\dfrac{d-\mu}{\sigma}\right) - \Phi\left(\dfrac{c-\mu}{\sigma}\right)\right]} I \quad (c \leqslant x \leqslant d) \tag{4.6}$$

其中，μ，σ 分别为正态分布的均值和标准差，$0 < \mu < I, \sigma > 0$；c 和 d 分别为 x 的上、下限，在此处 $c = 0, d = I$。同时，从式（4.6）中也可以看出，$\text{risk}(x)$ 也是企业自有资金比例 α 的函数。如图 4.2 所示，当企业资金比例 α 越大时，银行贷款的最大损失就会越小；反之，最大损失就会越大。

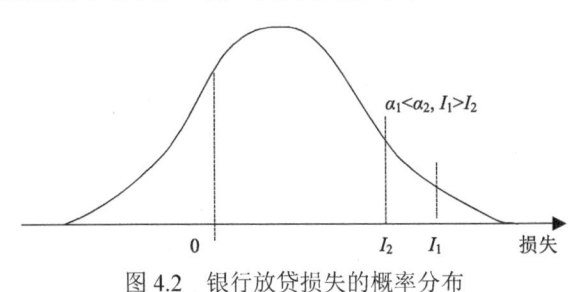

图 4.2 银行放贷损失的概率分布

根据式（4.6）的密度函数即可计算出银行放贷的期望损失。期望损失的具体推导过程见本章附录。

$$EX = \mu - \frac{\sigma\left[e^{-\frac{1}{2}\left(\frac{d-\mu}{\sigma}\right)^2} - e^{-\frac{1}{2}\left(\frac{c-\mu}{\sigma}\right)^2}\right]}{\sqrt{2\pi}\left[\Phi\left(\frac{d-\mu}{\sigma}\right) - \Phi\left(\frac{c-\mu}{\sigma}\right)\right]} \tag{4.7}$$

在式（4.7）中分别代入 c 和 d 的值后，即可得到银行期望损失的具体表达式为

$$EX = \mu - \frac{\sigma\left[e^{-\frac{1}{2}\left(\frac{I-\mu}{\sigma}\right)^2} - e^{-\frac{1}{2}\left(\frac{\mu}{\sigma}\right)^2}\right]}{\sqrt{2\pi}\left[\Phi\left(\frac{I-\mu}{\sigma}\right) - \Phi\left(\frac{-\mu}{\sigma}\right)\right]} \tag{4.8}$$

以期望损失 EX 表示银行贷款的损失。

光伏企业的经营不仅受企业自身因素的影响，比如 α，同时也受行业环境的影响。因此，银行对光伏企业的信贷风险中也包含着行业风险。在模型中引入行业信贷风险系数 $\beta(\beta>0)$ 来反映行业风险对银行信贷的影响。一般来说，行业风险的变化主要与产业发展周期、技术更新及宏观政策环境等因素相关。在不考虑其他因素的情况下，假设银行对光伏产业行业风险的判断不会发生改变，即此时的行业风险系数为常数，银行贷款的总体风险则被表示为 βEX。

银行的放贷效用取决于收益和风险，根据上述对银行贷款收益和风险的分析，可将银行放贷效用函数表示为 $R, \text{risk}(x)$ 以及 β 的函数，即

$$U = U(R, \text{risk}(x), \beta) \tag{4.9}$$

考虑风险厌恶等基本假设，本章采用了二次效用函数形式表示银行的放贷效用。据此，光伏企业的银行放贷效用函数即可表示为

$$U = -\frac{h}{2}(R - \beta EX)^2 + (R - \beta EX) \tag{4.10}$$

其中，h 为风险厌恶系数，且 $h>0$。

根据上文所得的光伏企业银行放贷效用函数可以看出，银行的放贷效用通过贷款的收益和风险与光伏企业联系起来。银行会依据自身利益最大化的目标做出放贷决策。因此通过对银行效用函数的最大化求解，即可得到当银行效用最大化时，银行与光伏企业的信贷均衡情况。

根据式（4.10），将银行效用函数最大化，即

$$\frac{\partial U}{\partial \alpha} = \frac{\partial U}{\partial r} \times \frac{\partial r}{\partial \alpha} + \frac{\partial U}{\partial \text{risk}} \times \frac{\partial \text{risk}}{\partial \alpha} = 0 \tag{4.11}$$

由式（4.11）可以求解出银行放贷效用最大化时的一阶条件，为

$$\text{EX} = \frac{R}{\beta} - \frac{1}{h\beta} \quad (4.12)$$

式（4.12）即为当银行效用最大化时，银行与光伏企业的信贷均衡条件。式（4.12）的左边是银行信贷的平均损失。如果 $\beta=1$ 是所有行业的平均风险水平，那么 $\beta<1$ 则意味着行业风险比较小。但是从式（4.12）的右边可以看出，当 $\beta<1$ 时，银行信贷的贷款平均损失会更大。

在光伏产业中，尽管硅材料提纯、光伏系统集成等环节均具有较高的技术和资金需求，且回收期较长，行业风险较大，但光伏行业作为战略性新兴产业，其行业发展仍然被普遍看好。在被普遍看好的情况下，银行判断光伏产业的行业风险 $\beta<1$，这就导致了光伏行业的信贷违约会给银行造成很大的损失。同时，R 越大（r 越大），银行信贷的平均损失越大，表明风险损失是和收益正相关的。

进一步将式（4.8）的 EX 和式（4.5）的 R 代入式（4.12），可以得到效用最大化一阶条件的具体表达式，即

$$\mu - \frac{\sigma\left[e^{-\frac{1}{2}\left(\frac{I-\mu}{\sigma}\right)^2} - e^{-\frac{1}{2}\left(\frac{\mu}{\sigma}\right)^2}\right]}{\sqrt{2\pi}\left[\Phi\left(\frac{I-\mu}{\sigma}\right) - \Phi\left(\frac{-\mu}{\sigma}\right)\right]} = \frac{a}{\beta}\alpha^2 - \frac{a+b}{\beta}\alpha + \frac{b}{\beta} - \frac{1}{h\beta} \quad (4.13)$$

令式（4.13）左边式子为 S_1。观察 S_1 可以发现，S_1 式的分母中 $\Phi\left(\frac{I-\mu}{\sigma}\right) - \Phi\left(-\frac{\mu}{\sigma}\right)$ 为当 x 分别取 $\frac{I-\mu}{\sigma}$ 以及 $-\frac{\mu}{\sigma}$ 时，标准正态分布函数所形成的面积。当 α 增大时，$\frac{I-\mu}{\sigma}$ 会减小，$-\frac{\mu}{\sigma}$ 保持不变，两者形成的面积将会缩小，因此 $\Phi\left(\frac{I-\mu}{\sigma}\right) - \Phi\left(-\frac{\mu}{\sigma}\right)$ 是关于 α 的减函数。S_1 式的分子上，由 $e^{-\frac{(I-\mu)^2}{2\sigma^2}} - e^{-\frac{\mu^2}{2\sigma^2}}$ 对 α 求导可得到 $-\frac{\alpha+\mu-1}{\sigma^2}e^{-\frac{(\alpha+\mu-1)^2}{2\sigma^2}}$。当 $\alpha<1-\mu$ 时，该导数大于 0；当 $\alpha>1-\mu$ 时，该导数小于 0。而因为 $0<\mu<1-\alpha$，所以 $e^{-\frac{(I-\mu)^2}{2\sigma^2}} - e^{-\frac{\mu^2}{2\sigma^2}}$ 在 $0<\alpha<1$ 的范围内单调递增。

结合以上分析中 $\Phi\left(\frac{I-\mu}{\sigma}\right) - \Phi\left(-\frac{\mu}{\sigma}\right)$ 和 $e^{-\frac{(I-\mu)^2}{2\sigma^2}} - e^{-\frac{\mu^2}{2\sigma^2}}$ 两式关于 α 的单调关系，可以看出，S_1 式在 $0<\alpha<1$ 的范围内关于 α 是单调递减的。因此，不难发现：

$$S_{1\max} = \mu - \frac{\sigma\left[e^{-\frac{(1-\mu)^2}{2\sigma^2}} - e^{-\frac{\mu^2}{2\sigma^2}}\right]}{\sqrt{2\pi}\left[\Phi\left(\frac{1-\mu}{\sigma}\right) - \Phi\left(-\frac{\mu}{\sigma}\right)\right]}; \quad S_{1\min} = \mu \qquad (4.14)$$

令式（4.13）右边式子为 S_2。S_2 式为开口向上的二次函数，因此当 $\alpha = \frac{a+b}{2a} = \frac{1}{2} + \frac{b}{2a}$ 时，S_2 式将会取到最大值。结合式（4.3）$r(\alpha) = -a\alpha + b$ 和图 4.1 中 r 与 α 的关系，可以看出，当 $\alpha = 1$，$r(\alpha) = -a + b > 0$，即 $a < b$，且 a，b 均大于 0，可以得到 $\frac{b}{a} > 1$，所以 $\frac{a+b}{2a} > 1$。因此，S_2 式在 $0 < \alpha < 1$ 的范围内单调递减，且有

$$S_{2\max} = \frac{b}{\beta} - \frac{1}{h\beta}; \quad S_{2\min} = -\frac{1}{h\beta} \qquad (4.15)$$

如图 4.3 所示，S_1，S_2 的最大值决定了二者是否存在交点。分析 S_1，S_2 交点的情况。

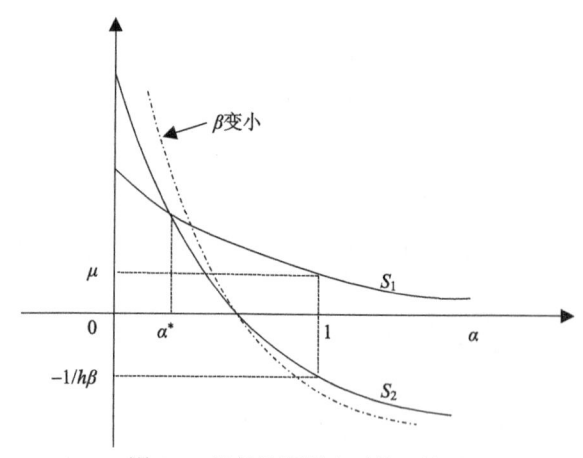

图 4.3 银行效用最大时的 α 情况

（1）当 $\mu - \dfrac{\sigma\left[e^{-\frac{(1-\mu)^2}{2\sigma^2}} - e^{-\frac{\mu^2}{2\sigma^2}}\right]}{\sqrt{2\pi}\left[\Phi\left(\frac{1-\mu}{\sigma}\right) - \Phi\left(-\frac{\mu}{\sigma}\right)\right]} > \dfrac{b}{\beta} - \dfrac{1}{h\beta}$ 时，S_1 与 S_2 两式不存在交点。

这种情况表明，由于由式（4.6）风险概率分布决定的光伏企业信贷风险过大，即使是最高的信贷利率（$b = r_1$），银行也不愿意对其放贷。在这种情况下，银行与光伏企业之间无法达成信贷关系。

第4章 政策引导下光伏产能过剩微观机制

(2) 当 $\mu - \dfrac{\sigma\left[e^{-\frac{(1-\mu)^2}{2\sigma^2}} - e^{-\frac{\mu^2}{2\sigma^2}}\right]}{\sqrt{2\pi}\left[\Phi\left(\dfrac{1-\mu}{\sigma}\right) - \Phi\left(-\dfrac{\mu}{\sigma}\right)\right]} < \dfrac{b}{\beta} - \dfrac{1}{h\beta}$ 时，S_1 与 S_2 两式存在交点。

设此时的交点为 α^*，α^* 即为银行放贷效用最大化时的企业自有资金比例，它表示了银行对光伏企业的放贷偏好。因此，企业的自有资金比例越接近 α^*，银行就越愿意对其放贷。

如果由式（4.6）风险概率分布决定的光伏企业信贷风险比较小，S_1 位置越低，S_1 和 S_2 的交点越会向右移动，即 α^* 将会变大，这表明了银行更加倾向于向自有资金比例比较大的光伏企业发放贷款。光伏企业信贷风险变小，银行的贷款利率降低，光伏企业按照式（4.1）或者式（4.3）支付利息，能获得贷款并且愿意以该利率借款的光伏企业自有资金比例上升。

当 b 变大时，在纵轴上的截距 $\dfrac{b}{\beta} - \dfrac{1}{h\beta}$ 变大。S_1 和 S_2 的交点会向右移动，α^* 将会变大，表明银行更加偏好自有资金比例比较大的光伏企业。b 变大，意味着图 4.1 中的 $r(\alpha)$ 直线更为陡峭，企业愿意支付更高的利率。此时银行可以选择自有资金比例更大、风险更小的企业放贷即可获得满意的效用。

当 h 变大时，在纵轴上的截距 $\dfrac{b}{\beta} - \dfrac{1}{h\beta}$ 变大。S_1 和 S_2 的交点会向右移动，α^* 变大，表明银行更加倾向于自有资金比例比较大的光伏企业。h 变大，意味着银行更加厌恶风险，此时银行倾向于选择自有资金比例更大、风险更小的企业放贷。

当 β 变小时，$S_{2\min} = -\dfrac{1}{h\beta}$ 变小，$S_{2\max} = \dfrac{b}{\beta} - \dfrac{1}{h\beta}$ 变大。S_2 与横轴的交点不变，顺时针偏转，S_1 和 S_2 的交点会向右移动，α^* 变大，表明银行更加倾向于自有资金比例比较大的光伏企业。行业风险变小，银行倾向于放贷给那些自有资金比例更高、利率更低的光伏企业。

2. 政策信号影响下的银行对企业放贷决策

实际上，由于信息不对称的存在，银行只能依据自身所获取到的企业及行业信息对贷款风险进行评估。而产业政策由于其存在的广泛影响，往往会影响银行对贷款风险的判断。实际上，产业政策甚至是银行评价信贷风险的依据之一。产业政策以信号传递的方式向银行传递了政策情感，导致银行在风险判断的过程中会受到政策信号的影响，进而改变对行业风险 β 及贷款总体风险的认知。

将行业风险的分布函数记为 $\text{risk}_{\text{ind}}(\beta)$。为探究政策信号影响下的银行对企业

放贷行为的变化,本节中引入了 θ 表示贷款相关的政策信号集。因此,受到政策 θ 的影响,银行判断的行业风险分布函数变为 $\mathrm{risk_{ind}}(\beta|\theta)$。同时,由于行业风险 β 在政策 θ 的影响下产生了变化,因此放贷效用最大化时银行与光伏企业的信贷均衡条件,即式(4.13)也发生了变化。

从式(4.13)的模型分析中可以看出,S_1 式与行业风险 β 无关,而 S_2 式是行业风险 β 的函数。因此,S_1 不受行业风险的影响,通过分析当政策信号 θ 改变时,S_2 式的变化情况就能够得到政策信号影响下,银行效用最大化时企业自有资金比例 α^* 的变化,进而探究政策信号对银行放贷决策的影响机制及作用路径。

用 θ^+ 表示对企业利好的政策信号。当利好政策信号 θ^+ 出现时,银行会据此判断行业风险降低,即 $E(\beta|\theta^+)$ 会减小。此时,S_2 式受到 θ^+ 影响产生了变化。从 S_2 式的最大值和最小值来看,θ^+ 出现后,$S_{2\max}^+ = \dfrac{b}{E(\beta|\theta^+)} - \dfrac{1}{hE(\beta|\theta^+)} > S_{2\max}$,$S_{2\min}^+ = -\dfrac{1}{hE(\beta|\theta^+)} < S_{2\min}$,即最大值增大,最小值减小。如图 4.4 所示,在这种情况下,S_2 曲线发生了顺时针偏转,因此 S_1 与 S_2 的交点 α^* 右移到 α_1^* 的位置。这也意味着银行在放贷时会更加倾向于将信贷资金提供给自有资金比例更高的光伏企业。这和上文的分析是类似的。

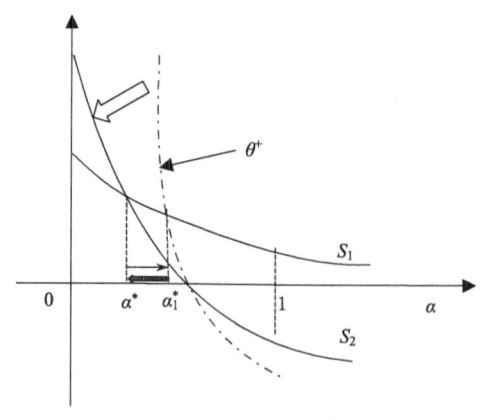

图 4.4 θ 影响下的 α^* 情况

但是不同的是,此时行业风险的变化是银行依据政策情感信号而做出的反应。但实际上,尽管产业政策的出台可能在一定程度上能够促进产业的发展,但是这种政策效果可能存在很长时间的时滞效应。另外,光伏产业政策的出台在很大程度上并没有解决光伏产业发展的关键问题,即产能过剩问题。产能过剩问题给整个光伏行业带来的风险始终存在。当银行意识到这一点的时候,银行对于光伏产业行业风险的判断就会逐渐回到正确的认识上，其贷款偏好也会从 α_1^* 回到 α^*。

概括而言，由于政策信号 θ 的影响，银行对行业风险的预期 $E(\beta|\theta^+)$ 与实际的情况产生了偏离。相对于准确的行业风险预期，在银行对风险预期的偏离及其修复的过程中，银行中意于给更多企业（$\alpha_1^* \to \alpha^*$）放贷，其结果是更多的光伏企业获得了银行贷款。这表明了产业政策信号具有显著的引导作用，影响了银行的信贷决策和放贷行为。

4.1.2 中国光伏产业政策情感分析

如前文所述，产业政策文本中内含的政策情感会向整个市场传递政策信号，这种政策信号中隐含的偏好情感也会影响市场各个主体的行为和决策。为研究光伏政策的情感信号对于银行对光伏企业放贷行为的影响，首先应当根据光伏产业的政策文本分析其中内含的政策情感。因此，本章将以光伏产业的相关政策文本内容作为政策情感信号的数据样本，通过文本情感分析的方法研究中国光伏产业的政策情感。

1. 文本情感分析

情感分析主要是使用自然语言处理及文本挖掘等技术、方法分析人们对产品、服务、事件等主体的情感、态度和观点等[16]。文本情感分析主要是基于带有情感色彩的文本，通过对文本中的词语、短语等进行归纳、整理，并利用一些情感分数指标计算分析，从而量化文本中蕴含的情感数据。文本情感数据主要包括了情感极性以及情感强度两类数据。情感极性表示文本的情感倾向，如积极、消极、肯定、否定、中性等。情感强度则表示在情感倾向的基础上情感色彩程度的强弱，主要有加强、减弱两类。

在大数据快速发展的背景下，文本情感分析所获得的情感数据具备十分重要的意义和价值。因此，文本情感分析方法的应用范围十分广泛。例如，通过分析购物评价、电影评论、社交平台评论等文本内容，从而为个人、企业、机构等提供产品改进、营销策略、信息预测、舆情分析等方面的决策支持。在经济领域，文本情感分析也被广泛运用于研究媒体报道、企业年报、论坛评论等文本，探究这些文本情感对股票市场、企业行为等方面的影响。一些研究将新闻媒体的报道进行情感分类发现与公司相关的负面的新闻报道会影响公司的利润，同时其股票价格收益也较低[17]。也有学者通过对国内上市公司年报文本进行的情感分析来得到企业家的市场信心指数数据，进而研究了企业家市场信心与企业投资之间的关系[18]。目前，文本情感分析已经成为一种重要的分析方法，被广泛应用于服务、经济、政治等各个领域。

文本情感分析方法的具体实施需要依托于自然语言处理、大数据等计算机技术，其应用方法主要可以分为基于机器学习算法的文本情感分析方法以及基于情感词典的文本情感分析方法。

随着计算机技术的快速发展，基于机器学习算法的文本情感分析方法已经比较成熟。在这种方法中，待分析的文本样本被分为训练集和测试集两类。首先，通过人为主观判断的方法，对一部分文本样本标注情感倾向性。在此基础上，将人为标注的文本样本作为训练集，提取其中词汇、语句等的特征，对分类器进行训练。其次，由计算机通过某种算法学习后对测试集进行自动分类，从而获得测试集的文本样本的情感数据。机器学习的模型主要包括朴素贝叶斯、支持向量机等。其中，朴素贝叶斯文本分类算法是以贝叶斯概率模型为理论依据的情感分析方法。利用贝叶斯公式根据对象的先验概率计算出它的后验概率，对象的类即具有最大后验概率的类，以此达到为对象分类的目的。支持向量机模型在 1995 年由科琳娜·科尔特斯（Corinna Cortes）和瓦普尼克（Vapnik）提出，在分类、模式识别等多个技术方向均有应用。

基于情感词典的文本情感分析方法主要是根据一定规则构建情感词典，通过文本拆解、关键词提取，将文本情感词典与文本样本的情感词、程度词等进行拆分、匹配，然后基于情感词赋分、计算词汇占比等方式计算情感值，最后得到文本的情感值作为最终量化文本情感倾向的依据[19]。

基于机器学习的情感分析方法在大样本情形下效率高，并且能够不受语言学专家知识限制，因此得到了广泛的运用。但是由于这类方法需要手工标注大量训练数据，同时对研究者的技术要求也较高，因此在实际应用中的操作难度相对较高。除此之外，这类情感分析的方法主要用于获得文本的情感倾向，一般无法将情感倾向量化为数值。由于本章希望探究政策情感信号对银行放贷行为的实际影响效果，在后续研究中需要使用政策文本情感的量化数据，即需要在判断情感极性的基础上计算出政策文本样本的情感强度。因此基于本章的研究目的和研究需要，本章最终选用了基于情感词典的情感分析方法对光伏政策情感进行文本情感分析研究。

在基于情感词典的文本情感分析方法中，首要任务就是找到适宜分析文本样本的情感词典。在实际运用时，这种情感分析方法主要是通过匹配文本内容与情感词典所包含的情感词汇，并依据一定计算分析方法进而量化文本的情感极性及情感强度。因此，情感词典的质量对最终的分析结果的重要性不言而喻。

情感词典是将词语按照不同的情感倾向，如褒义词或贬义词、积极或消极情感词等，进行分类汇集而形成的"词典"。研读现有的相关文献，目前应用较为广泛且具有较高代表性的通用情感词典主要是英文情感词典，如 GI 词典[20]、WordNet 词典。GI 词典由哈佛大学开发，共收集了 4207 个情感词，不仅将情感词汇按情感极性分类，还标注了每个词汇的强度、词性等属性。WordNet 词典是一种基于认知语言学的英语词典。它按照不同的语义将名词、动词、形容词、副词均分类到不同的同义词集合中，同时对同义词集合之间的词汇以及不同集合之间均进行了关系连接，构成了一个庞大的词汇语义网络。

相对而言，中文情感分析研究起步相对较晚，同时中文句子语文的广泛性增加了中文情感分析的难度。目前基于汉语的情感词典并不像英文情感词典那么具有权威性，比较具有代表性的汉语情感词典有 HowNet 情感词典[19]、大连理工大学中文情感词汇本体库等。HowNet 情感词典，即知网情感词典，既包含了中文词汇也包含了英文词汇。中文词汇中包括了四类词汇：情感词、程度词、评价词及主张词。其中，情感词和评价词分别有 2090 个和 6846 个，均被分为正面和负面两类。相比其他的情感词典，大连理工大学中文情感词汇本体库的一个突出优势是对于情感分类的划分更加细致，共包含了 7 大类 21 小类的情感，因此是解决多类别情感分类的良好工具。

目前，通用词典所应用的范围更多的是在购物评论、媒体新闻、影评等方面，文本所使用的词汇较为口语化、生活化。而政策文本却并未如此，由于政策文件由政府官方部门发出，同时通常对国家政治、经济、文化等多个领域具有指导意义，影响重大，因此往往采用更为专业、严谨及书面化的表述，所以从情感词汇本身来看，政策文本与通用词典涵盖的词汇交集相对较少。除此以外，与以往的文本情感分析比较，政策文本中的情感倾向含义也有所不同。普通文本的情感往往表示了文本作者对某物品、事件等持有的观点及情感。例如，消费者在购物平台对某产品进行评价，评价文本中的情感表示消费者认为该产品"好"或"不好"。而政策作为国家政府部门出台的官方文件，对社会经济发展具有重大而广泛的影响，因此往往不会像商品评价、网络评论一样表现出清晰的情感倾向。尤其是对于本章所研究的产业政策而言，产业政策的颁布通常旨在引导相关产业的发展，政府机构并不会简单、粗暴地在政策文本中表达某些产业"好"或"不好"，而更多的是指导相关产业发展的方向以及实施一些举措方案等。因此，本章所研究的政策情感表示政策制定方对产业发展所持的态度，积极的政策情感表示国家对产业持有鼓励、促进的态度，如使用鼓励、做强、提倡等词表达政策的积极情感；而消极情感表示政策制定方认为当前产业发展情况存在不足，需要加以规范、改善，如使用整改、狠抓、管控等词表达政策的消极情感。

基于上文的分析，对于政策文本的情感分析与现有的文本情感分析有着较大的差别，无论是从情感词汇本身还是政策情感的内涵来看，政策文本内容的特殊性决定了针对政策文本的文本情感分析并不适宜使用现有的通用词典直接展开研究，因此本章将通过阅读和梳理政策样本的文本内容筛选出政策适配的情感词汇，通过构建针对政策文本的情感词典为后续我国光伏产业政策的情感分析研究奠定基础。

2. 政策样本

根据上文的分析，构建政策文本专用的情感词典首先应当选取相关的政策样本作为政策情感词典的数据来源。由于本章研究的政策对象为光伏产业政策，因此本章以光伏产业的相关政策作为政策情感词典构建及政策情感分析的样本数据来源。

为收集光伏产业的相关政策，首先本章通过查阅国家能源局、国务院、财政部、国家发展和改革委员会、住房和城乡建设部等政府官方网站发布的政策文件，搜索并收集了光伏相关的政策文本。其次，为保证政策文件的完整性，本章还根据"光伏""太阳能"等关键词在索比光伏网、北极星太阳能光伏网等光伏相关网站上的政策数据库中进行检索，并结合现有文献中的政策文件样本对光伏相关的政策文件进行补充和完善，从而形成了较为完整的光伏政策文件目录。

在此基础上，本章还对已收集的光伏政策文本样本进行了整理和筛选，即通过对上文中收集的光伏政策文件逐一查阅，筛选出与光伏产业最为相关的政策文本。政策文本的选取及筛选主要依据以下标准。

由于本章的政策情感数据以年度为单位，为保证年度的政策数量，本章从2008年开始选取光伏政策文本，政策文本选取截至2020年，最终选取了2008年至2020年的光伏政策文本。

考虑到各省区市及以下政府单位所颁布的政策文件通常都是依据国家级政策文件的指导方向而制定的。因此，为了避免政策文本样本的重复性，本章仅选取了国家层面的光伏政策样本。

为确保政策情感数据的针对性及准确性，所选取的政策文本中均明确涉及光伏产业的相关内容，仅泛指可再生能源、新能源等相关政策不包含在本章的研究数据范围内。

由于政策文件涵盖的内容通常较为广泛，针对综合性的政策文件，如《中华人民共和国国民经济和社会发展第十二个五年规划纲要》《国家"十二五"科学和技术发展规划》等，仅保留与光伏产业直接相关的文本内容作为政策情感的文本数据。如表 4.1 所示，经过筛选及整理，最终选取了 2008 年至 2020 年国家层面的光伏政策文本共计 220 份，主要包括法律、规划、公告、意见、通知等形式。

表 4.1　2008~2020 年光伏政策文本数量

年份	政策数量/份
2008	4
2009	7

续表

年份	政策数量/份
2010	5
2011	8
2012	14
2013	20
2014	17
2015	21
2016	23
2017	27
2018	29
2019	21
2020	24
总计	220

3. 基于政策文本的情感词典构建

如上文所述，无论是从情感词的特征还是情感词的含义来看，现有的通用词典对于政策文本的适配性较弱，并不适合直接用于政策文本的情感分析。因此，为得到适用于分析政策文本的情感词典，本章基于上文所述的220份光伏政策样本，通过对政策文本内容进行人工分析及整理，筛选并收集了政策文本中的情感词汇共398个，其中包含了积极词汇271个，消极词汇127个。在此基础上，参考部分通用词典中的程度词词典，结合政策文本样本整理出了39个程度词，与上述的398个情感词共同组成了基于政策文本的情感词典。

为得到政策情感的量化数据，情感词典中的词汇不仅需要判别情感极性，还需要词汇的情感强度数值。我们将不同极性的情感词汇分别按5级打分法为其情感强度进行量化赋值，数字越大则代表情感词的情感强度越强，数字越小则代表情感强度越弱。程度词也同样分为增强和减弱两类分别进行打分赋值，程度越强则分数越高，程度越弱则分数越低。

结合积极情感词汇、消极情感词汇、程度词及其各自的情感强度及程度数值，最终得到了可量化文本数据的基于政策文本的情感词典。根据构建的基于政策文本的情感词典，能够对光伏产业政策文本样本进行情感分析。

4. 光伏政策情感分析

在对文本情感分析之前，需要先对文本进行预处理。文本预处理主要包括分词、删除停用词等过程。文本预处理是保证情感分析结果准确性的重要提前。

分词是文本分析的基础，在与情感词典进行匹配之前，首先需要对文本进行分词处理。通过分词过程将文本中的各个语句按词汇分开，从而将样本的形式从一份文本变为一个词汇合集，以便计算机识别并使用。实际应用中，由于中文词汇本身的一些特征，中文分词过程也存在着一些特殊性。英文文本中，单词与单词之间存在天然的分隔，因此对英文文本的分词更为容易。但与英文不同，中文文本中词汇与词汇之间并没有明确的间隔，同时中文字词的多义性也为中文分词增加了难度。其次，文本中通常还含有许多没有实际含义，并且对文本情感分析没有帮助的停用词，如"这""那"等代词，"啊""呀"等语气助词，无意义的符号、空格等。删除停用词能够减少无效信息的干扰，提升文本情感分析结果的准确性。

因此，基于以上分析，本章使用开源的 jieba 中文分词工具对政策文本样本进行了预处理，在分词的基础上删除了停用词，从而最终得到了可直接用于情感词典匹配的政策文本样本数据。

对政策文本样本进行预处理之后，需要使用前文所构建的政策文本专用情感词典与政策文本数据进行情感词匹配，从而最终获得政策情感量化数据。情感词匹配步骤以及过程如下所述。

假设情感词典内的某个情感词的情感强度为 a_i，某个程度词的程度为 λ_i，$0<i<N$。其中，a_i，λ_i 分别表示第 i 个情感词的强度值和第 i 个程度词的程度值，N 为情感词典中情感词的总数量。在文本情感分析过程中，需要将一份政策文本中的每个词汇都与上文所述的政策文本专用的情感词典实施词汇匹配，具体的匹配过程如下。

（1）将政策文本中的词汇与情感词典中的词汇进行配对。

（2）如果该词与某个情感词匹配成功，则为该政策文本词赋值 a_i，并以步骤（3）继续；如果该词汇与情感词典内所有词汇都无法配对成功，则舍弃该词汇，并选择下一个词汇从步骤（1）继续。

（3）寻找是否有程度词修饰该情感词。如果有程度词匹配成功，则此时的总情感值为 $\lambda_i a_i$；如果没有程度词匹配成功，则 λ_i 取 1，此时总情感值为 a_i。

（4）将此次得到的情感值与前面所得的原总情感值进行累加（第一次匹配成功时原总情感值应为 0）。

（5）选择政策文本中的下一个词汇从步骤（1）开始重复以上步骤，直至一份政策文本中所有的词汇都重复过以上步骤，则该份政策文本情感词匹配完毕。此时，可以得到一份政策文本的总体情感值。

光伏相关政策的发文单位主要包括国务院、国家发展和改革委员会、国家能源局等政府部门。考虑到政策发文单位的行政级别不同，政策文件的权威和力度也有所差别，本章借鉴了相关研究[21,22]，将光伏产业政策按发文单位的行政级别，即全国人民代表大会、国务院、正部级、副部级、正厅级部门，采用 5 级打分法评分赋值（表 4.2）。行政级别越高的政策得分越高。经过标准化处理后得到政策文本的权重，权重越高则代表政策力度越大。

表 4.2 光伏政策主要发文单位情况

行政级别	主要发文单位	政策数量
全国人民代表大会	全国人民代表大会	3
国务院	国务院	19
正部级	国家发展和改革委员会、财政部、住房和城乡建设部、工业和信息化部、科学技术部、自然资源部、商务部	101
副部级	国家能源局、国家林业和草原局、国家认证认可监督管理委员会	95
正厅级	水电水利规划设计总院	2

由于本章所需的政策情感为年度数据，各个年份内不同的政策文本篇幅长短也各不相同。一般而言，篇幅更长的政策文件涵盖更多词汇，因此有更大概率匹配更多的情感词汇。因此，为了消除不同政策文本之间存在的篇幅影响，将经过上述处理过程得到的每份文本的情感值除以该文本的总字数。

经过上述所有的匹配及处理程序后，最终得到每份政策文本的情感值 S。政策情感值的具体表达式如式（4.16）所示。

$$S = \frac{\omega \sum_{i=0}^{N} \lambda_i a_i}{T} \tag{4.16}$$

以年度为单位，对该年内所有政策文本的情感值进行加总，即可得到年度政策情感 S_k。S_k 表示第 k 年的政策情感值。

通过上文构建的基于政策文本的情感词典，将搜集并整理后的光伏政策文本样本与情感词典按上述过程中的步骤进行匹配并计算，最终得到了 2008~2020 年我国光伏产业政策样本的情感数值。具体的光伏政策情感分析结果如表 4.3 所示。

表 4.3 2008~2020 年光伏政策情感分析结果

年份	政策情感数值
2008	0.1091
2009	0.7766
2010	0.2616

续表

年份	政策情感数值
2011	0.4144
2012	1.2322
2013	2.0752
2014	1.5023
2015	1.5055
2016	1.4284
2017	1.3539
2018	2.0303
2019	1.7873
2020	2.0166

其中，政策情感数值的正负表示光伏政策的情感极性，数值的绝对值大小表示了情感倾向的程度，即政策情感数值为正数表示当年的政策情感为积极情感，数值越大意味着情感倾向越偏向积极；而政策情感数值为负数则表示当年的政策情感倾向为消极，数值的绝对值越大表示消极情感倾向的程度越强。

由表 4.3 中的情感数据可以看出，2008~2020 年，各年份的政策情感数值均为正数，表明 2008~2020 年光伏产业政策情感倾向均为正向。虽然 2011 年及以前的政策情感数值不高，但后续年份中，政策情感数值有明显的增加，数值提升幅度较大。尤其是在 2012 年以后，各年份的政策情感数值均保持在 1.2 以上，2013年、2018 年、2020 年的光伏政策情感数值达到了 2 以上，政策情感数值较高。总体而言，我国光伏产业的政策情感整体偏向积极，且积极的情感倾向程度较强。

从各年份的具体数值来看，在 2011 年及以前，各年份光伏政策情感的数值均在 1 以下，数值相对较低，但是 2009 年的政策情感数值达到了 0.7766，明显高于其他年份。这主要是由于国家在 2009 年相继实施了"太阳能光电建筑应用""金太阳示范工程"等政策，专门促进、鼓励我国光伏产业的发展。这些政策文件的内容也表明了政府对光伏产业保持支持、看好的态度，对产业发展的情感十分积极。

2011 年以后，上网电价及度电补贴政策的实施促使了我国光伏市场的快速增长。2013 年光伏发电新增装机数量较上年增加了 1.23 倍。政府对光伏产业发展的支持态度更加明确，光伏政策情感的数值也呈现出了逐年上升的趋势。到 2013年，政策情感已经达到了 2.0752。然而，2014 年后，由于产能过剩等问题的出现，国家逐步调整了光伏产业的扶持政策，原本的高额补贴政策逐渐走向补贴退坡机制，政府对光伏产业的扶持力度逐步减弱，光伏产业新增装机增速也有所下降。

2014年至2017年,光伏政策情感强度减弱,政策情感数值由1.5023降低至1.3539。2018年,"531"新政(《关于2018年光伏发电有关事项的通知》)文件的出台更加明确了补贴退坡的信号,政策态度的转变也更加明显。2018年光伏新增装机同比下降16.58%,2019年同比下降甚至达到了31.97%。从政策情感来看,2019年的政策情感相较于2018年数值下降了0.243,政策情感强度出现了明显下降。2020年政策情感又有所回升,从数值上与2018年基本持平,新增装机数量也出现了快速增长。

总体而言,我国光伏产业政策的情感倾向较为积极,并且仍有不断提高的趋势。虽然不同年份的政策情感数值有或大或小的波动,但从政策情感的分析数据来看,基本与光伏产业的实际发展以及相关光伏政策的发布和实施情况相符,这在一定程度上也表明了本章政策情感量化的合理性。

4.1.3 中国光伏政策信号影响银行信贷的实证研究

根据上述章节的理论模型及分析,可以预计光伏政策情感将形成政策信号,影响银行的放贷行为。因此,本章将结合4.1.2节中分析研究得出的光伏政策情感数据以及相关光伏上市公司的企业数据,构建面板回归模型进行实证分析,并依据所得的实证结果分析光伏政策情感信号对银行针对光伏企业的信贷影响。

1. 研究设计

为研究不同政策信号影响下银行对光伏企业的放贷行为,需要获取银行信贷的相关数据。由于针对光伏行业的银行信贷数据难以直接获得,本章从企业贷款融资的角度选取了光伏上市企业的相关数据指标,用相关企业的债务融资水平(资本结构)衡量银行针对光伏企业的信贷水平。

考虑数据的可得性,本章选取了光伏产业的上市公司作为研究对象。光伏上市企业根据凤凰网财经光伏概念股板块以及索比光伏网、北极星太阳能光伏网等光伏网站上的企业进行筛选。为保证数据的完整性和可靠性,本章选取了2008年及以前在国内上市的光伏企业,并通过查阅各个企业的主营业务范围进行筛选和整理。基于确定的光伏上市公司名单,通过中国研究数据服务平台搜集并整理了相关企业的数据指标,部分缺失数据通过查询企业年报进行收集与补充。在此基础上,我们还对样本数据进行了筛选,具体筛选标准如下:①剔除了研究期间的ST及*ST上市公司;②剔除了资产负债率>1的样本;③剔除关键变量缺失的样本。

经过以上步骤的数据整理及筛选后,最终选取了2008~2020年38家A股上市的光伏企业作为本章的研究对象。

为保证与企业数据的匹配,本章的政策样本为4.1.2节中所选取的2008~2020

年国家层面的光伏政策文本。本章所使用的政策情感数据为 2008~2020 年政策情感数值（表 4.3）。

由于银行针对光伏产业的具体贷款数据难以直接获得，本章从企业融资的角度选取了企业资本结构的相关指标用以衡量银行对光伏企业的信贷水平。在我国，银行借款是大部分企业筹资的主要来源，因此考虑我国光伏企业有息负债主要来源于银行借款的现状，同时参考了现有的相关文献的相关研究，本章选择了有息负债与资产比作为被解释变量。有息负债与资产比是有息负债与总资产的比值，代表了样本光伏企业的债务融资水平，同时也是衡量企业资本结构的重要指标，基本上能够体现银行对光伏企业的放贷水平。解释变量为 4.1.2 节中研究得出的年度光伏政策情感数值，能够衡量光伏产业政策的情感倾向及程度。

为保证研究结果的准确性，本章还在模型中增加了 7 个控制变量。借鉴相关研究中普遍使用的变量[23-27]，同时考虑了数据的可得性，本章在模型中加入的 7 个控制变量如下。

（1）企业规模。规模越大的企业通常会拥有越规范、完整的财务管理方案，因此，风险分散能力也越强。同时，在企业的扩大和发展过程中也需要更多的融资支持，所以本章预期企业规模对资本结构将产生正向的影响。

（2）有形资产水平。企业的有形资产水平是抵押、担保能力的一种体现。在银行信贷中，抵押贷款也是一种常见的方式。因此企业的有形资产水平越高，在一定程度上也能够表明企业的融资能力越强，所以预期有形资产水平对资本结构的影响为正。

（3）成长能力。从产业生命周期来看，高成长性的企业通常处于高速发展时期，经营风险较大。同时根据静态权衡理论，成长能力高的企业可能具有更高的财务困境成本，因此企业会倾向于减少债务融资，降低风险，所以本章预期成长能力与资本结构的关系为负相关。

（4）非债务税盾。非债务税盾是指除债务利息以外能够抵减企业税款的费用，在我国以固定资产折旧、无形资产摊销等费用为主。从抵税效应来看，企业的债务税盾与非债务税盾存在着替代作用，因此如果企业的非债务税盾越高，那么企业对债务税盾的需求就会越小。因此本章预期非债务税盾的系数符号为负。

（5）盈利能力。根据优序融资理论，企业在融资时会优先选择融资成本更低的内部资金，如金融资产、权益资本等，其次才会选择融资成本相对更高的外部融资方式，如债务融资以及股权融资。盈利能力强的企业能够赚取更多的利润，也能够有更多的内部资金盈余以满足融资需要，因此会减少外部的融资需求。所以本章预期盈利能力与资本结构为负相关。

（6）资产流动性。资产具有越高的流动性，表明企业的短期偿债能力也就越强。如果企业拥有较多的流动资产，那么企业举债融资的需求就较少。因此本章预期资产流动性系数符号为负。

（7）货币供应量，使用货币供应量的自然对数表示。货币供应量的变动调整会从宏观上影响金融机构的信贷供给，从而间接影响到企业的融资水平，因此将货币供应量纳入控制变量中。

根据以上分析，各变量的名称与具体含义总结如表4.4所示。

表4.4 变量设定

变量	变量名称	变量表示	变量含义
被解释变量	有息负债与资产比	lev	（非流动负债合计+短期借款+一年内到期的非流动负债）负债平均余额/资产合计
解释变量	政策情感	senti	年度政策情感
控制变量	企业规模	size	企业总资产的自然对数
	有形资产水平	tang	（存货+固定资产净值）/总资产
	成长能力	grow	总资产增长率
	非债务税盾	ndts	累计折旧/总资产
	盈利能力	profit	净资产收益率
	资产流动性	cr	流动比率
	货币供应量	ms	货币供应量的自然对数

2. 模型设定

根据以上讨论和分析，为检验政策情感与银行对光伏企业放贷行为之间的关系，本章使用2008~2020年38家上市光伏企业数据以及年度政策情感数据，建立面板数据回归模型进行实证分析，模型表达式设计如式（4.17）所示。

$$\text{lev}_{it} = \beta_0 + \beta_1 \text{senti}_t + \beta_2 \text{size}_{it} + \beta_3 \text{tang}_{it} + \beta_4 \text{grow}_{it} + \beta_5 \text{ndts}_{it} + \beta_6 \text{profit}_{it} + \beta_7 \text{cr}_{it} + \beta_8 \text{ms}_{it} + \mu_i + \lambda_t + \varepsilon_{it}$$

(4.17)

其中，i为第i家上市企业；t为年份；lev_{it}为第i家上市企业第t年的资本结构，即本章的被解释变量；senti_t为第t年的政策情感，即本章的解释变量；size、tang、grow、ndts、profit、cr、ms分别为上文所述的企业规模、有形资产水平、成长能力、非债务税盾、盈利能力、资产流动性及货币供应量，表示影响企业资本结构的7个控制变量；β为待估计参数；μ_i为不可观测的个体效应；λ_t为模型的时间效应；ε_{it}为随机扰动项。

3. 实证检验

在实证分析前，本章首先对所需研究的各变量进行了描述性统计分析，具体统计结果如表 4.5 所示。

表 4.5 描述性统计

变量	均值	标准差	最小值	最大值	观测值
lev	0.296 570 5	0.172 294 7	0	0.838 184 1	456
senti	1.206 396	0.641 569	0.109 116 6	2.075 207	456
size	22.456 59	1.055 779	20.090 05	25.350 44	456
tang	0.465 263 7	0.163 033 7	0.026 358 2	0.879 046	456
grow	0.120 538 3	0.232 860 3	−0.446 886	1.689 948	456
ndts	0.030 307 7	0.018 439	0.000 482 7	0.119 359 1	454
profit	0.029 682	0.213 699 8	−2.815 8	0.532 6	456
cr	1.484 646	1.186 291	0.144 2	11.107 6	456
ms	13.910 9	0.436 504 8	13.071 42	14.501 88	456

根据表 4.5 中的数据，从控制变量的数据来看，样本光伏企业的企业规模（size）、资产流动性（cr）指标的标准差分别为 1.055 779 和 1.186 291，数值较高。有形资产水平（tang）、成长能力（grow）及盈利能力（profit）的最小值数值较小，其中成长能力与盈利能力的最小值为负值，且三个指标的最小值与最大值之间的差距均较大，表明样本光伏企业之间的企业发展水平和经营情况存在着较大差异。

从本章研究的被解释变量与解释变量数据情况来看，样本光伏企业的有息负债与资产比（lev）均值接近 0.3，并且最大值为 0.838 184 1，可以看出总体上样本企业的有息负债水平较高。同时，最大值 0.838 184 1 与最小值 0 相比，数值差异明显，表明样本期间光伏企业的有息负债水平具有明显的差异。政策情感（senti）的最大值及最小值均为正数，且均值约为 1.206 396，数值较高，表明从总体来看，近年来光伏产业政策的情感偏向积极。但政策情感的标准差达到了 0.641 569，最大值 2.075 207 与最小值 0.109 116 6 的差值也较大，可以看出样本期间内光伏政策情感出现了较为明显的变化。企业的资本结构及政策情感在样本期间都有明显的变化，因此本章通过面板数据回归模型对两者的关系进行进一步的检验和分析。

为保证模型拟合结果的有效性，首先需要对模型进行自相关、异方差及截面相关的检验[28]。使用 Stata 16.0 软件对面板数据进行模型检验。

由于本章所使用的数据为平衡面板数据，并且考虑了时间效应，因此首先使用 Frees 检验对模型进行截面相关问题的检验，结果如表 4.6 所示。

表 4.6　截面相关检验结果

检验值		3.328
临界值	Alpha=0.10	0.2559
	Alpha=0.05	0.3429
	Alpha=0.01	0.5198

由检验结果可以看出，Frees 检验值大于 10% 的临界值，原假设为不存在截面相关，因此拒绝原假设，模型存在截面相关的问题。

同时分别使用修正的 Wald 检验及 Wooldridge 检验进行了异方差及自相关问题的检验，如表 4.7 所示。

表 4.7　异方差及自相关检验结果

项目	异方差	自相关
检验值	3505.74	68.241
$p(\text{Prob} > F)$	0	0

检验结果显示，两者的 p 值均为 0，因此都拒绝了原假设，表明模型存在异方差及自相关问题。

面板数据模型主要可以分为固定效应模型和随机效应模型。在回归分析前，应当检验样本数据适用的模型。根据上文模型检验中的检验结果，本章中模型存在截面相关、异方差及自相关的问题。由于经典的 Hausman 检验在这种情况下并不适用，因此本章选择了 Wooldridge 提出的稳健 Hausman 检验对回归模型进行检验。稳健 Hausman 检验的检验值为 8.84，p 值为 0，因此回归分析模型选择了固定效应模型。考虑时间效应后选择双向固定效应模型进行后续的研究分析。

基于上节的模型检验与模型选择的分析结果，本章最终采用了双向固定效应模型对面板模型进行回归分析。由于上文模型检验结果显示模型中存在着截面相关、自相关及异方差的问题，因此，本章还在回归模型中加入了 Driscoll-Kraay 标准误[29]来控制模型存在的这些问题，从而保证回归分析结果的可靠性。本章使用 Stata 16.0 软件进行面板回归分析，回归结果如表 4.8 所示。

表 4.8　回归结果

变量	系数	t 值
senti	0.058 051 4	16.11[***]
size	0.076 734 1	11.5[***]
tang	0.178 951 6	3.34[***]
grow	−0.098 380 1	−4.87[***]
ndts	2.085 695	2.69[**]
profit	−0.108 312 5	−6.09[***]
cr	−0.028 344 2	−3.83[***]
ms	−0.115 159	−10.99[***]
F 统计值	26 126.14[***]	
R^2	0.487 3	

[***]、[**]分别表示参数的估计值在1%、5%的统计水平上显著

从整体结果来看，模型总体的回归结果效果尚佳。各个变量中，除非债务税盾（ndts）系数在5%水平上显著外，其余各变量均在1%的水平上显著，模型中各个变量都具有较高的显著性水平。控制变量的系数符号也与前文预设的影响方向基本相符。企业规模（size）、有形资产水平（tang）的系数显著为正，成长能力（grow）、盈利能力（profit）、资产流动性（cr）、货币供应量（ms）的系数显著为负，表明公司规模大、有形资产水平高的企业会更多地承担负债，而成长性高、盈利能力强及资产流动性高的光伏企业会减少企业的负债水平。非债务税盾的符号与前文预期相反，这可能是由于对于光伏企业而言，企业的非债务税盾更多地体现在固定资产折旧上，因此非债务税盾越高，一般表明了企业的固定资产水平越高，能够为债务融资提供越强的担保能力，因此与资本结构呈现出正相关关系。

从解释变量的回归结果来看，政策情感（senti）系数为0.058 051 4，对企业资本结构具有显著的正向影响。政策情感越偏向正向，企业债务融资水平越高，表明积极的政策情感能够带来企业贷款的增加，这一结论与前文理论模型中的结论也是相符的。

为保证模型回归结果的稳健性，本章还采用长期借款与总资产比（lev1）以及资产负债率（lev2）分别替代有息负债与资产比（lev）作为模型中的被解释变量进行回归分析。替代被解释变量后的回归结果以及原本的回归模型结果汇总如表4.9所示。

表 4.9 稳健性检验结果

变量	lev	lev1	lev2
senti	0.058 051 4*** (16.11)	0.037 535*** (8.04)	0.041 545*** (8.65)
size	0.076 734 1*** (11.5)	0.078 672*** (6.27)	0.073 061*** (8.32)
tang	0.178 951 6*** (3.34)	0.272 914*** (12.31)	0.186 974*** (6.75)
grow	−0.098 380 1*** (−4.87)	0.031 655* (1.87)	0.023 789 (1.56)
ndts	2.085 695** (2.69)	0.268 698 (1.04)	−0.101 11 (−0.41)
profit	−0.108 312 5*** (−6.09)	−0.016 83 (−0.81)	−0.089 04*** (−5.25)
cr	−0.028 344 2*** (−3.83)	0.013 332** (2.38)	−0.063 56*** (−4.84)
ms	−0.115 159*** (−10.99)	−0.136*** (−6.53)	−0.083 65*** (−5.79)
F 统计值	26 126.14***	10 787.57***	8 705.14***
R^2	0.421 2	0.374 1	0.458 9

注：每行中上层数值为参数估计值；下层括号内数值为 t 检验值
***、**、*分别表示参数的估计值在1%、5%、10%的统计水平上显著

从表 4.9 中结果来看,使用长期借款与总资产比(lev1)以及资产负债率(lev2)分别替代原被解释变量进行回归分析后,两个回归模型的 F 检验统计值均在 1% 的水平上显著,表明回归模型依然显著。各控制变量基本都具有较高的显著性水平。政策情感(senti)在两个回归模型中的系数均在1%的统计水平上显著,且系数与原模型中政策情感的系数 0.058 051 4 数值差异较小。因此,总体来看稳健性检验结果与原模型的检验结论基本一致,表明本章的实证结果具有较高的稳健性。

4.2 非连续技术进步、产业政策与光伏产能过剩

尽管光伏政策被一些研究认为是产能过剩的原因,但是其对产能过剩的影响并没有想象中的那么大,即使政策存在一定的失灵,大量企业进入光伏行业、产能急剧扩张仍然是难以解释的,因为理性的企业家不会因为政府的补贴而不计后果地蜂拥而至。4.1节说明了政策可能会放松光伏企业的融资约束,而投资主体是

企业，企业投资决策才会直接导致产能增加。本节从光伏企业投资的微观机制着手来进一步解释光伏产能过剩的原因。

4.2.1 光伏行业过度投资行为机制分析

本节重点论述非连续技术进步、光伏成本动态变化和产能过剩之间的因果关系，分析造成光伏行业过度投资行为的背后机理。

1. 非连续技术进步与光伏成本动态变化

在技术进步和高速迭代的驱动下，光伏产业取得了快速的发展。我国光伏行业经过半个多世纪的发展，逐步掌握了核心技术。电池片转换效率的提升尤为显著，规模化生产的 P 型单晶电池平均转换效率在 2020 年已达到 22.8%，相比上年提升将近 5 个百分点，而技术水平领先企业的转换效率已经达到了 23%，处于世界领先水平。值得注意的是，光伏产业的发展伴随着技术轨道的变迁[30]。2011 年之前，使用改良西门子法生产的电池板是行业的主流产品，2013 年开始单晶电池板兴起，而 2018 年之后，PERC 电池的研发使用使得转换效率大幅提升，加速了单晶替代多晶的速度。技术轨道的变迁导致了光伏技术产生了阶跃式的发展。

技术进步和技术轨道的跃迁，带动了中国光伏产业链各环节的成本和价格显著下降[31]。价格下降总体趋势如表 4.10 所示。光伏技术进步的非连续阶跃造成了光伏产品价格变动并不平滑。因此，需要根据产业技术变动的特征来研究光伏成本动态变化规律。

表 4.10 光伏产业链各环节价格变化

环节	2010 年	2011 年	2012 年	2013 年	2014 年	2015 年	2016 年	2017 年	2018 年	2019 年	2020 年
多晶硅/（万/吨）	46	23	11	10.7	15.75	11.2	13.2	13.5	7	5.6	6.5
硅片/（元/片）	14.4	12.6	9.6	8.4	8.2	7.6	6.4	6.2	5.4	3.1	3.3
电池片/（元/瓦）	9.5	5.7	5.4	3.1	2.9	2.6	2.3	2.1	1.35	1.1	0.95
组件/（元/瓦）	13.7	9.06	4.93	4.23	3.9	3.8	3.3	2.9	2.2	1.9	1.57

2. 学习曲线拟合

学习曲线又称经验曲线，它最早用来描述工人在日积月累的工作中，随着重复次数的增多、工作经验的增加以及技术的提升和工作效率的提高，带来时间成本和财务成本的降低[32]。学习曲线也是研究光伏成本变化的重要工具。

本章同样采用学习曲线模型来定量描述光伏行业成本下降规律。根据学习曲线定义构建如下学习曲线模型：

$$y = aX^{\alpha} \tag{4.18}$$

$$LR = 1 - 2^{-\alpha} \tag{4.19}$$

其中，y 为生产第 X 个单位产品的成本；X 为该产品的累积产量，代表着产品的需求量；a 为生产第一个单位产品的成本；α 为学习指数；LR 为计算得出的学习率。

光伏产业链主要包括上游、中游和下游三个环节。上游以多晶硅提纯和硅片铸锭为主，中游以电池片研发和组件安装等环节为主，下游主要是光伏电站的安装和应用。光伏电站安装和应用后，"弃光"问题总体上得到了缓解，过度投资和产能过剩的问题已不算严重。因此本章重点关注光伏产品制造相关环节，集中于上游和中游两个环节，进一步将其细分为多晶硅、硅片、电池片和组件四个阶段。产业链各环节的成本鲜有统计资料，数据获取难度较大。而光伏行业由于产能迅速扩张，竞争激烈，因而光伏产品的价格与其成本相当接近。因此本章采用 2008 年至 2020 年光伏产品价格近似代表成本来拟合学习曲线。

由于技术非连续性进步造成成本下降的非平滑，本章对光伏成本曲线进行分阶段的拟合。在各个阶段，产业技术处在特定的技术轨道上，设备已经投入、企业技术发展路线短期中稳定，成本随着累积产量的增加而下降，由此拟合的学习曲线成为短期学习曲线。但在长期，设备国产化、突破性技术出现会使得产业技术轨道发生变迁，使得成本会有额外的、明显的下降。由完整的成本数据对学习曲线进行拟合所得到的就是长期学习曲线。长期学习曲线包含了技术进步的非连续阶跃。进一步根据光伏行业技术轨道的变迁，将 2008~2020 年这 13 年划分为 2008~2012 年、2013~2017 年和 2018~2020 年三个短的时间周期拟合学习曲线。运用 Matlab 曲线拟合工具箱，将成本数据和目标函数导入进行分阶段拟合，结果如图 4.5 所示。

(a) 多晶硅

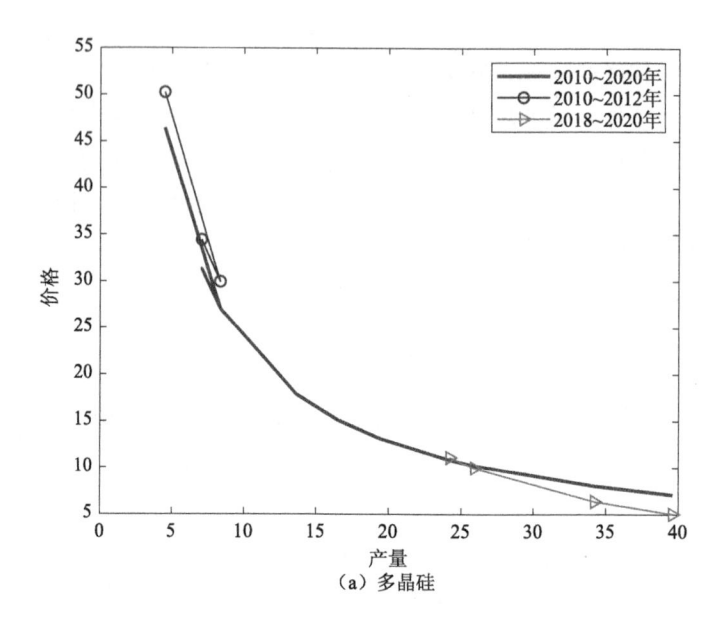

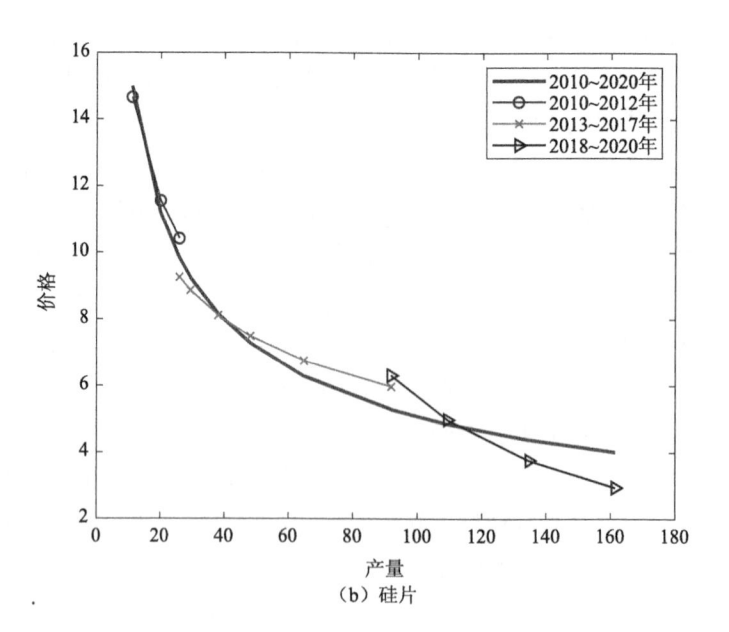

(b) 硅片

（c）电池片

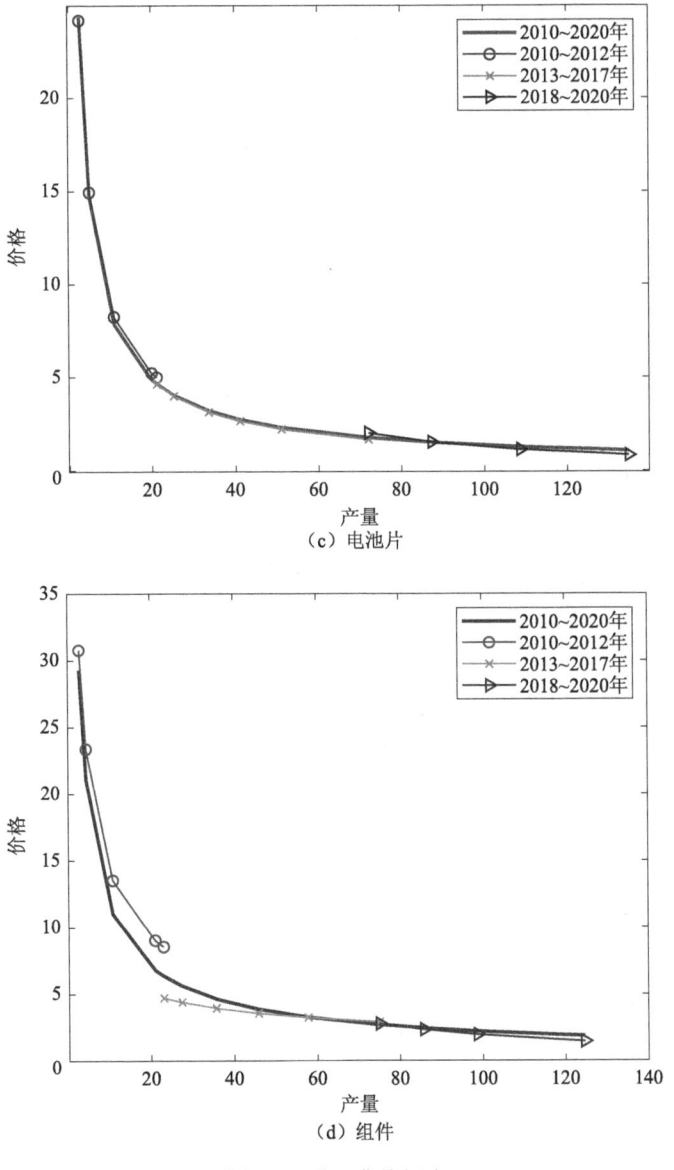

（d）组件

图 4.5 学习曲线拟合

由图 4.5 可知，各环节价格呈下降趋势，除去价格、产量特殊值的影响，长期学习曲线是短期学习曲线的包络，三个时间周期的划分也是合理的。其中 2010 年左右，由于我国多晶硅技术处于发展起步阶段，国内产量较少，国内需求大部分依赖进口。而依据双因素学习曲线理论[33]，除了累积产量，累积研发投入所代表的技术进步对价格下降也起着十分重要的作用，同时随着欧美各国和地区 2011

年开始对我国实行"双反"调查，多晶硅的价格受到了极大的影响。多晶硅的提炼和提纯对工业技术水平要求很高，我国多晶硅行业相当于从零开始发展，技术进步对产量和成本的影响作用不可忽略，而用单一的累积产量学习曲线对成本进行拟合，结果便会出现偏差，第二阶段的学习曲线甚至出现无法拟合的现象。

学习曲线的拟合，揭示了技术进步非连续阶跃对成本的影响。产业链四个环节的短期学习曲线，都出现了一定的跳跃。在技术轨道变迁以后，后续的短期学习曲线更加陡峭，成本下降更快。这和产业技术的发展是相吻合的。2008~2012年推出了改良西门子法这一生产工艺，多晶硅料生产成本大大降低；2013~2017年，金刚线切割技术的使用，大大降低了单晶硅片的生产成本，后续单晶硅片在电池端的转换效率优势逐步体现；2018年以来，随着PERC电池片技术的推出，单晶硅片转换效率优势更为明显，电池片厂商主动向单晶PERC生产线转移，单晶逐步完成对多晶的替代。2020年，规模化生产的P型单晶电池均采用PERC。

从长期学习曲线来看，总体而言长期学习曲线是对短期学习曲线的近似包络。长期学习曲线考虑了技术轨道变迁等非连续因素的影响。这些因素使得短期学习曲线位置下降或者更加陡峭。

进一步考察各个阶段的学习率，如表4.11所示。各个阶段的学习率也存在明显的差异。尤其是在2018~2020年这个阶段，学习率是最高的。这表明，技术轨道变迁或者说非连续技术进步，会导致学习率的差异，而且可能会提高学习率，加速成本下降。

表4.11 学习率拟合结果（单位：%）

环节	2008~2020年	2010~2012年	2013~2017年	2018~2020年
多晶硅	45.1	43.7	—	67.2
硅片	28.8	24.1	21.4	60.6
电池片	42.2	40.1	44	62.2
组件	39.5	34.4	24.7	57.6

3. 光伏成本动态变化与产能过剩

光伏行业作为高新技术新兴行业，从发展之初就受到政府的大力扶持。一系列的扶持政策促进了我国光伏行业迅速发展。同时也有相对多的研究认为，政府产业政策，尤其是补贴，导致了光伏产能过剩[34]。但是对于一个产能明显过剩的行业，企业家会因为政府的补贴或者扶持政策一批又一批地投资吗？实际上光伏产业的竞争激烈、市场化程度极高，因此相应的企业投资行为应该按照市场的逻辑加以解释。下文将从动态信息成本与企业投资决策的角度来解释光伏产业产能过剩的原理。

在前文中，已经说明了非连续技术进步导致了光伏成本动态变化，从而将学习曲线分成了短期和长期两类[35]。

短期中随着产品累计产量的增加，单位产品的成本会呈现下降趋势。短期学习曲线是表示单位产品生产成本与所生产的产品累计总数之间关系的一条曲线。其函数关系形式如下：

$$SC_i = KL_iQ^\alpha \tag{4.20}$$

其中，SC_i 为短期成本；K 为初始成本；L_i 为短期技术水平对成本的影响；Q 为累计产量；α 为学习率。

在长期中，随着技术非连续进步，如技术轨道的变迁，短期学习曲线会向下移动，如图 4.6 所示，短期学习曲线移动路径为 $SC_1 \to SC_2 \to SC_3$，即 L_i 会变小。

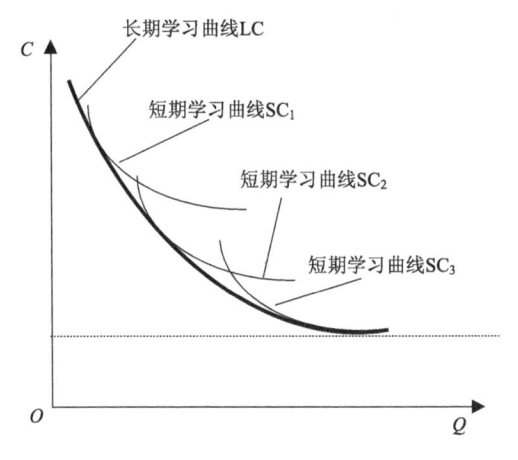

图 4.6　学习曲线

每当发生了这种技术的非连续进步，行业的生产成本都会显著下降。这个时刻新进入的企业相对于行业内现有的企业具有技术和成本优势。新的企业会迅速进入到行业。随后行业成本就会按照下降后的新的短期学习曲线变动。因而长期学习曲线是对短期学习曲线的包络，即

$$LC = \text{Min}(SC_i) \tag{4.21}$$

根据包络定理，可以求出 LC 随 L_i 的变化情况。光伏产业短期学习曲线与长期学习曲线之间相互关系如图 4.6 所示。

企业在投资的时候，对产业的技术进步和成本变动进行调查。相对于短期成本学习曲线，企业更容易获得长期成本学习曲线。企业可以通过对成本变动进行整体分析，从总体上把握长期成本学习曲线。现有的对光伏产业成本的研究就是

遵循这一思路[36]。企业还可以通过研究政府政策获得长期学习曲线的规律。政府在制定新能源补贴退坡政策时，就参考了长期学习曲线[37]。考虑到政府制定光伏政策的长期性、在信息收集方面的优势等，政府对光伏长期学习曲线的把握具有较高的可信性。因此企业从政府的补贴政策中也可以获得长期学习曲线的知识。所以企业在投资的时候，按照长期学习曲线来决策。

产业技术进步，尤其技术轨道的变迁很难准确预测[38]。企业无法预测下一次技术轨道变迁，也意识不到其实际生产成本将按照短期学习曲线变化。据此，企业按照长期学习曲线决策，按照短期学习曲线经营。

企业按照利润最大化来进行投资决策：

$$\text{Max}\{0,(\text{Pr}-\text{LC})q\} \quad (4.22)$$

其中，Pr 为预期的价格；而长期成本 LC 是企业预期的长期成本；q 为企业的产量。考虑到本章主要是研究技术造成的成本非连续性变动引起的产能变化问题，假设所有厂商规模和产量相同。因此，影响投资（包括行业内现有企业增加投资和新进入企业）的决定性因素为成本和价格，则企业投资为

$$I_i = g(\text{LC},\text{Pr}) \quad (4.23)$$

其中，I_i 为 t 企业投资。

显然 I_i 是 LC 的减函数。按照式（4.23），每当成本因为非连续技术进步而出现较大幅度下降时，就会有一个新的投资浪潮，如图 4.7 所示。新进入的企业意识到自身在技术和成本上的优势，但是由于技术非连续进步不可预测，从而将这种优势认为是长期的。但是一旦出现了新的技术轨道变迁，它们的地位将被新的投资取而代之。所以这是一种长期技术领先错觉。

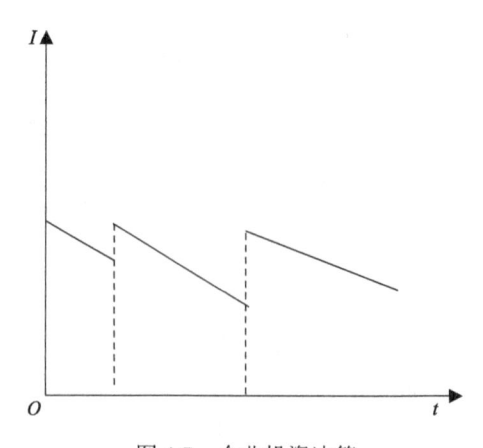

图 4.7　企业投资决策

长期技术领先错觉不断带来新的投资和新进入者。而一旦企业投资后,设备、产品技术路线都不能变动,其实际成本按短期学习曲线 SC_t 变化。这样早期投资企业由于其短期学习曲线位置更高、成本更高,会出现亏损现象。所以光伏行业中诸如无锡尚德太阳能电力有限公司、江西赛维 LDK 太阳能高科技有限公司等创办时间早、规模大的光伏企业破产重组。所以,定义以下函数 X_i:

$$X_i = \begin{cases} 1 & SC_i \leqslant LC \\ 0 & SC_i > LC \end{cases} \quad (4.24)$$

SC_i 为 1 时,企业仍然留在行业中;SC_i 为 0 时,企业将退出行业。显然 X_i 是 LC 的增函数,即当技术出现了非连续性进步,更多的企业会退出行业。当然在价格高于边际成本的情况下,仍然会努力维持,暂时不会退出行业。

因此,t 时刻光伏产业产能为

$$PC_t = \sum_{0}^{N} I_{it} X_{it} \quad (4.25)$$

其中,PC_t 为光伏产业 t 时刻产能;I_{it} 为企业 i 的投资;X_{it} 为企业 i 在 t 时刻的存活状态。不难发现,当出现技术非连续性进步的时候,会有新的投资进入,而一些企业也会陆续退出,产能会出现扩张浪潮。在光伏技术轨道发生了数次变动的情况下,光伏产业产能就会出现波浪式的增长,如图 4.8 所示。

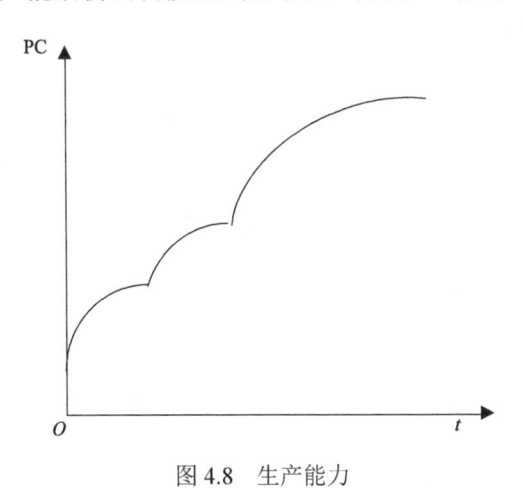

图 4.8 生产能力

上述模型描述了在动态成本信息不充分的情况下,企业决策依据为长期成本,而实际运营成本为短期成本,每当出现技术非连续进步,长期技术领先错觉就会导致新投资的涌入,导致了产能波浪式的扩张。

4.2.2 实证研究设计与分析

本节在 4.2.1 节机制分析的基础上,通过搜集光伏行业 2008~2020 年产量、产能、价格、政策数量等数据,构建年度面板数据进行实证分析以验证本章观点。

1. 变量说明

4.2.1 节的研究结果表明,非连续技术进步导致了成本的动态变化,其难以预测造成了企业的长期技术领先错觉,从而形成了波浪式的产能过剩。换而言之,非连续技术进步,如技术轨道变迁将对产能过剩、企业投资和退出行为产生显著的影响。本节将对多晶硅、硅片、电池片和组件 4 个光伏产业链的环节,采用 2010~2020 年的数据对其进行重点实证研究。相关变量的定义如表 4.12 所示。

表 4.12 变量的定义

变量属性	变量代码	变量名称	变量定义
被解释变量	CU	产能利用率	产量/产能
	com_in	进入企业数量	每年新进企业的数量
	com_out	退出企业数量	每年退出企业数量
解释变量	capacity	产能	每年潜在产出能力
	output	产量	每年实际产出量
	cost	成本	各环节成本
	price	价格	各环节价格
	policy	产业政策数量	出台产业政策数量
	policyattitude	产业政策情感	产业政策情感态度
	export	出口数量	每年产品出口数量
	t_1、t_2	技术进步	成本显著降低年份为 1,其余为 0

产能利用率(CU):本章使用行业的产量除以产能来衡量产能过剩。产量是整个行业的实际产出量,而产能是整个行业潜在的产出水平。产能利用率越低,产能过剩就越严重。

进入和退出企业数量(com_in,com_out):随着技术的更新换代,光伏产业各个环节成本不断下降,成本的下降意味着利润的增加,这就会吸引新企业进入光伏产业;同时之前进入的企业由于技术设备以及固定成本的存在,其成本相对较高,会出现亏损现象,最后逐渐退出这个行业。

企业进入代表着产能(capacity)增加,企业退出代表着产能的减少。企业进入和退出改变了光伏的产能,而产能和产量(output)决定了产能利用率。据此研究非连续技术进步对产能利用率影响的作用机制。

成本（cost）：成本的降低使产业利润增加，会吸引更多的企业进入，原有的企业也会增产、扩产。同时也会造成光伏行业内现有企业丧失竞争优势而退出。

价格（price）：价格提高，利润也会增加，因此厂商会增加供给量。同时价格变化也会影响行业的需求量。

光伏政策被认为是中国光伏产业发展的重要影响因素。因此，引入光伏产业政策数量和光伏产业政策情感两个解释变量。

光伏产业政策数量（policy）：光伏产业政策数量在很大程度上体现了政府对光伏行业的关注程度。当年光伏产业政策的数量越多，说明政府越重视光伏产业发展，就可能导致越多的资金进入光伏产业。

光伏产业政策情感（policyattitude）：政府颁布的产业政策具有不同的情感色彩，有积极的也有消极的，更加积极的产业政策会吸引更多的投资者，带来更多的产能扩张，加剧产能过剩。

出口数量（export）：产品出口数量代表着国外需求，出口数量的增多意味着国外需求增多，增加了对光伏产品的需求。

非连续技术进步(tec)：产业技术轨道变迁，会使得成本显著地下降，因此根据前文对光伏技术出现阶跃年份的分析，引入 t_1、t_2 两个时间虚拟变量来代表行业的技术进步。

2. 模型设定

本章为了从实证上检验光伏产能过剩的原因，构建了以下模型：
1）产能过剩的检验

构建线性回归方程如下所示：

$$\text{CU}_{it} = \lambda_0 + \lambda_1 \text{lcu}_{it} + \lambda_2 \text{price}_{it} + \lambda_3 \text{policy}_{it} + \lambda_4 \text{policyattitude}_{it} + \lambda_5 \text{export}_{it} + \lambda_6 t_1 + \lambda_7 t_2 + \varepsilon_{it} \quad (4.26)$$

价格越高，需求越少，会降低企业的产能利用率；而政府的扶持政策会使企业增加投资，扩大生产，当扩大的产能超过市场所能消化的能力时，便会造成产能过剩；lcu 为产能利用率的一阶滞后项，产能利用是一个持续的状态，因此引入相关变量一阶滞后项对其进行研究；引入 t_1、t_2 两个时间虚拟变量来探究非连续技术进步对产能利用率的影响。

2）产能过剩的机制检验

非连续技术进步在很大程度上影响企业进入与退出，从而导致产能的剧烈波动。因此，建立企业的进入和退出模型来检验非连续技术进步导致产能过剩的机制。

$$\mathrm{com\_in}_{it} = \gamma_0 + \gamma_1 \mathrm{capacity}_{it} + \gamma_2 m_{it} + \gamma_3 \mathrm{policy}_{it} + \gamma_4 \mathrm{policyattitude}_{it} + \gamma_5 t_1 + \gamma_6 t_2 + \varepsilon_{it} \tag{4.27}$$

$$\mathrm{com\_out}_{it} = \delta_0 + \delta_1 \mathrm{capacity}_{it} + \delta_2 m_{it} + \delta_3 \mathrm{policy}_{it} + \delta_4 \mathrm{policyattitude}_{it} + \delta_5 t_1 + \delta_6 t_2 + \varepsilon_{it} \tag{4.28}$$

根据前文的分析，企业进入时主要依据长期学习曲线预测的成本信息而做出投资决策，当长期成本下降幅度大于价格下降幅度时，企业有利可图，便会基于利润的驱动进入该行业。企业退出则主要是因为在实际生产活动中企业按照短期学习曲线预测的短期成本进行生产，短期中，企业技术路线已经确定，随着技术的不断进步便会逐渐失去其技术优势，当其收入无法弥补其可变成本时便会退出行业。

方程（4.27）和方程（4.28）即分析企业进入（com_in）退出（com_out）与成本下降和产业政策的关系。方程（4.27）中，m_{it} 表示企业从单位产品中所获的利润；policy_{it} 和 policyattitude 表示政策数量和政策情感；考虑到市场消化能力，现有产能的增加会在一定程度上抑制企业的进入，加速落后产能的退出，因此加入产能（capacity）对企业进入和退出的效果进行研究，t_1 和 t_2 则为表征非连续技术进步的时间虚拟变量，ε_{it} 则为随机扰动项。除了 γ_1 和 δ_1，虚拟变量前系数是我们重点关注的对象，其结果直接说明了企业进入和退出数量与非连续技术进步导致成本动态变化之间的关系。

3. 数据选择

本章选取 2010~2020 年光伏产业链各环节的产能、产量、价格、成本等数据。

其中，选取 2010~2020 年的数据，主要基于以下考虑：光伏技术的进步发展主要集中在 2010~2020 年，光伏各环节产量也在成倍增加，成本下降十分明显，同时也考虑了数据的可获得性。用产品实际产量来表征光伏产品的需求量，产量和出口量数据由中国光伏行业协会发布的光伏产业年度报告得到。光伏产品价格采用每年平均价格，由各公开网站资料整理获得。而光伏产品成本由于各企业原材料、技术等不同而存在差异，无法直接观测到，因此搜集到光伏行业具有代表性的 40 家企业，从其财务报表中获得利润率这一数据，取其平均值代表整个行业的利润率，再通过价格计算出成本数据。由于技术的快速更新换代，光伏行业每年都有大量企业进入，同时也有相当部分企业由于各种不可控原因退出行业，这就代表着每年都有新产能增加，同时也有落后产能的退出，因此收集了属于光伏行业，每年新进入的企业数量，以及吊销、注销、停产、责令关闭等停止产出的企业数量，数据由企查查得出。光伏行业作为新兴产业，从其发展的一开始就得到国家的大力扶持，在光伏行业发展的各个阶段，国家相关部门以及地方政府都积极颁布各种政策法规和优惠条款以促进光伏行业的健康发展，各企业受到政策鼓舞和资金支持，也纷纷响应号召进行增产、扩产[39]，同时，各政策的政策情感有消极的也有积极的，不同政策情感对产能过剩的影响程度不同，因此搜集了2010~2020年部委级别（含）以上部门发布的国家层面的光伏产业政策，数据由公开网站资料获取，采用4.1节中光伏产业政策情感态度来衡量，以此来研究光伏产业政策对企业进入以及产能过剩的影响。且2019年末受新冠疫情影响，光伏产品供应链受阻，2021年和2022年产品价格起伏较大，光伏产业链全线停摆，市场停滞，所以未将这两年数据纳入分析。

经过对数据进行剔除筛选后得出2010年至2020年四个环节的年度面板数据。本章数据处理和实证分析均通过Excel和Stata 16.0两个软件进行。

4. 描述性统计分析

表4.13报告了本章各变量的描述性统计特征。对光伏行业4个阶段11年的数据进行面板分析，得到了44个观测值。由表4.13可知，产能利用率的均值为0.689，均方差为0.142，表明数据较集中且产能利用率未达到国际上认可的产能利用率的正常水平，我国光伏行业确实存在产能过剩问题。企业每年进入的数量均值为285.091，退出数量的均值为39.545，进入数量远远大于退出数量，新进入的企业带来了光伏行业的产能增加，也在一定程度上造成了光伏行业的产能过剩。政策数量的均值为23.636，政策情感态度的均值为1.419，表明我国政府一直积极扶持光伏行业的发展。

表4.13 描述性统计分析

变量	样本数	均值	均方差	最小值	最大值
CU	44	0.689	0.142	0.374	1.034
capacity	44	70.711	60.961	8.5	244.3
output	44	48.774	40.74	4.5	161.4
price	44	7.662	7.617	0.95	46
cost	44	6.046	5.81	0.723	34.574
com_in	44	285.091	123.451	61	427
com_out	44	39.545	28.817	10	106
policy	44	23.636	9.193	7	41
policyattitude	44	1.419	0.587	0.262	2.075
export	44	17.666	14.833	2.9	78.8

5. 相关性检验

在对各变量进行完统计性分析之后，接着通过 Pearson 相关性分析对主要变量进行了相关性检验和方差膨胀系数(variance inflation factor，VIF)检验，以初步判断各主要变量之间的相关关系，结果如表 4.14 和表 4.15 所示。

表 4.14　相关性分析结果

变量	CU	price	policy	policyattitude	com_in	com_out	export
CU	1.000						
price	−0.528*	1.000					
	(0.000)						
policy	0.364	−0.440*	1.000				
	(0.015)	(0.003)					
policyattitude	0.528*	−0.577*	0.645*	1.000			
	(0.000)	(0.000)	(0.000)				
com_in	−0.628*	0.402*	−0.216	−0.604*	1.000		
	(0.000)	(0.007)	(0.159)	(0.000)			
com_out	0.716*	−0.435*	0.384	0.590*	−0.757*	1.000	
	(0.000)	(0.003)	(0.010)	(0.000)	(0.000)		
export	0.499*	−0.373	0.202	0.315	−0.398*	0.404*	1.000
	(0.001)	(0.013)	(0.188)	(0.038)	(0.008)	(0.007)	

注：括号内数据为标准误，下同
*表示 $p<0.1$

表 4.15　VIF 检验

变量	VIF
policyattitude	3.05
com_in	3.04
com_out	2.73
policy	2.01
price	1.63
export	1.29
VIF 平均值	2.29

由表 4.14 可知，各主要变量都在 10%的水平上与需求量相关，且价格与需求量反向变动，价格上升需求量下降，与理论一致，政策数量和政策情感与需求量呈正相关关系，表明政府政策对光伏行业的发展起到正面、积极作用，体现了我国光伏行业的主要特点。其他各主要变量之间的相关系数也都处在合理的范围内。本章还进行了方差膨胀因子检验，由表 4.15 可以看出，每个变量的 VIF 值均小于 10，最大值为 3.05，最小值为 1.29，均值为 2.29，表明其结果受多重共线性影响较小。

由于本节选取的是面板数据，因此需要对回归模型进行选择。由于光伏行业生产与产能过剩具有持续性，本章引入相应变量的一阶滞后变量，面板中引入解释变量的滞后项可能会引起内生性问题，传统的矩估计方法可能得到有偏和不一致的参数估计，因此本章采用广义矩估计法构建基础模型，允许异方差和序列相关的存在，较传统方法更加有效[40]。

6. 实证结果与分析

依据式（4.26），所得到的产能利用率回归分析结果如表 4.16 所示。

表 4.16　产能利用率回归分析结果

CU	模型一	模型二	模型三
lcu	0.435***	0.452***	0.569***
	(3.99)	(3.90)	(5.03)
price	0.002	0.001	0.003
	(0.39)	(0.18)	(0.57)
policy	0.007***	0.007***	0.005***
	(3.29)	(3.03)	(2.69)
policyattitude	−0.002	0.005	0.050
	(−0.04)	(0.11)	(0.91)
export		−0.002***	−0.002***
		(−5.48)	(−6.04)
t_1			−0.071**
			(−2.01)
t_2			−0.148**
			(−2.45)
样本量	36	36	36
阶数	4	4	4

注：括弧内数据为使用稳健标准误计算得到的 z 统计量

***表示 $p<0.01$，**表示 $p<0.05$

由表 4.16 可以看出，政策数量和政策情感会带来产能利用率的提高。在政府扶持政策的支持下，光伏即使未能平价发电，但是装机快速扩张，增加了产能的利用率。同时，政府的一些政策也在推动解决光伏产能过剩的问题。所以从这个结果看，光伏政策并不是中国光伏产能过剩的直接和主要原因。

时间虚拟变量 t_1、t_2 系数均为负值，且在 5% 的水平显著。说明在技术非连续进步的年份，学习曲线会出现向下平移，新投资会有技术领先的优势，投资大量涌入该行业，导致该行业产能迅速扩张，而需求端不能消化增加的全部产能，从而导致产能利用率降低。t_1、t_2 系数均为负值，说明每一次技术非连续性进步都产生了相同的效果，从而光伏产业发生了图 4.8 中波浪式的产能过剩。

表 4.16 的结果充分说明了非连续技术进步是导致光伏产能过剩的主要原因，有力地验证了前文关于光伏产能过剩机理的解释。

7. 机制检验

根据式（4.27）和式（4.28）对光伏产能过剩的机制进行检验。表 4.17 和表 4.18 分别为进入企业与退出企业数量的回归结果分析，从实证的角度验证企业进入与退出和成本、利润等的影响关系。为了避免进入、退出与虚拟变量之间可能存在的内生性问题，同样采取广义矩估计法。

表 4.17 企业进入数量回归结果

com_in	模型一	模型二	模型三
m	11.127***	14.552***	7.384***
	(4.69)	(4.32)	(7.86)
capacity		−1.359***	−0.612***
		(−12.42)	(−3.73)
policy	4.209***	3.821***	−2.172***
	(97.42)	(11.74)	(−15.70)
policyattitude	−151.411***	−69.927***	−137.782***
	(−29.25)	(−17.78)	(−16.44)
t_1			213.016***
			(19.61)
t_2			76.746**
			(2.04)
样本量	40	40	40
阶数	4	4	4

注：括弧内数据为使用稳健标准误计算得到的 z 统计量

*** 表示 $p<0.01$，** 表示 $p<0.05$

表 4.18 企业退出数量回归结果

com_out	模型一	模型二	模型三
cost	−1.653*	−1.621***	−1.025***
	(−1.68)	(−6.88)	(−3.92)
capacity		0.324***	0.024
		(10.35)	(0.78)
policy	−0.106	0.005	0.319***
	(−1.45)	(0.11)	(27.41)
policyattitude	20.366***	2.284	−13.910***
	(7.35)	(1.25)	(−9.47)
t_1			18.304***
			(14.56)
t_2			67.005***
			(22.15)
样本量	40	40	40
阶数	4	4	4

注：括弧内数据为使用稳健标准误计算得到的 z 统计量

***表示 $p<0.01$，*表示 $p<0.1$

表 4.17 的结果表明：进入企业数量会随着利润的增加而增加，企业按照市场逻辑进行投资；进入企业数量会随着当前产能的增多而减少，企业在投资光伏的时候已经考虑到当前市场的供给能力了；而两个政策变量的系数为负，并不意味着积极的产业政策会抑制新企业进入。产业发展情况是政策制定的依据，当有大量企业涌入光伏行业的时候，政策就会强调去产能；而行业处在相对低谷时期，政府政策则大力推动发展。光伏政策维持产业健康、稳步发展的思路，和企业的进入行为必然不同步，才是政策变量系数为负的原因。虚拟变量 t_1、t_2 系数均为正值，且都通过了显著性检验，说明非连续技术进步带来了重要的投资机会，企业进入数量显著增加。

表 4.18 的结果表明：成本的降低会增加企业退出的数量，行业内成本较高的企业会逐步退出行业；现有产能越大，企业就越多，退出的企业也会越多；从平均意义上看，政策数量越多的情况下，企业退出的数量也越多，因为很多的光伏政策是在推动解决产能过剩问题或者提高光伏产品的标准；而政策情感越积极，退出的企业会减少，政府对产业的积极态度会增强企业的信心。

模型三加入时间虚拟变量后，t_1、t_2 系数均为正值，且都通过了显著性测试，说明在技术轨道变迁的年份，退出企业数量显著增加。因为成本大幅下降，先进入的企业由于技术落后，生产设备陈旧，其本身研发创新不足，成本高于行业平均成本，在收入不足以弥补可变成本时便只能退出行业。但是其系数要比表 4.17 中相应的系数要小。技术非连续进步导致的进入企业多于退出企业，就会加剧产业的产能过剩。

8. 稳健性检验

为了检验技术进步带来的成本下降和大量投资，进一步带来产能的波浪式增加，本节通过改变相应回归的自变量和应变量，以进行稳健性检验。

产能利用率低说明产能过剩的存在，因此选用产能过剩量（a）代替产能利用率以进行稳健性检验，回归结果如表 4.19 所示。

表 4.19 产能过剩量检验

a	模型一	模型二	模型三
La	1.220***	0.942***	0.721***
	(4.33)	(5.76)	(6.64)
price	−0.144	0.223	1.526***
	(−0.21)	(0.46)	(3.20)
policy	−0.420*	−0.432**	−0.159
	(−1.92)	(−2.05)	(−0.99)
policyattitude	7.215	6.939	3.214
	(1.25)	(1.34)	(0.99)
export		0.646***	0.461***
		(2.87)	(2.70)
t_1			0.088
			(0.04)
t_2			21.772***
			(2.89)
样本量	36	36	36
阶数	4	4	4

注：括弧内数据为使用稳健标准误计算得到的 z 统计量

***表示 $p<0.01$，**表示 $p<0.05$，*表示 $p<0.1$

回归的因变量 a 为产能过剩量，用每年产能减去实际产量得到，La 为 a 的一阶滞后项。由结果可知，价格上升同样会带来产能过剩量的增加。政策数量和政策情感对产能过剩的影响相反，政策数量的增加提高了产能利用率，降低了产能过剩量，起到了化解光伏产能过剩的效果；而政策情感态度越消极，产能过剩就会越有所增加。而且总体上看，政策数量和政策情感对产能过剩数量的影响都不显著。产品出口量前系数为正说明国外市场需求量的增加，由于供应链的传导效应,会更大幅度促进该行业的投资,增加产能过剩量。

时间虚拟变量前系数都为正值,且 t_2 前系数通过了显著性检验,说明在技术轨道变迁的年份,产能过剩量大幅增加,加剧了产能过剩程度,与产能利用率的分析一致。

尽管非连续技术进步具有阶跃的特征,考虑到投资周期等影响,由此引发的投资并不一定在当年能完成,因此将虚拟变量设为连续的三年来对产能利用率进行验证,结果如表 4.20 所示。

表 4.20 连续时间检验

CU	模型一	模型二	模型三
lcu	0.435***	0.452***	0.171***
	(3.99)	(3.90)	(3.23)
price	0.002	0.001	0.002
	(0.39)	(0.18)	(0.49)
policy	0.007***	0.007***	0.008***
	(3.29)	(3.03)	(3.16)
policyattitude	−0.002	0.005	0.118***
	(−0.04)	(0.11)	(4.59)
export		−0.002***	−0.001
		(−5.48)	(−1.36)
t_3	y_2	y_3	−0.189***
			(−4.62)
t_4			−0.167***
			(−5.18)
样本量	36	36	36
阶数	4	4	4

注:括弧内数据为使用稳健标准误计算得到的 z 统计量

***表示 $p<0.01$

表 4.20 中的 t_3 和 t_4 即将原来的时间脉冲改为了连续的三年时间,由结果可知,虚拟变量前系数仍然为负,且都通过了显著性检验。这个结果和表 4.16 是一致的。非连续技术进步带来的成本额外下降引致大量的投资,而且这种投资活动可能会持续数年,使光伏行业产能迅速扩张,当增加的需求不能完全消化增加的产能时,便会形成产能过剩,使产能利用率降低。

本节通过实证分析表明光伏行业的产能过剩是由技术非连续进步带来的,长期技术领先错觉会吸引大量的投资者进入该行业,造成该行业产能的波浪式扩张。而政府政策并不是导致产能过剩的直接原因,政府制定政策的目标在于扶持该行业发展，在整个行业发展出现问题时提供政策上的解决措施，而由于时滞的存在，往往不能达到理想的效果。但这绝不是将光伏行业的产能过剩归结于政府政策的理由。

4.2.3 光伏行业产能过剩的动态仿真研究

4.2.2 节的实证结果表明，光伏产业的产能过剩主要是非连续技术进步造成的。每当发生技术轨道变迁，长期技术领先错觉吸引大量投资者涌入该行业，造成该行业产能反复扩张。而政府政策无论是政策数量还是政策情感都不是光伏产业产能过剩的主要原因。4.2.2 节的实证结果还表明企业的进入和退出是按照利润、价格、成本等因素依据市场逻辑来进行的。本节进一步根据上文的因果链关系建立仿真模型，动态地揭示产能过剩变化情况，更好地刻画光伏产能波浪式过剩的内在逻辑规律。

1. 不同学习率下产能过剩程度检验

基于上述分析，运用 Matlab 中 simulink 模块构建价格、成本、政府政策、政府数量、企业进出，以及产能和产量之间的因果关系图，对产能利用率情况进行仿真。

产能扩张的最直接来源是当前在位企业的产能加上新进入的企业产能减去退出的企业产能，用当前产量除以产能便得到产能利用率情况。由前文实证分析可得，政策数量、政策情感态度和利润会影响进入企业数量，而同样政策和成本会影响退出企业数量；进一步地，由学习曲线可知产量的增加对成本有减少作用，因此可形成一个有因果关系的闭合回路，各模块前系数由前文实证分析得到，仿真结果如图 4.9 所示。

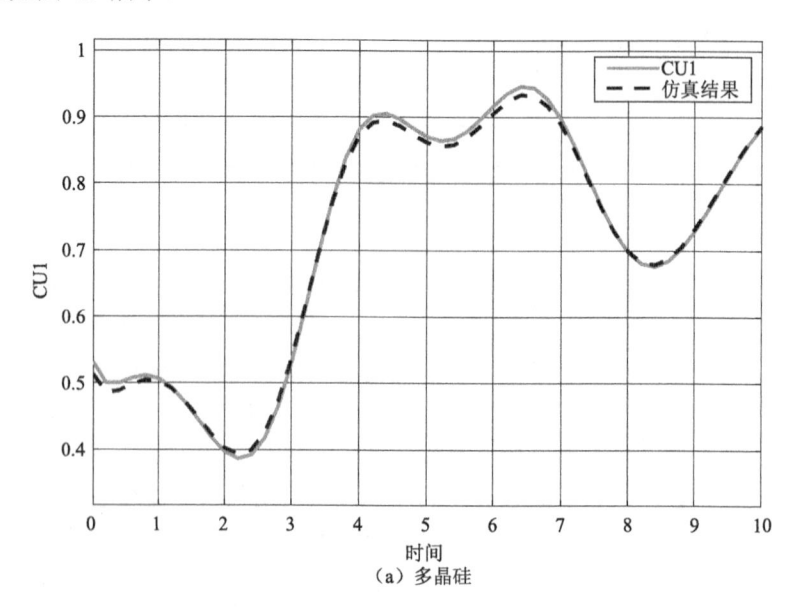

(a) 多晶硅

(b) 硅片

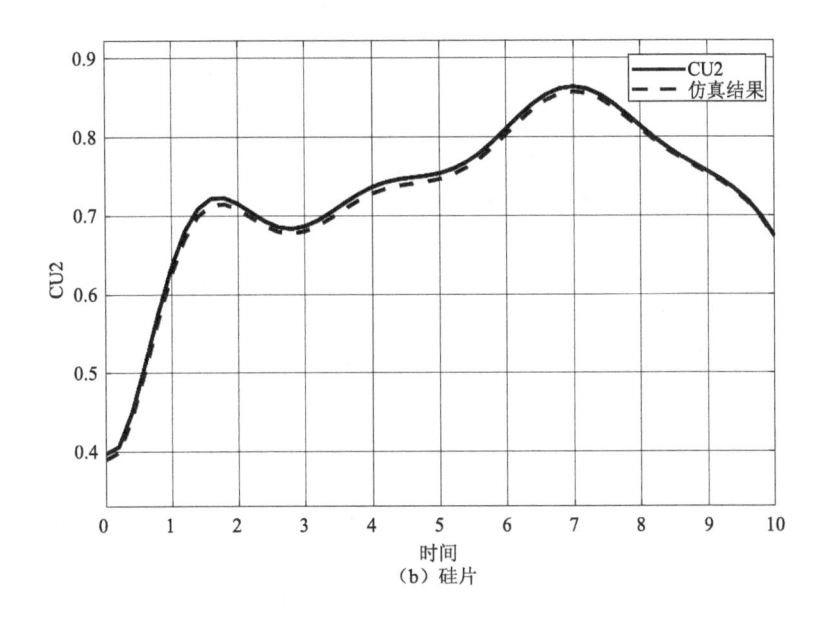

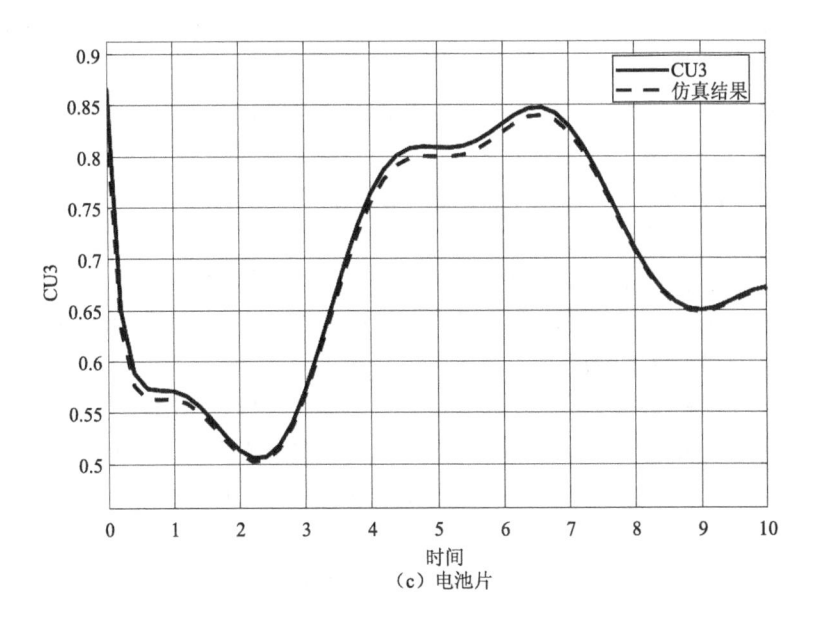

(c) 电池片

(d) 组件

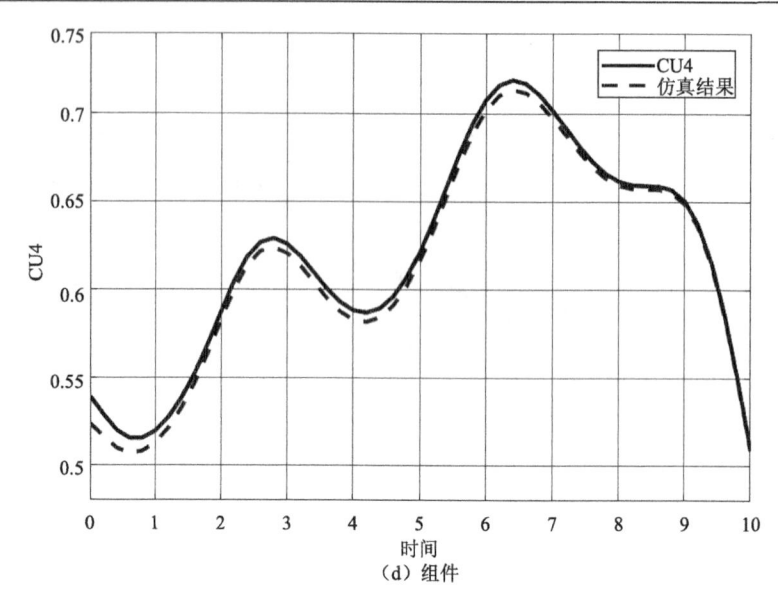

图 4.9 各阶段产能利用率情况

如图 4.9 所示，实线表征各阶段实际的产能利用率，而虚线为仿真的结果，可以看出，仿真结果与真实值十分接近，误差在可接受的范围内，说明各参数的选取是合理的并且仿真结果是可信的，可以在此基础上进行进一步的仿真分析。

光伏行业各阶段平均产能利用率较低，存在产能过剩情况，并且在所研究的 11 年中，都存在着两个明显的下降过程，一是横坐标对应的 3 到 4 之间，对应着 2013 年、2014 年前后，二是横坐标对应的 7 到 9 之间，对应着 2017 年至 2019 年，产能利用率大幅下降阶段对应着产能的扩张，进一步对应着光伏行业的技术轨道变迁，这与前文 4.2 节拟合分阶段学习曲线时时间划分一致，说明在技术显著进步的年份成本大幅下降，吸引了大量投资从而带来了产能波浪式的扩张，进一步导致产能利用率的阶段性大幅下降。

同时，产能利用率的下降不是单独某一年存在的特殊情况，而是普遍持续了 2~4 年，这与前文连续时间检验结果相吻合。技术进步带来的成本下降所引致的投资增加，到产能的形成需要一定的时间，投资周期的存在使得产能利用率的下降过程存在一定的连续性。当技术成熟后成本趋于稳定，这时产能也趋于稳定，随着市场消化能力的逐步增强，产能利用率便会逐步上升，直至下一次技术冲击，周而复始便导致了产能的波浪式增长。

图 4.9 是基于实际生产中真实的学习率所带来的成本下降从而对产能利用率的影响情况，接下来通过仿真研究探究不同学习率(LR)下的产能利用率情况。参

考以往相关文献，各学者对我国光伏行业学习率的估算结果为20%~35%[41-44]，考虑到技术进步对成本降低的促进作用，参考其他学者研究结果，选取30%的学习率作为对照，与本章拟合结果进行对比分析。结果如图4.10所示。

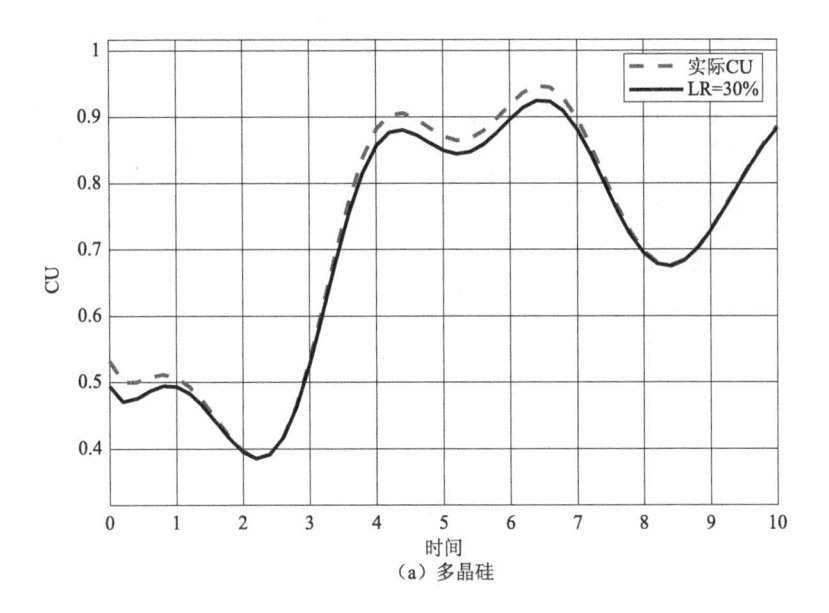

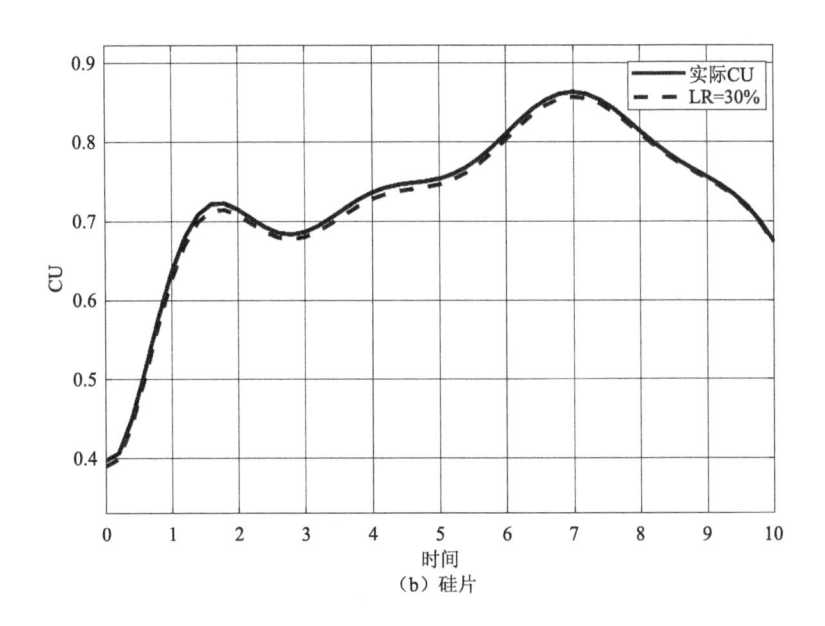

(a) 多晶硅

(b) 硅片

(c) 电池片

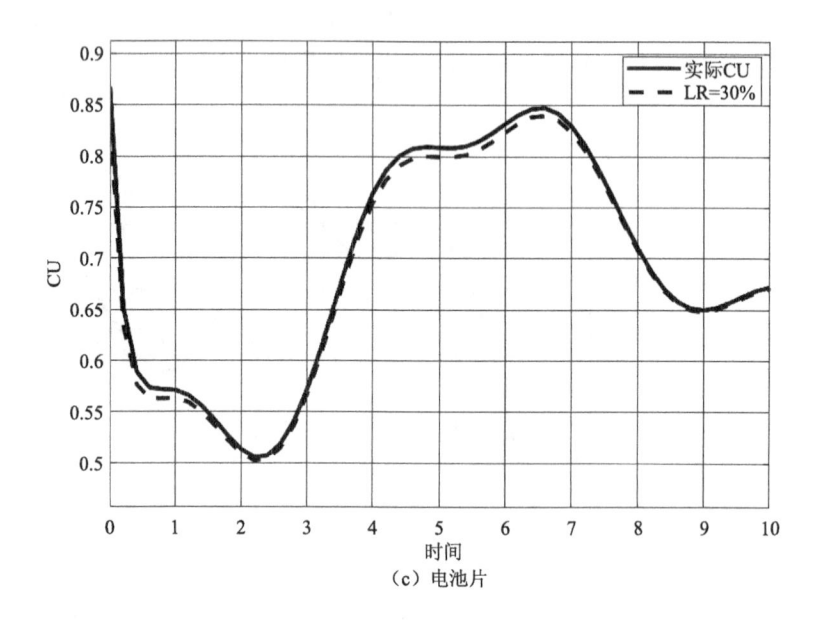

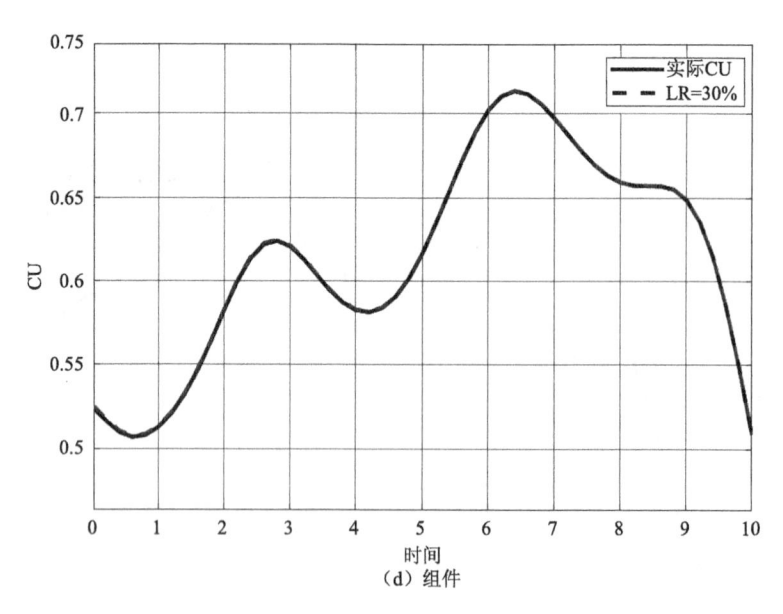

(d) 组件

图 4.10 各阶段产能利用率情况对比分析

由图 4.10 可知，多晶硅阶段的实际产能利用率比学习率为 30%时的产能利用率在局部有一些降低，而其他三个阶段产能利用率未见明显差异。其原因在于，本章测算出来的长期学习曲线的学习率，多晶硅为 45.1%，硅片为 28.8%，电池片为 42.2%，组件为 39.5%；多晶硅行业技术含量较高，并且我国多晶硅行业起步较晚，发展较快，但经过十多年的发展，已接近世界发达国家水平，学习率较高，我国多晶硅行业产能的迅速扩张带来了价格的大幅下降，从而也带来了产能利用率降低、产能过剩的问题。电池片和组件处于光伏产业链的中下游环节，技术含量相对较低，并且我国光伏电池转换效率一直处于世界领先水平，其长期价格的下降主要是由产量的增加引起的，因此结果与实际情况相符合。

其他学者基本从长期对光伏行业学习率进行测算，本章的长期学习曲线拟合结果与前人研究结果相吻合；进一步地，本章将学习曲线分为长期和短期两种，分阶段进行拟合，证实了长期学习曲线是短期学习曲线的包络，同时也验证了技术进步带来短期学习曲线发生阶跃这一猜想，具有一定的创新性。

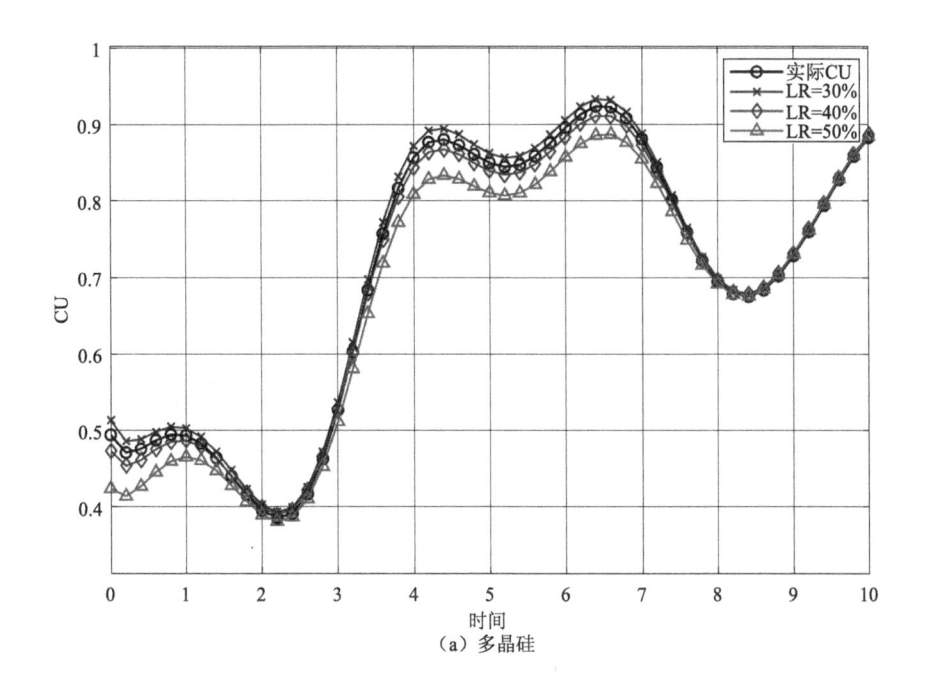

接下来验证不同学习率下产能利用率情况。根据本章的拟合结果，分别选取学习率为 30%、40%、50%来进行仿真，结果如图 4.11 所示。

(a) 多晶硅

（b）硅片

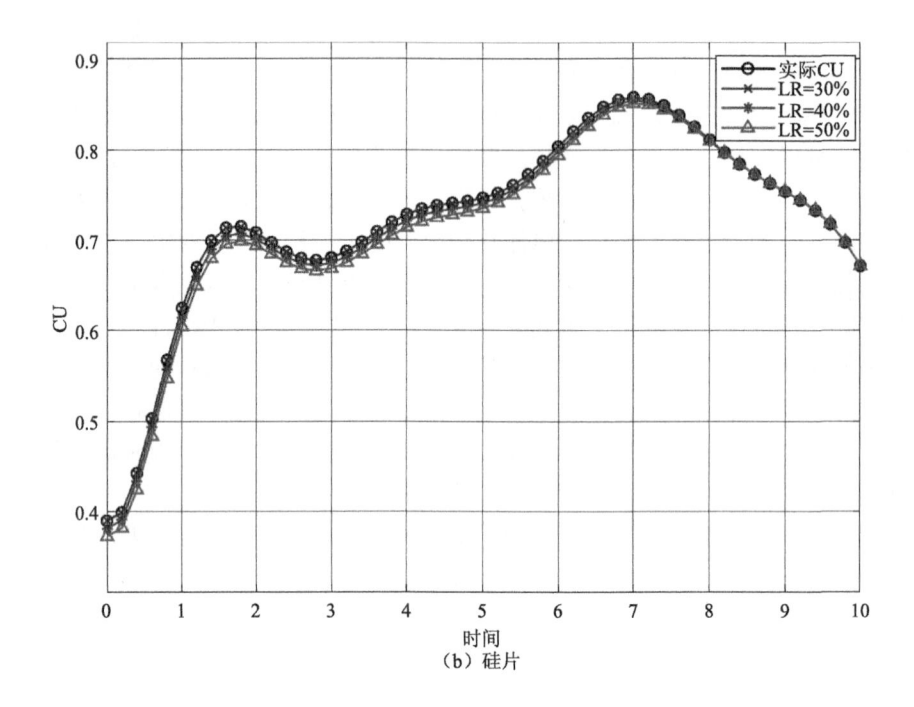

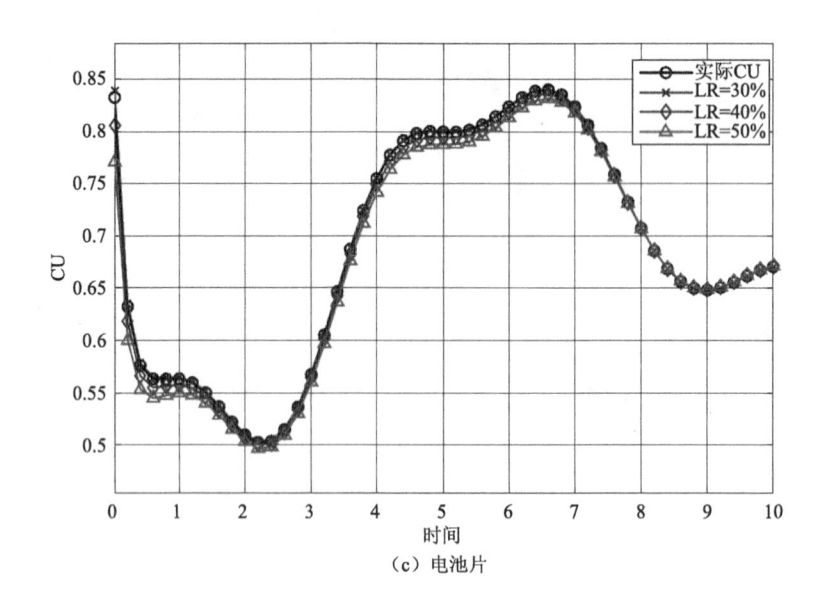

（c）电池片

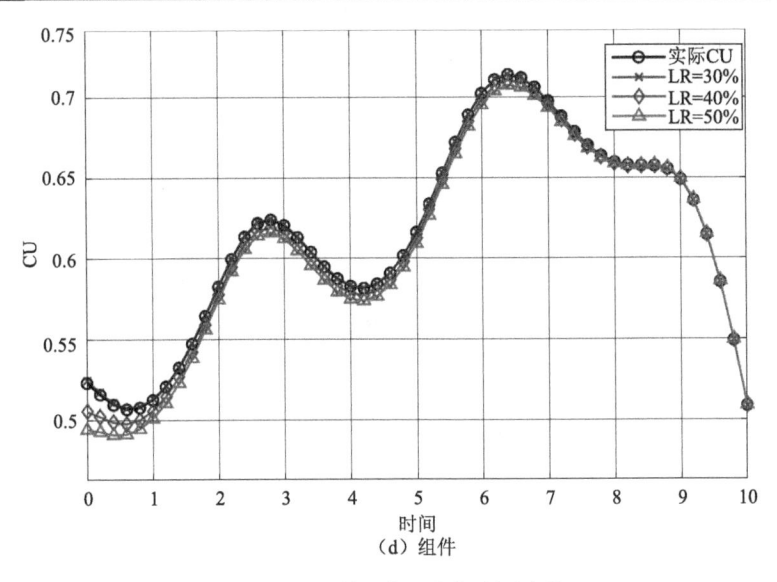

图 4.11 不同学习率下产能利用率情况

当调整学习率大小时，由前文有关产量与成本的关系可知，学习率越大，成本越低，因此学习率的大小会影响到产品的成本，从而进一步影响到产品的利润及企业进出数量，因此调整产品学习率意味着调整企业进出数量，从而改变产能的变化和利用率。由图 4.11 可以看出，学习率越高，产能利用率越低，此结果与表 4.17、表 4.18 中相关机制研究的结论一致。学习率的提高意味着技术进步快、产业技术轨道发生变迁，技术革命的出现带来了产品成本的降低，这时利润增加，便会吸引大量投资进入，行业内企业数量增加，同时也会有一些技术落后的企业在更新换代的浪潮中被淘汰，总的来说企业总数仍会增加，因此行业内总产能增加；而短时间内市场对产品的需求量是一定的，这就不可避免地出现了产能过剩现象，导致产能利用率的降低。

从产业链的不同阶段来看，多晶硅行业学习率的提高对产能利用率的影响作用要大于其他三个环节，这与表 4.11 学习率的拟合结果一致。我国多晶硅行业起步晚并且多晶硅的提炼和提纯对工业技术要求很高，从零开始的产业发展状况决定了研发带来的技术进步对成本降低有更大的促进作用，同时技术逐步成熟带来了产能的大幅增加，因此学习率的提高对多晶硅产能利用率的影响程度大于其他三个环节也是合理的。

2. 不同政策下产能过剩程度检验

本章通过理论分析与实证检验，提出光伏政策并不是产能过剩的主要和直接原因，而技术非连续性进步才是导致光伏产能波浪式过剩的关键因素。因此本节继续运用仿真分析的方法，通过调整光伏政策的参数来探究政策对光伏行业产能利用率的影响情况，结果如图4.12所示。

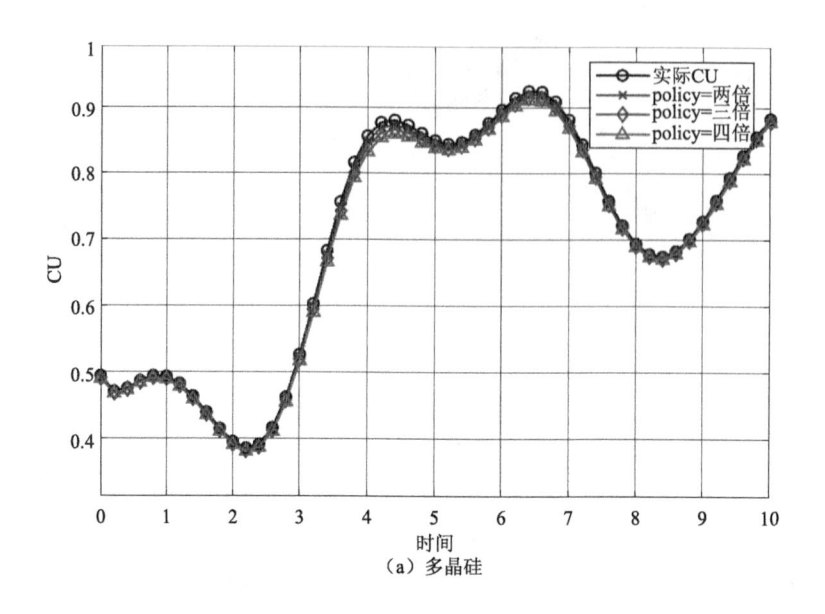

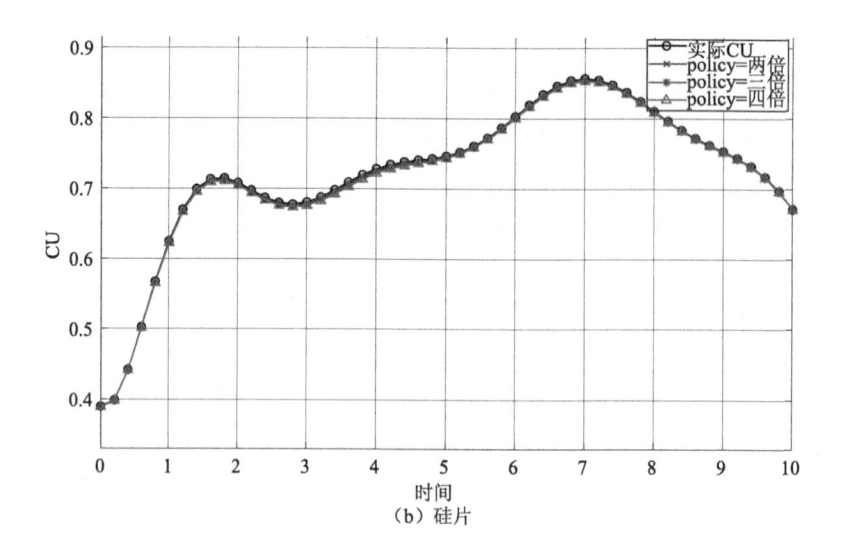

(a) 多晶硅

(b) 硅片

(c) 电池片

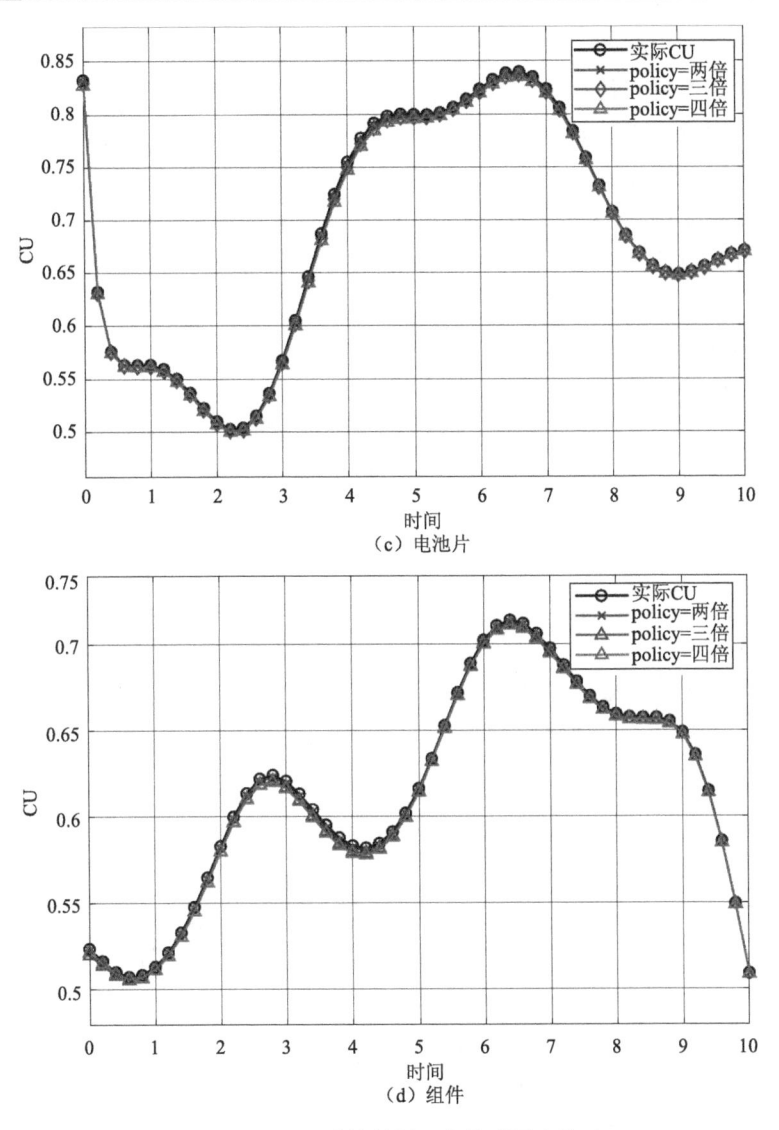

(d) 组件

图 4.12 不同政策数量下产能利用率情况

光伏行业产能利用率降低的直接原因是新增的产能大于市场新增的需求，而新增的产能主要来自光伏行业在位以及新进入的企业数量，光伏产业政策的颁布对企业有一个积极的引导作用，会吸引新的投资进入该行业，从而增加行业内的企业数量，因此根据前文计量得出的光伏产业政策对企业进入和退出的影响效果，分别将其参数扩大为原来的两倍、三倍及四倍，来探究不同政策数量对光伏行业产能利用率的影响效果。

由图 4.12 可以看出，四条曲线基本处于重合状态，即不同的产业政策数量对光伏行业产能利用率的影响效果几乎可以忽略不计。

本章就政策对光伏行业产能利用率的影响情况从两个角度加以衡量,一是光伏产业政策数量,二是光伏产业政策情感态度,情感态度的不同代表着政府对光伏行业的不同扶持力度,因此进一步探究不同的情感态度对产能利用率的影响效果,结果如图 4.13 所示。

同样将政策情感态度的系数分别调整为原来的两倍、三倍及四倍,由图 4.13 可以看出,四个阶段的四条曲线基本处于重合状态,说明政策情感态度对产能利用率的影响程度很轻,甚至可以忽略不计。

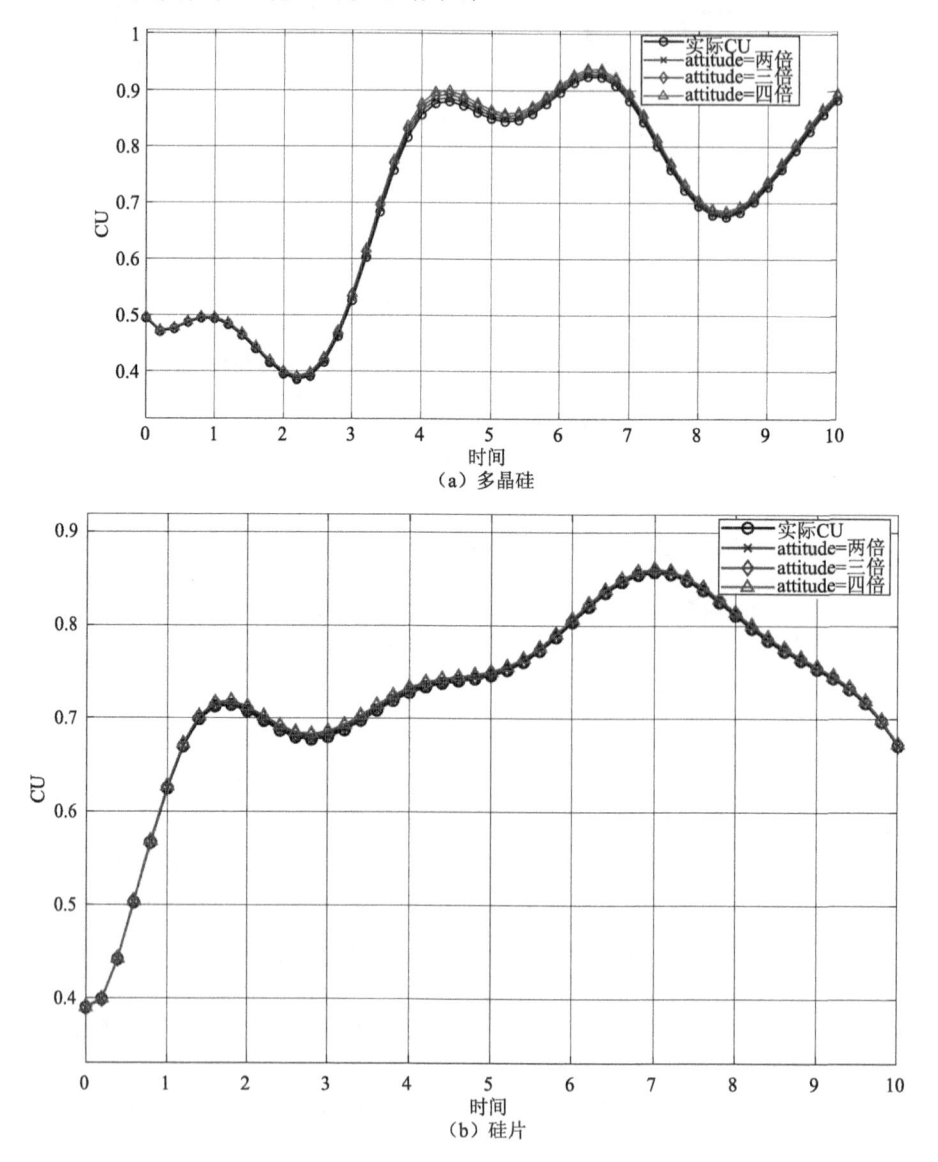

(a) 多晶硅

(b) 硅片

(c) 电池片

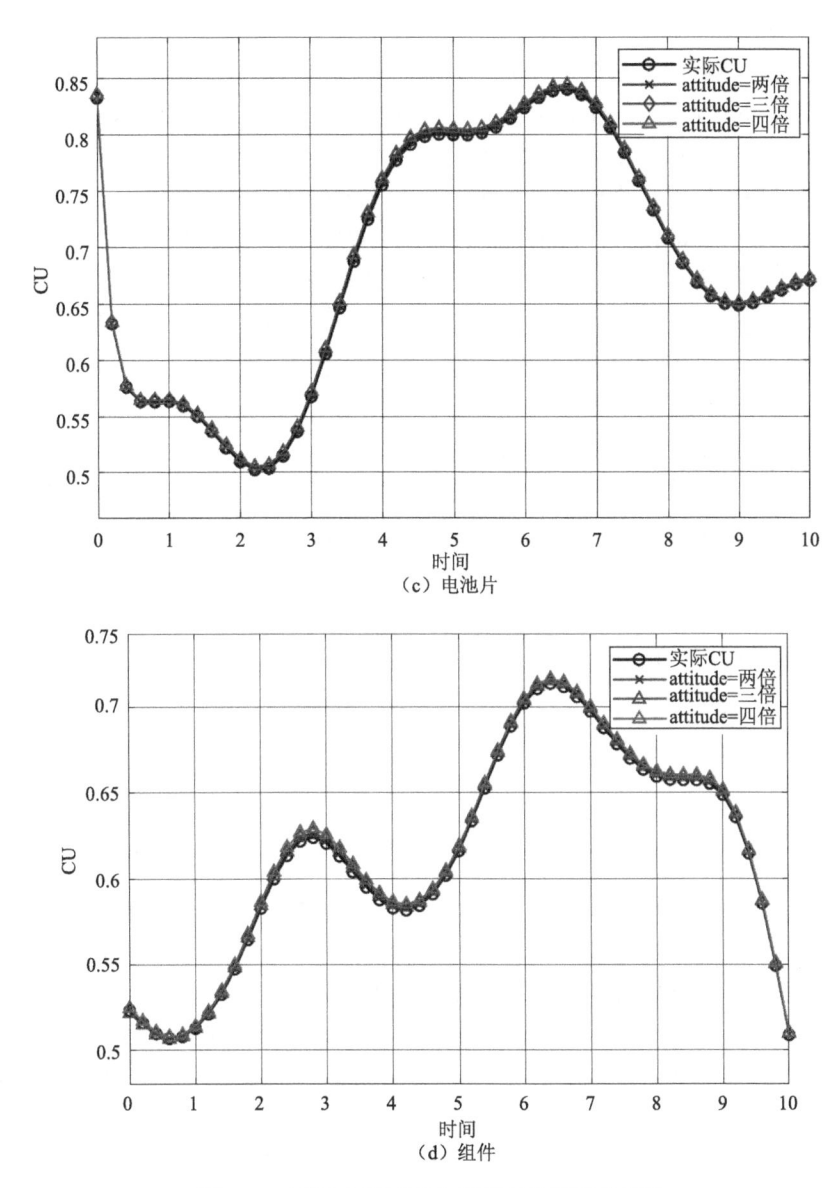

(d) 组件

图 4.13 不同政策情感态度下产能利用率情况

本节分别从政府政策数量和政策情感态度两个角度分析了不同系数下两者对光伏行业产能利用率的影响情况，再次验证光伏行业的产能过剩，政府政策不是其主要原因。政府在光伏产业的发展中起调节作用，政府颁布光伏产业政策最主要的目的是缓解产能过剩现状或者提高行业标准，其政策存在一定的逆周期性，因此将光伏行业产能过剩归结于政策是不合适的。

我国光伏已迎来平价上网时代，光伏发电成本大大降低，光伏电价趋近于当地燃煤电价。随着技术的进步，光伏产品和光伏电价仍有下降空间，同时随着我国对自然生态环境保护的重视和对可再生清洁能源需求的增加，光伏产品在2020~2025年内的需求必将继续增加。

需求增加的同时，产能继续扩张，如何缓解伴随产能扩张出现的产能过剩问题是一个亟须解决的问题。"531"新政提出补贴退坡，一方面是为达成平价上网，使光伏行业发展遵从市场规律，另一方面通过减少补贴，抑制投资过热的光伏行业，缓解产能过剩问题。光伏行业属于朝阳行业，发展前景广阔，因此产能过剩问题不可避免，未来仍需政府宏观调控、微观主体理性决策，同时充分发挥市场的作用，以促进该行业的健康发展。本节根据前文的理论模型及实证分析，运用Matlab 的 simulink 工具箱构建了整个光伏产业链产能过剩模型。结果显示，光伏产业政策和政策情感态度都不是造成行业产能过剩的直接原因，而基于不同学习率的行业技术轨道变迁会对产能利用率产生较大影响，即整个行业的技术进步会带来成本下降，利润增加。投资者便会基于市场逻辑在此时进入行业，当然也会有技术落后的企业因此退出行业，总体来说进入产能大于退出产能，带来行业产能扩张。随着技术的成熟以及市场对现有技术水平上产品消化能力的逐渐饱和，产能利用率便会逐渐下降，直至下一次技术冲击来临。这与4.2.1节和4.2.2节的结果相吻合。

4.3 本章小结

本章主要分析了产业政策与光伏产能过剩的关系。一方面，可以发现光伏政策情感对光伏企业债务融资水平具有显著的正向影响，积极的政策情感能够促进光伏企业债务水平及银行对光伏行业信贷水平的提升。光伏政策缓解了光伏企业的融资约束。另一方面，本章还提出光伏产业非连续技术进步是造成光伏产业产能过剩的主要原因并对其进行验证，而产业政策并不是光伏产能过剩的直接原因。光伏产能过剩是由市场机制作用下产业技术不断更新迭代的特征引发的。

本章讨论了光伏政策对投资和生产的影响，尤其说明了政策并不是产能过剩的直接原因。而第3章的结果已经说明，光伏政策越来越多地聚焦于创新。后面的章节将就光伏政策对创新的影响进行深入研究。

本章附录　期望损失推导公式

$$EX = \int_{-\infty}^{+\infty} x\,\text{risk}(x)\,dx$$

$$= \int_{-\infty}^{+\infty} (x - \mu + \mu)\,\text{risk}(x)\,dx$$

$$= \int_{-\infty}^{+\infty} (x - \mu)\,\text{risk}(x)\,dx + \int_{-\infty}^{+\infty} \mu\,\text{risk}(x)\,dx$$

$$= \mu + \int_{c}^{d} \frac{x - \mu}{\sqrt{2\pi}\sigma\left[\Phi\left(\frac{d-\mu}{\sigma}\right) - \Phi\left(\frac{c-\mu}{\sigma}\right)\right]} e^{-\frac{(x-\mu)^2}{2\sigma^2}} dx$$

令 $\dfrac{x-\mu}{\sigma} = t, t \in \left[\dfrac{c-\mu}{\sigma}, \dfrac{d-\mu}{\sigma}\right]; x = \sigma t + \mu$

$$EX = \mu + \int_{(c-\mu)/\sigma}^{(d-\mu)/\sigma} \frac{\sigma t e^{-\frac{1}{2}t^2}}{\sqrt{2\pi}\sigma\left[\Phi\left(\frac{d-\mu}{\sigma}\right) - \Phi\left(\frac{c-\mu}{\sigma}\right)\right]} d(\sigma t + \mu)$$

$$= \mu + \frac{-\sigma}{\sqrt{2\pi}\sigma\left[\Phi\left(\frac{d-\mu}{\sigma}\right) - \Phi\left(\frac{c-\mu}{\sigma}\right)\right]} \int_{(c-\mu)/\sigma}^{(d-\mu)/\sigma} -t e^{-\frac{1}{2}t^2} dt$$

$$= \mu - \frac{\sigma\left[e^{-\frac{1}{2}\left(\frac{d-\mu}{\sigma}\right)^2} - e^{-\frac{1}{2}\left(\frac{c-\mu}{\sigma}\right)^2}\right]}{\sqrt{2\pi}\sigma\left[\Phi\left(\frac{d-\mu}{\sigma}\right) - \Phi\left(\frac{c-\mu}{\sigma}\right)\right]}$$

将 $c = 0, d = I$ 代入，可以得到：

$$EX = \mu - \frac{\sigma\left[e^{-\frac{1}{2}\left(\frac{I-\mu}{\sigma}\right)^2} - e^{-\frac{1}{2}\left(\frac{\mu}{\sigma}\right)^2}\right]}{\sqrt{2\pi}\sigma\left[\Phi\left(\frac{d-\mu}{\sigma}\right) - \Phi\left(\frac{c-\mu}{\sigma}\right)\right]}$$

第 5 章 光伏政策对企业技术创新的促进作用机理研究

政府为了支持光伏产业发展，出台了系列的扶持政策，包括税收减免、研发补贴、土地优惠、政府采购、消费补贴等。通常，这些政策对企业生产和定价的影响受到广泛关注。实际上这些政策也会影响创新的成本和收益，改变光伏企业的创新行为。在这些政策的支持下，光伏企业可能会更多地开发新技术。

5.1 光伏政策鼓励下新进企业的新技术选择模型研究

在产业政策的引导下，更多的企业进入光伏产业。假设新进企业准备进入光伏产业时，市场上已经存在 I 种技术可供选择。新进企业可以采用现有技术，也可以开发新技术。若选择技术 i，其利润由 q_i（采用技术 i 以从市场获得的收益）、x_i（新进企业对于技术 i 的利用能力）和 ε_i（技术 i 的随机价值组成部分）三个变量决定。类似地，新进企业采用新技术 j 除了 q_j, x_j, ε_j 外，其利润还受到 τ_j（新技术 j 开发成本）的影响。对于有 I 个潜在的技术选择的情况下，新技术额外盈余至少等于开发成本，新进企业才会开发新技术 j。这是新进企业新技术选择的均衡条件。具体而言，假设新进企业准备进入行业时，市场上已经存在 I 个技术可供选择。若选择技术 i，新进企业能够获得利润：

$$y_i = q_i(x_i + \varepsilon_i) \tag{5.1}$$

其中，q_i 为采用技术 i 可以从市场获得的收益；x_i 为新进企业对于技术 i 的利用能力；ε_i 为技术 i 的随机价值组成部分。

类似地，新进企业采用新技术 j，那么新进企业能够获得的总利润为

$$y_j = q_j(x_j + \varepsilon_j) - \tau_j \tag{5.2}$$

其中，q_j 为采用技术 j 可以从市场获得的收益；x_j 为新进企业对于技术 j 的利用能力；τ_j 为新技术 j 的开发成本。

对于有 I 个潜在的技术选择的情况下，新技术的额外盈余至少等于开发成本，新进企业才会开发新技术 j，即

$$y_j \geq \max_i y_i \Leftrightarrow q_j(x_j + \varepsilon_j) - \max_i q_i(x_i + \varepsilon_i) \geq \tau_j$$

第5章 光伏政策对企业技术创新的促进作用机理研究

$$\Leftrightarrow \frac{q_j}{q_i}(x_j+\varepsilon_j)-\max_i(x_i+\varepsilon_i) \geqslant \frac{\tau_j}{q_i} \Leftrightarrow (x_j+\varepsilon_j)-\frac{q_i}{q_j}\max_i(x_i+\varepsilon_i) \geqslant \frac{\tau_j}{q_j} \tag{5.3}$$

Gumbel 分布是一种极值型分布，常被用于极端事件的估计和预测。新进企业对于技术价值获取的随机项 ε_i 和 ε_j，可以视为极端事件的估计[45]。

引入 Gumbel 分布，并假设 $\varepsilon_i \sim \text{Gumbel}(0,1)$ 和 $\varepsilon_j \sim \text{Gumbel}(0,1)$，服从第一类极值 Gumbel 分布，则 $\varepsilon_j - \frac{q_i}{q_j}\varepsilon_i$ 服从 $\text{Logistic}(0,\sigma)$ 选择模型，Logistic 分布是一种连续型的概率分布，它的累积分布函数 $F(x) = \dfrac{1}{1+e^{-\frac{x}{\sigma}}}$，由式（5.3）可以得到当 $(x_j+\varepsilon_j)-\frac{q_i}{q_j}\max_i(x_i+\varepsilon_i) \leqslant \frac{\tau_j}{q_j}$ 时，企业不开发新技术，此时不开发新技术的概率 P^1 为

$$P^1 = \frac{1}{1+\sum_i^I e^{\frac{x_i-x_j-\frac{\tau_j}{q_j}}{\sigma}}} \tag{5.4}$$

其中，$\sigma = \sqrt{1+\left(\dfrac{q_i}{q_j}\right)^2}$。

假设产业政策相应补贴额为 t，则此时，新进企业不开发新技术的概率 P^1 为

$$P^1 = \frac{1}{1+\sum_i^I e^{\frac{x_i-x_j-\frac{\tau_j-t}{q_j}}{\sigma}}} \tag{5.5}$$

通过比较式（5.4）、式（5.5）两个模型的均衡，可以分析光伏政策对新进企业开发新技术的概率的影响。对于供给侧产业政策，尤其是创新政策，将会补贴企业的部分研发成本，使得 τ_j 减小；对于需求侧的产业政策，往往会提高新技术的获利能力 q_j，比如光伏"领跑者"计划中对技术指标的明确要求，会增强新技术的盈利能力。将上述政策纳入新进企业的新技术离散选择模型后（q_j、τ_j 的变化），通过静态均衡分析，可以发现在产业政策作用下新进企业新技术开发的选择概率将会增大。

5.2 异质性创新政策下光伏企业新技术开发选择模型

为促进新兴产业发展，中央政府和地方政府的多个部门，会采用多种政策工具出台多种政策措施。光伏行业内的企业也会受到政策激励增加新技术的开发。为了简化起见，假设政策不对某一企业的同一新技术开发活动进行重复资助。企业对产业政策积极响应，都选择依托相关政策来开发新技术。对于新技术所依托的这些产业政策，如果是同质的，将会以相近的企业和技术为支持对象，x_{ik}（k 为企业新技术开发依托的产业政策）和 q_i 就会十分接近；如果政策是异质的，那么不同企业不同类型的技术将会得到政策支持，x_{ik} 和 q_i 就会不同。

对于企业的新技术开发选择，有多种政策可依托，此时有

$$y_{ik} = q_i(x_{ik} + \varepsilon_{ik}) - \tau_{ik} \tag{5.6}$$

其中，q_i 为采用技术 i 可以从市场获得的收益；x_{ik} 为企业对于新技术 i 依托政策 k 的利用能力；ε_{ik} 为新技术 i 依托于政策 k 的随机价值组成成分；τ_{ik} 为新技术 i 在依托政策 k 时的开发成本。开发新技术的额外盈余至少等于开发成本，技术开发才会发生。假设可供依托的产业政策有 N_i 个，则依托于政策 t 开发新技术 j，当且仅当：

$$y_{it} \geq \max_k y_{ik} \Leftrightarrow x_{it} + \varepsilon_{it} - \max_k (x_{ik} + \varepsilon_{ik}) \geq \frac{\tau_{ik} - \tau_{it}}{q_i} \tag{5.7}$$

假设 ε_{it} 和 ε_{ik} 服从第一类极值分布，根据 logistic 离散选择模型，$\varepsilon_{it} - \varepsilon_{ik}$ 服从 logistic 二项选择模型，所以不开发新技术的概率为

$$P^2 = \frac{1}{1 + \sum_k^{N_i} e^{x_{ik} - x_{it} - \frac{\tau_{ik} - \tau_{it}}{q_i}}} \tag{5.8}$$

如果政策都是同质化的，那么企业对于新技术 i 依托政策 k 的利用能力都是 $\bar{x}_i$；如果政策都是非同质化的，企业对于新技术 i 依托政策 k 的利用能力为 x_{ik}，且 $E_k[x_{ik}] = \bar{x}_i$。指数函数是凸函数，根据詹森不等式可以知道，凸函数具有以下性质，其自变量均值的函数小于相应函数值的均值：

$$\sum_k^N e^{x_{ik} - x_{it} - \frac{\tau_{ik} - \tau_{it}}{q_i}} < N e^{\bar{x}_i - x_{it} - \frac{\tau_{ik} - \tau_{it}}{q_i}}$$

所以企业不开发新技术的概率为

$$P_1^2 = \frac{1}{1+\sum_{k}^{N} e^{x_{ik}-x_{it}-\frac{\tau_{ik}-\tau_{it}}{q_i}}} \geqslant P_2^2 = \frac{1}{1+Ne^{\bar{x}_i-x_{it}-\frac{\tau_{ik}-\tau_{it}}{q_i}}} \tag{5.9}$$

其中，P_1^2 为同质化政策下企业不开发新技术的概率；P_2^2 为异质化政策下企业不开发新技术的概率。

通过对模型的均衡分析，可以发现异质化的产业政策，使得差异化的技术方案都可能得到支持，促进光伏技术的多样性发展。

5.3 考虑创新体系建设的光伏产业企业新技术开发选择模型

中央和地方政府重视区域创新体系建设。光伏产业技术开发十分活跃，区域创新体系的支撑作用尤为重要。良好的区域创新体系一方面会为企业的技术开发提供更多的知识和路径，从而降低企业的研发成本，因而假定 $\partial \tau(s)/\partial s < 0$（$\tau(s)$ 为企业的技术开发成本，它是创新生态水平 s 的函数）；另一方面，良好的区域创新通过人才培养、知识溢出，提高了企业技术利用的能力，进而会影响企业开发新技术的获利能力 $x_j(s)$，我们假设 $q_j = q_i = 1$ 来简化模型形式。

对于新技术获利能力为 $x_j(s)$ 的企业来说，企业可以获得技术开发收益的 λ 部分，余下部分用于进一步的技术开发，根据 Anderson 等关于离散选择模型中不相关替代方案的独立性公式[46]，其新技术开发期望利润为 $\Pi(x(s))$：

$$\Pi(x(s)) = \lambda \ln\left(e^{x_j(s)} + \sum_{i}^{I} e^{x_i - \tau(s)}\right) - R \tag{5.10}$$

这里为简单起见，我们假设 $\tau_j = \tau(s)$，交易成本仅取决于创新生态水平 s，R 表示进入市场的成本。

根据上述假设，此时企业选择不开发新技术 P^3 和开发新技术 P^4 的概率为

$$P^3 = \frac{1}{1+\sum_{i}^{I} e^{x_i-x_j-\tau(s)}} = \frac{e^{x_j}}{e^{x_j}+\sum_{i}^{I} e^{x_i-\tau(s)}}$$

$$P^4 = 1 - P^3 = \frac{\sum_{i}^{I} e^{x_i-\tau(s)}}{e^{x_j}+\sum_{i}^{I} e^{x_i-\tau(s)}}$$

假定企业开发新技术实现利润最大化，其新技术获利能力为 $x^*(s)$，在该技术获利能力下技术创新的边际收益为 0，此时企业也充分利用了区域创新体系的

支撑作用，故均衡状态有

$$\frac{\Pi(x^*(s))}{s}=0 \Leftrightarrow \frac{\Pi(x^*(s))}{x^*}\frac{\mathrm{d}x^*(s)}{\mathrm{d}s}+\frac{\Pi(x^*(s))}{\tau}\frac{\mathrm{d}\tau(s)}{\mathrm{d}s}=0 \quad (5.11)$$

其中

$$\frac{\Pi(x^*(s))}{x^*}=\lambda\frac{\mathrm{e}^{x^*(s)}}{\mathrm{e}^{x^*(s)}+\sum_{i}^{I}\mathrm{e}^{x_i-\tau(s)}}=\lambda P^3$$

$$\frac{\Pi(x^*(s))}{\tau}=-\lambda\frac{\sum_{i}^{I}\mathrm{e}^{x_i-\tau(s)}}{\mathrm{e}^{x^*(s)}+\sum_{i}^{I}\mathrm{e}^{x_i-\tau(s)}}=-\lambda P^4$$

从而可以推出：

$$P^3\frac{\mathrm{d}x^*(s)}{\mathrm{d}s}-P^4\frac{\mathrm{d}\tau(s)}{\mathrm{d}s}=0 \quad \frac{\mathrm{d}x^*(s)}{\mathrm{d}s}<0 \quad (5.12)$$

随着区域创新体系 s 的发展，对于企业开发的新技术的获利能力要求逐渐降低，也就是说，当区域创新体系 s 变大时，原来获利能力较低的新技术也能被开发出来。

根据假定 $\partial\tau(s)/\partial s<0$，所以对于企业不开发新技术的概率 P^3，有

$$\frac{\mathrm{d}P^3}{\mathrm{d}s}=\frac{a}{(1+a)^2}\left(\frac{\tau}{s}+\frac{x^*}{s}\right)<0 \quad (5.13)$$

其中，$a=\sum_{i}^{I}\mathrm{e}^{x_i-x_j(s)-\tau(s)}$

式（5.13）表明，随着区域创新体系的建设，光伏企业新技术开发的概率会提高。

5.4 本章小结

本章引入了 Gumbel 分布，研究了光伏政策对光伏企业创新的影响。光伏政策可以影响新进企业的新技术选择、现有企业的新技术开发。同时，政府对区域创新体系的建设也会促进光伏产业创新。由于新进企业的信息很难获取，接下来的第 6 章和第 7 章主要对补贴和区域创新体系的影响进行实证研究。

第6章 政府补贴对光伏技术创新促进机制

产业政策中最受关注的无疑是直接补贴。政府补贴能否促进光伏企业的创新，进而提高企业的经营绩效呢？这是对产业政策绩效评估的一个重要方面。当然，企业还会通过其他方式募集资金来进行研发和实现企业自身的发展。因此，本章将政府补贴、银行信贷和股权融资作为企业获取资金支持的方式结合起来进行分析，如图6.1所示，从微观角度分析资金支持、技术创新和光伏企业绩效三者间的关系。

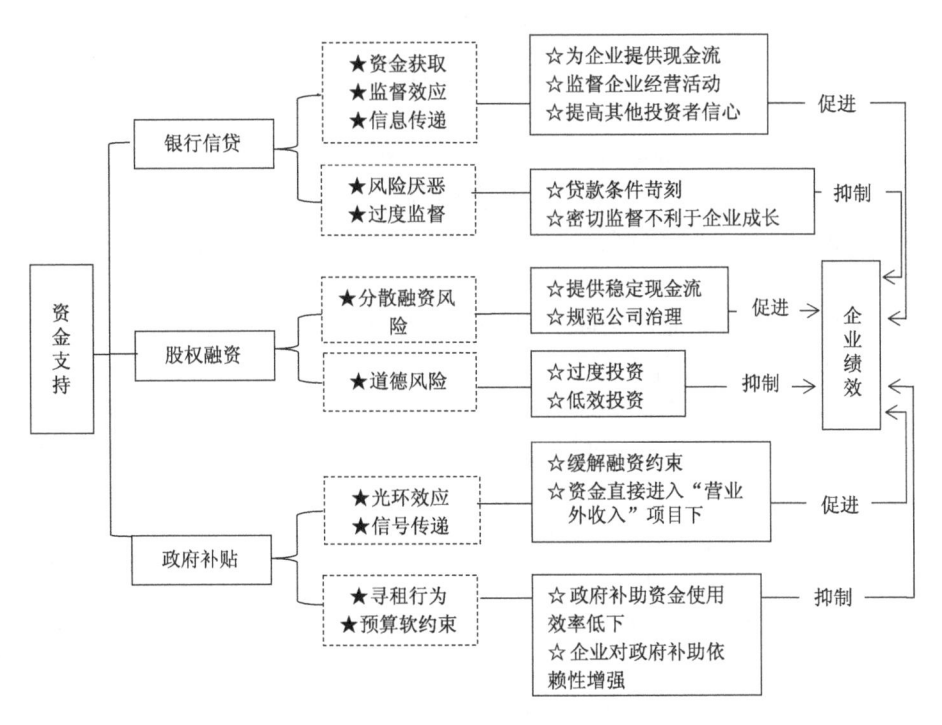

图6.1 资金支持与企业绩效作用机制图

6.1 研究假设提出

企业获取资金的目的是利润最大化。在研究企业融资行为的时候，必须把经营绩效或者盈利作为企业的主要目标加以考虑，在此基础上进行研究。

1. 资金支持与光伏企业绩效

光伏产业作为战略性新兴产业，技术快速迭代，光伏企业要想在行业里生存和维持相应地位，需要持续大规模的资金投入。而且只有通过强有力的资金支持，光伏产业才能够不断扩张与进步，实现规模效应。本节从政府资金支持和市场化融资两方面展开研究。

银行信贷与企业绩效。对于企业而言，银行信贷会产生以下效应。①税盾效应：企业利用银行信贷获得资金支持的同时，合理、有效地降低所得税份额，通过减少支付的税额而获得更多的利润。②信息传递效应：由于存在信息壁垒，外部投资者很难准确了解企业当前运营信息。但当企业向银行申请资金支持时，可以有效对外发出企业当前运营良好的信号，外部投资者依据企业经营者的投融资活动进行预判，从而进行合理、有效的投资。③监督效应：当企业发生借贷活动时，银行会监督企业，要求企业履行签订的合约义务，合理规范贷款用途，可以有效避免企业经营者为追求个人利益而违法乱纪或者肆意投资等问题[47]。因此，银行信贷对于解决企业融资困境以及规范资金使用方面起到了十分重要的作用。总体来说，银行信贷能缓解企业融资不足的问题，也能减少企业投资过度。自2013年以来，银行放松了对光伏企业的信贷限制，帮助企业缓解融资不足，促进企业规模扩张。同时，随着光伏产业市场规模扩大，银行严格筛选符合条件的光伏企业进行借贷，并监督企业贷款的使用情况，提升了企业银行信贷的资金周转效率，推动了光伏企业绩效提高。

股权融资与企业绩效。企业进行股权融资的成本主要包括以下几项。①资金使用成本：我国资本市场的股利发放政策并不完善，用于股东分红等部分相对较少，这类资金使用成本虽然有但是其数额不大。②代理成本：企业经营者为追求个人利益最大化会持续扩展经营规模，从而给企业带来了经营风险，或者企业大股东为追求当前巨大利润而不考虑企业长远发展，限制企业经营上升空间。③控制权成本：分为事前成本和事后成本两部分，当企业进行股权融资活动时，会使得自身股权结构发生变化，控制者在控制权形成过程中以及控制权形成后两个阶段所承担的成本。由股权融资产生的效应有以下几部分。①企业经营者通过股权融资能够将经营风险分散到企业投资者身上，这样经营者有能力去经营更高利润的项目。②通过股权融资，股东可以了解企业经营状况并进行监督活动。③股权融资缺乏对股东的许多责任要求，可能会导致股东产生道德风险以及在对资金进行使用时造成投资未能形成实际的生产能力，产生"抵消投资"的问题[48]。

政府补贴与企业绩效。光伏产品具有低污染、低消耗的特点，能够减少环境污染，光伏企业通过生产光伏产品也为其他产业带来了便利。获得政府补贴可以使得企业获得强有力的经济支持，促进企业规模扩张。同时，政府补贴具有免费性质，企业只需要使用较低的成本获得可观的资金，这种便捷的资金获得方式可以有效解决企业的资金周转困难，维持正常的生产经营。另外，政府补贴是吸引外部投资的认证信号，相当于政府帮助外部投资者进行了高质量企业的筛选，因此被补助的光伏企业更容易得到投资机构的青睐。但也存在部分光伏企业违背责任要求，经营者追求短期利益最大化，对补贴使用不规范，导致资金运营效率降低，甚至对企业经营产生负面影响。同时，企业可能会运用自身资源努力建立与部分政府的联系，来获得尽可能多的补贴资金，造成政策补贴过程中的寻租现象。并且由于存在信息壁垒，政府很难准确筛选出达到要求的光伏企业而给予相应资金补贴，部分企业可能会违背道德标准，利用伪造的信息来达到相应标准进而骗取补助，这与政府通过补贴而促进光伏企业生产经营的想法相违背，也降低了补贴带来的激励效应。综上所述提出如下假设。

H1：以银行信贷、股权融资为代表的市场性资金支持和以政府补贴为代表的政策性资金支持均能够对光伏企业绩效产生正向影响。

2. 资金支持与技术创新

银行信贷与技术创新。光伏产业是典型的技术密集型行业，背后是技术持续进步。技术创新是一个漫长的过程，进行技术创新的过程需要得到大量的资金支持。银行通过吸收社会的闲散资金集聚了充足的资金资源，可以以贷款的方式借给企业进行技术创新，解决企业研发资金短缺的问题。商业银行以追求最大利润为目标，遵循安全性和流动性的原则，当企业向商业银行进行借贷时，商业银行能够迅速识别出有发展潜力的创新项目并发放贷款，大大提升了光伏产业技术创新成功的可能性。但由于各个企业所处的外部环境不同，因此资金支持对企业技术创新的作用程度不同。

股权融资与技术创新。股权融资可以为企业提供外部资金支持，且融资成本小，不需要企业像进行债务融资一样提供大量的固定资产作担保，缓解企业融资压力。通常光伏企业进行技术创新活动周期较长，在这一过程中股权融资可以提供长期且稳定的资金支持。又因为股权融资没有到期还本付息的压力，能够帮助企业将更多资源投入到企业技术创新中去。企业利用股权融资既能够提升技术又可以为投资者展现企业经营良好的状况，提升企业知名度的同时也吸引到了更多金融机构的青睐。

政府补贴与技术创新。光伏产业的技术创新通常伴随较高的技术不确定性和溢出效应，这可能会对企业产生负面影响，不利于技术创新工作的展开，并且只从市场这条渠道融资进行技术创新，融资成本较高且融资困难，影响企业技术创新的机会，因此一般认为政府对光伏企业的补贴十分重要。通过对企业提供资金补贴，可以有效解决企业资金短缺的问题，使企业拥有充足的资金加强研发，提升技术水平。但是，政府补贴还可能存在挤出效应，企业通过获得政府补贴可能会使得自身降低对研发的支出，对技术创新产生负面影响。虽然政府补贴对企业的技术创新产生了促进作用，但创新活动过程中也增加了人力与物力的支出。或者企业为实现当前利润最大化，直接将政府补贴用于经营周转中，同样会对技术创新产生负面影响（图6.2）。综上所述提出如下假设。

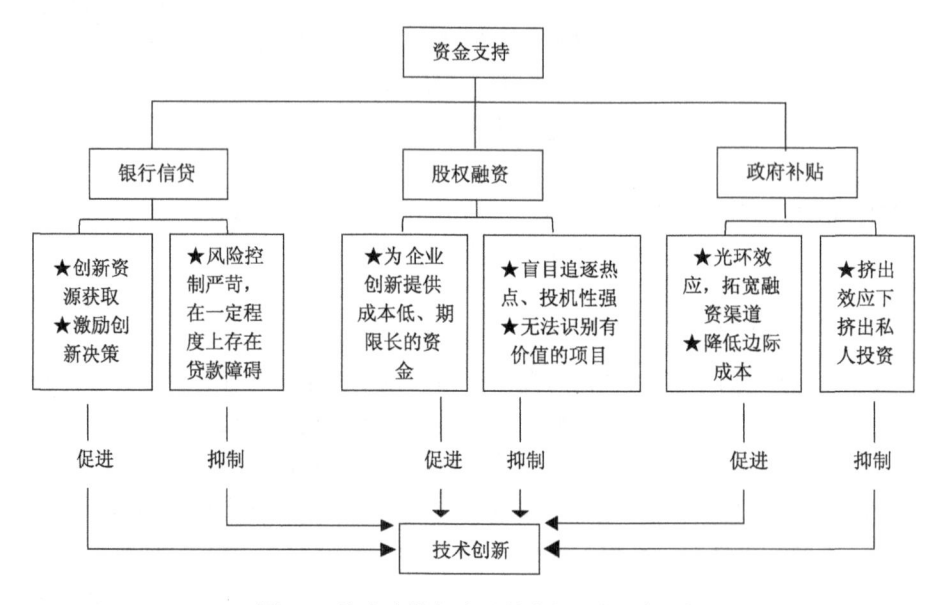

图6.2 资金支持与企业技术创新作用机制

H2：以银行信贷、股权融资为代表的市场性资金支持和以政府补贴为代表的政策性资金支持均能够对光伏企业技术创新产生正向影响。

3. 技术创新与企业绩效

技术创新在光伏企业的生产和发展中发挥着十分重要的作用，能够在企业绩效提升上产生积极的影响。第一，技术创新可以推进企业的技术发展。光伏产业是典型的技术密集型产业，技术创新通过提升在产业中技术覆盖的多个专业领域内的工艺来创造新产品，增加产品份额，提高销售收入，企业通过为创新的技术申请专利，能够增强企业在产品市场的竞争能力。第二，技术创新可以降低企业生产成本。技术创新带来企业内部生产力的变化，通过多种途径对企业的成本管理产生影响。例如，新技术的运用可以有效降低落后技术产生的高额生产成本，增加利润的同时还提高了企业的生产率。第三，技术创新可以提升企业的资源获取能力。企业在技术创新中循环往复成功、失败的过程，让企业拥有了无法复制的战略经验，这些能力可以帮助吸引更多的资金、人才等资源，为企业的长期发展做铺垫。因此提出如下假设。

H3：技术创新有利于光伏企业绩效的提高。

4. 技术创新的中介效应

企业通过借贷行为以及政府补贴获得的资金支持，不会直接对企业当前绩效产生影响，需要将技术创新作为中介变量[49]，考虑资金支持与企业绩效间的关系。企业有必要对获得资金的分配与用途进行合理规划，从而改进企业的日常管理与生产技术，促进企业对生产经营、资本经营等进行更长远的发展规划。熊彼特在创新理论中就已经提出生产技术与方法的变革对社会经济的发展起到十分重要的作用，影响巨大。企业技术创新可以为市场创造更多样化的产品和提供更新的服务，在竞争市场占据优势，推动企业绩效的提升。本章将技术创新作为中介变量，构建如图 6.3 所示的"资金支持—技术创新—光伏产业上市公司绩效"的理论模型，因此提出以下假设。

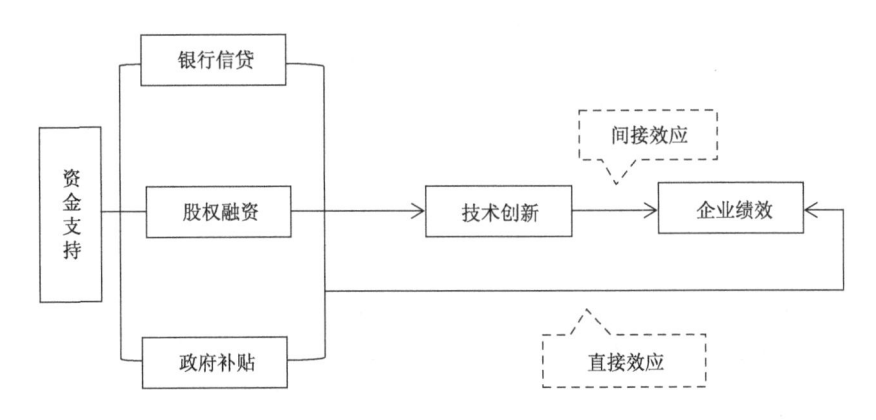

图 6.3　资金支持—技术创新—光伏产业上市公司绩效的理论模型图

H4：技术创新在不同的资金支持路径影响光伏企业绩效的过程中发挥了中介作用。

6.2 研究设计

6.2.1 样本选择及数据来源

本章选取国内主营业务与光伏相关的上市公司作为研究样本，上市公司的企业信息不仅公开与准确，而且数据易于搜集，本章按照以下方式对得到的数据进行筛选：①剔除 2011 年以后上市的企业获取平衡面板数据。②2011 年起光伏产业处于调整期，因此选择的时间跨度为 2011~2022 年。③剔除未披露政府补贴的企业。④剔除未披露专利数据的企业。最终筛选出 31 家光伏上市企业 2011~2022 年的面板数据进行实证研究。数据来源有企业年报、国泰安 CSMAR 数据库、东方财富网等。处理数据的软件主要有 EViews 和 Stata。

6.2.2 变量选择

1. 被解释变量

本章的被解释变量为光伏企业绩效，评价企业绩效的财务指标有很多，包括净资产收益率 ROE[50-52]、总资产收益率 ROA[53]、经济附加值[54]、托宾 Q[55]等，本章主要研究不同的资金支持路径对企业绩效的影响，因此净资产收益率最适合作为评价光伏企业绩效的指标。净资产收益率是企业净利润与平均股东权益的百分比，用于衡量企业运用自有资本的配置效率，能够反映企业获得资金支持后对其加以使用获得的收益和成效。

2. 解释变量

本章的解释变量是资金支持，主要包括对光伏产业的以银行信贷、股权融资为代表的市场性资金支持和以政府补贴为代表的政策性资金支持。以企业长期借款和短期借款之和来代表银行信贷；以企业实收资本来代表股权融资；以企业营业外收入下的"政府补贴"项来代表政府补贴。

3. 中介变量

本章的中介变量为光伏企业技术创新，评价技术创新的指标有很多，比如专利申请量、专利授权量、新产品销售量等，本章最终选择专利申请量作为代表技术创新的指标，专利申请数据可能比专利授权数据更适合。首先，专利申请数据包含完整的创新信息。而专利授权的审查程序过于严格，部分专利格式和内容的标准化导致专利授权数据中的信息丢失。其次，专利申请数据提供了更及时的创新信息,而专利授权需要若干个过程,如初步审查、实质审查和授权,这些过程往往需要数年时间[56-58]。

4. 控制变量

(1)股权集中度。股权集中度是指全部股权因持股比例的不同所表现出来的股权集中还是股权分散的数量化指标,是衡量企业稳定性强弱以及公司结构的重要指标,一般通过前五大股东持股比例来表示。为了体现企业相对较高的股权集中度,本章主要选择公司前三位股东持股比例之和作为衡量企业股权集中度的指标[59]。

(2)总资产周转率。总资产周转率是企业一定时期的销售收入净额与平均资产总额之比,它是衡量资产管理质量和利用效率情况的指标,反映了企业资产的营运能力。总资产周转率影响企业的获利能力,并直接影响上市企业的股利分配[60]。

(3)企业年龄。企业年龄主要是指企业存在的时间。企业成立时间越久,它的生产力水平、经验和人脉等方面越成熟,因此也就更注重发展自身的创新能力。并且企业成立时间不一样,企业所处的生命周期也不同,对应每个阶段的企业技术创新能力也不同[61]。

(4)董事会领导特征。董事会领导特征分为单一董事会领导特征与双重领导特征,本章使用双重领导特征,双重领导特征是指 CEO(chief executive officer,首席执行官)和董事长由不同的人担任。将两权分离作为虚拟变量,若董事长和总经理由一人兼任,则赋值为 0,若董事长和总经理由不同的人担任,则赋值为 1[62]。

(5)企业成长性。成长能力是企业随着市场环境的变化附加值不断增加、企业不断增值的能力,它反映企业未来的发展前景,是用来衡量企业绩效的指标之一[63]。本章选取净利润增长率作为衡量企业成长性的指标,通过净利润增幅大小体现企业在市场中竞争能力的强弱。

5. 变量及指标汇总

本章设定的变量、指标、变量符号、计算公式如表 6.1 所示。

表 6.1 变量及指标汇总

变量	指标	变量符号	计算公式
被解释变量	企业绩效	ROE	Y	净利润/净资产
解释变量	资金支持	银行信贷	BankC	短期借款与长期借款之和
		股权融资	Equf	实收资本
		政府补贴	Govf	营业外收入下的政府补贴额
中介变量	技术创新	专利申请数	Tech	

续表

变量	指标	变量符号	计算公式
控制变量	股权集中度 前三大股东的比例	Econ	前三大股东比例之和
	总资产周转率	Tato	营业收入净额/平均资产总额
	企业年龄	Age	
	董事会领导特征 两权分离	Lc	若董事长和总经理由一人兼任，则赋值为0，若董事长和总经理由不同人担任，则赋值为1
	企业成长性 净利润增长率	Gro	（当年净利润−上年净利润）/上年净利润的绝对值

6.3 模 型 构 建

6.3.1 中介效应检验方法

本章按照中介效应检验方法和模型的设计方法[64,65]，将技术创新作为中介变量，资金支持作为解释变量，光伏企业绩效作为被解释变量来构建中介效应模型，模型设定如下（相应路径如图6.4所示）：

$$Y = cX + e_1 \tag{6.1}$$

$$M = aX + e_2 \tag{6.2}$$

$$Y = c'X + bM + e_3 \tag{6.3}$$

其中，Y 为被解释变量；X 为解释变量；M 为中介变量；e_1、e_2 和 e_3 为随机扰动项；c 为解释变量对被解释变量的总效应；a 为解释变量对中介变量的效应；c' 为加入中介变量之后，解释变量对被解释变量的直接效应；b 为控制了解释变量之后，中介变量对被解释变量的效应。

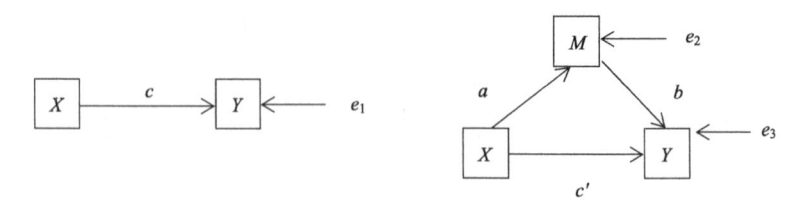

图 6.4 中介效应路径图

对构建的中介效应模型进行检验，如图6.5所示。

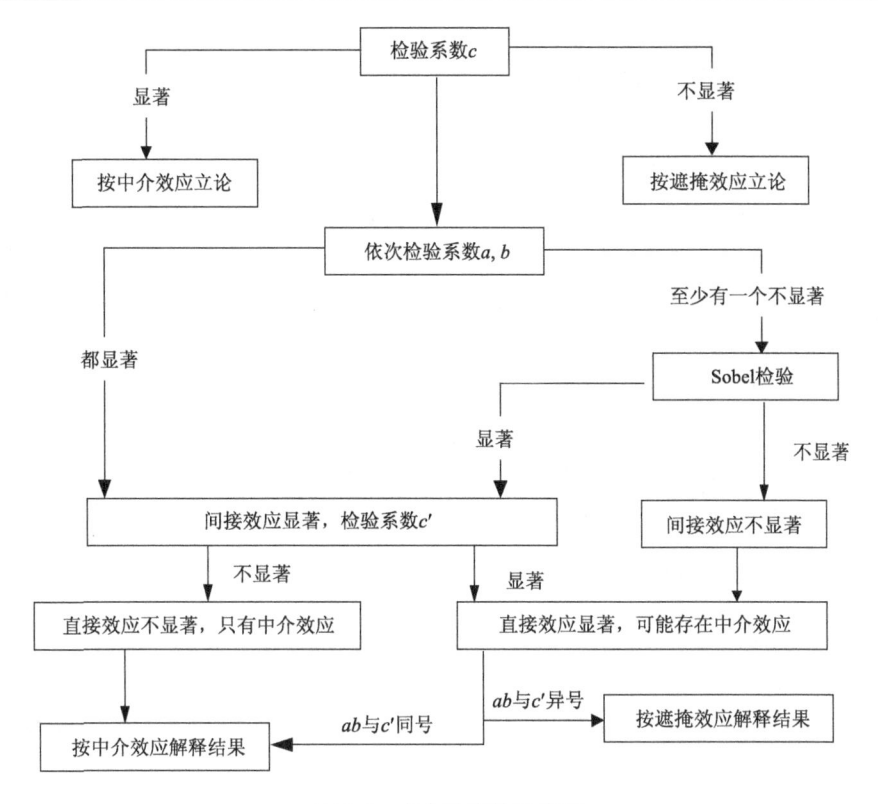

图 6.5 中介效应检验步骤

（1）首先检验系数 c，当 c 显著时，再依次检验 a,b；当 c 不显著时，仍继续中介效应检验，最后结果按遮掩效应定论。

（2）检验 a,b，如果 a,b 都显著，说明 X 对 Y 的影响至少有一部分是通过中介变量 M 来实现的。接下来检验 c'，如果 c' 不显著，这说明是完全中介过程，即 X 对 Y 的影响都是通过中介变量 M 来实现的。如果 c' 显著，说明只是部分中介过程，即 X 对 Y 的影响只有一部分是通过中介变量 M 来实现的。

（3）如果 a,b 中至少有一个不显著，则需要做 Sobel 检验，检验统计量为 $z=\hat{a}\hat{b}/s_{ab}$（$S_{ab}=\sqrt{\hat{a}^2 S_b^2 + \hat{b}^2 S_a^2}$）。如果 z 大于临界值 0.97，说明 M 的中介效应显著，否则不显著。

（4）比较 a,b 和 c' 的符号，如果同号，属于中介效应；如果符号相反，则开始按中介效应立论，之后按遮掩效应解释。

6.3.2 引入中介效应的模型构建

1. 面板数据模型的选择

本章实证所使用的数据为面板数据,面板数据模型包括了混合效应模型、随机效应模型与固定效应模型。固定效应模型包括个体固定效应模型、时点固定效应模型和双向效应模型。区域内的经济发展水平、创新资源、区域政策等都会对光伏企业的技术创新与绩效产生影响;不仅如此,如市场需求、经济增速等宏观因素同样会对光伏企业的绩效产生影响,且这些影响因素随着年份的变化对光伏企业产生的影响不同。因此,在确定使用面板数据模型之前需要先进行 Hausman 检验,若检验结果为固定效应模型,将选择个体时点双固定模型——模型中的截距项既包括随个体变化的变量的影响,也包括随时点变化的变量的影响。

2. 中介效应模型构建

在中介一般模型的基础上,构建了光伏企业资金支持、技术创新和企业绩效三者间的中介效应模型:

$$Y_{it} = c_0 + c_1 \ln \text{BankC}_{it} + c_2 \ln \text{Equf}_{it} + c_3 \ln \text{Govf}_{it} + \beta_1 \text{Econ}_{it} + \beta_2 \text{Tato}_{it} + \beta_3 \ln \text{Age}_{it} \\ + \beta_4 \text{Lc}_{it} + \beta_5 \text{Gro}_{it} + e_{1it} \tag{6.4}$$

$$\ln \text{Tech}_{it} = a_0 + a_1 \ln \text{BankC}_{it} + a_2 \ln \text{Equf}_{it} + a_3 \ln \text{Govf}_{it} + \gamma_1 \text{Econ}_{it} + \gamma_2 \text{Tato}_{it} \\ + \gamma_3 \ln \text{Age}_{it} + \gamma_4 \text{Lc}_{it} + \gamma_5 \text{Gro}_{it} + e_{2it} \tag{6.5}$$

$$Y_{it} = c'_0 + c'_1 \ln \text{BankC}_{it} + c'_2 \ln \text{Equf}_{it} + c'_3 \ln \text{Govf}_{it} + \delta_1 \text{Econ}_{it} + \delta_2 \text{Tato}_{it} + \delta_3 \ln \text{Age}_{it} \\ + \delta_4 \text{Lc}_{it} + \delta_5 \text{Gro}_{it} + e_{3it} \tag{6.6}$$

为了使系数易于解释并且降低异常观测值的过度影响,消除异方差,对变量进行取对数处理,以比率形式出现的变量除外。

式(6.4)描述了企业绩效与资金支持之间的关系;式(6.5)描述了技术创新与资金支持之间的关系;式(6.6)描述了加入中介变量——技术创新之后三者的关系,即资金支持是否通过影响企业的技术创新进而对光伏企业的绩效产生影响。其中,i 表示光伏企业,t 表示年份,Y 表示绩效指标,lnBankC 表示银行信贷额的对数,lnEquf 表示股权融资额的对数,lnGovf 表示政府补贴额的对数,lnTech 表示技术创新(专利申请量)的对数,Econ 表示股权集中度,Tato 表示总资产周转率,lnAge 表示企业年龄的对数,Lc 表示董事会领导特征,Gro 表示企业成长性。e_{1it}、e_{2it}、e_{3it} 为随机扰动项。

6.4 实 证 分 析

6.4.1 变量的描述性统计

主要变量的描述性统计如表 6.2 所示。从衡量上市公司绩效的净资产收益率来看，光伏上市公司的最大值为 0.6317，最小值为-3.6831，表明我国光伏上市公司间的差距较大。银行信贷最大值、中间值和平均值分别为 205.0000、128.0000、21.1000；政府补贴最大值、中间值和平均值分别为 5.3600、1.3254、3.4329；股权融资最大值、中间值和平均值分别为 57.3000、6.9000、11.0000。综上，银行信贷取值均为最高，说明银行信贷是我国光伏上市公司的重要资金来源。尽管政府对光伏上市公司扶持力度较大，但政府补贴在企业间存在较大差异，如某上市公司收到最大补贴额为 5.36 亿元，但也有企业未获得政府补贴。我国光伏上市公司股权融资额平均值高达 11 亿元，也处于较高水平。股权集中度等控制变量指标也存在较大差异。

表 6.2 各变量全样本描述性统计结果

变量	最大值	最小值	中间值	平均值	标准差
ROE	0.6317	−3.6831	0.0374	−0.0131	0.3378
BankC	205.0000	0.0000	128.0000	21.1000	30.0000
Equf	57.3000	1.1500	6.9000	11.0000	11.2000
Govf	5.3600	0.0000	1.3254	3.4329	6.7961
Tech	600.0000	0.0000	45.0000	76.8226	90.7325
Econ	0.8036	0.0921	0.4669	0.46346	0.1534
Tato	1.3937	0.0272	0.5397	0.5377	0.2391
Age	41.0000	4.0000	20.0000	19.3387	7.6374
Lc	1.0000	0.0000	1.0000	0.6210	0.4861
Gro	35.0487	−71.9780	0.1179	−0.8856	8.0273

6.4.2 多重共线性检验

变量间存在较高相关性会影响回归准确性，为检查主变量间是否存在多重共线性问题，在回归前对变量进行多重共线性检验。使用计量软件 Stata 对变量进行相关性检验，结果如表 6.3 所示，其中银行信贷与股权融资的相关系数为 0.5232，表明两变量间存在较高相关性，其余变量相关系数均小于 0.5，表明相关性较小，即不会对回归结果的可靠性产生较大影响。

表 6.3 多重共线性检验

变量	lnBankC	lnEquf	lnGovf	lnTech	Econ	Tato	lnAge	Lc	Gro
lnBankC	1.0000								
lnEquf	0.5232***	1.0000							
lnGovf	0.2894***	0.4360***	1.0000						
lnTech	0.3582***	0.3195***	0.2646***	1.0000					
Econ	−0.4116***	−0.4504***	−0.1764***	−0.1540**	1.0000				
Tato	−0.2413***	−0.0553	−0.0734	0.1077*	0.0652	1.0000			
lnAge	0.0658	0.2955***	0.0793	0.0970	−0.2094***	0.1778***	1.0000		
Lc	0.2415***	0.1324**	0.0148	−0.1341**	−0.3078***	−0.0706	0.2378***	1.0000	
Gro	−0.0195	0.0488	0.0411	0.0557	0.0217	0.1790***	0.0431	−0.0384	1.0000

***、**、*分别表示在1%、5%和10%的水平下显著

为提高模型稳定性，本节使用 VIF 检验进一步检验模型是否存在严重的多重共线性问题，结果如表 6.4 所示，包括解释变量和控制变量在内的各变量膨胀因子均处于(1,2)区间，小于 10，即认为该模型不存在严重多重共线性问题。

表 6.4 VIF 检验

变量	VIF
lnBankC	1.79
lnEquf	1.89
lnGovf	1.28
lnTech	1.34
Econ	1.42
Tato	1.19
lnAge	1.23
Lc	1.27
Gro	1.04
VIF 平均值	1.38

6.4.3 单位根检验及协整检验

由于本章主要分析资金支持、技术创新对我国光伏上市公司绩效的影响作用，在实证分析中引入时间序列，并采取多个企业作为样本分析，基于以上需求，本章使用面板数据进行分析。为防止模型出现伪回归问题，本节首先对收集到的面板数据集进行单位根检验，检验结果如表 6.5 所示。

表 6.5 单位根检验

变量	检验方法	水平变量单位根检验 p 值
Y	Levin, Lin & Chu t*	0.0000
	ADF - Fisher Chi-square	0.0000
	PP - Fisher Chi-square	0.0000
lnBankC	Levin, Lin & Chu t*	0.0000
	ADF - Fisher Chi-square	0.0215
	PP - Fisher Chi-square	0.0031
lnEquf	Levin, Lin & Chu t*	0.0000
	ADF - Fisher Chi-square	0.0004
	PP - Fisher Chi-square	0.0000
lnGovf	Levin, Lin & Chu t*	0.0000
	ADF - Fisher Chi-square	0.0014
	PP - Fisher Chi-square	0.0003
lnTech	Levin, Lin & Chu t*	0.0000
	ADF - Fisher Chi-square	0.0000
	PP - Fisher Chi-square	0.0000
Econ	Levin, Lin & Chu t*	0.0000
	ADF - Fisher Chi-square	0.0011
	PP - Fisher Chi-square	0.0004
Tato	Levin, Lin & Chu t*	0.0000
	ADF - Fisher Chi-square	0.0005
	PP - Fisher Chi-square	0.0000
lnAge	Levin, Lin & Chu t*	0.0000
	ADF - Fisher Chi-square	0.0053
	PP - Fisher Chi-square	0.0000
Gro	Levin, Lin & Chu t*	0.0000
	ADF - Fisher Chi-square	0.0000
	PP - Fisher Chi-square	0.0000

本节所选单位根检验方法分别为 Levin, Lin & Chu t*、ADF（Augmented Dickey-Fuller）- Fisher Chi-square 和 PP（Philips-Perron）- Fisher Chi-square，如表 6.5 所示，水平变量单位根检验下的所有统计值均小于 0.05，拒绝原假设，即时间序列平稳。

如表 6.5 所示，本节单位根检验中检验序列均服从同阶单整，继续构建 KAO 模型进行协整检验，结果如表 6.6 所示。

表 6.6 协整检验（KAO 检验）

ADF	t 统计量	p 值
	−2.5889	0.0048
残差	0.1506	
HAC 方差	0.0693	

注：HAC 全称是 heteroskedasticity and autocorrelation consistent，异方差与自相关一致性

其中，p 值=0.0048，小于 0.05，即拒绝各变量序列间不存在协整关系原假设，认为变量之间存在长期均衡关系。

6.4.4 数据分析与假设检验

本节将根据面板模型探究资金支持、技术创新对我国光伏上市公司绩效的影响，如资金支持是否会对我国光伏上市公司绩效产生影响、资金支持是否会对我国光伏上市公司技术创新产生影响，技术创新的中介效应是否存在。

1. 资金支持对光伏产业上市公司绩效的影响研究

为探究资金支持与我国光伏上市公司绩效关系，本节按照式（6.4）建立面板模型，资金支持对我国光伏上市公司绩效影响的回归结果如表 6.7 所示。

表 6.7 资金支持对光伏上市公司绩效影响的回归结果

变量	模型一	模型二	模型三	模型四	模型五
lnBankC		0.036 8***			0.032 5**
		(2.860 0)			(2.535 5)
lnEquf			0.143 2***		0.156 1**
			(2.620 8)		(1.949 2)
lnGovf				−0.011 0	−0.029 1*
				(−0.660 628)	(−1.693 4)
Econ	0.972 7***	1.104 4***	1.011 9***	0.975 1***	1.138 3***
	(0.002 7)	(3.475 2)	(3.204 5)	(3.043 860)	(3.631 4)
Tato	0.447 7***	0.485 8***	0.444 5***	0.446 1***	0.473 8***
	(3.099 9)	(3.407 3)	(3.121 8)	(3.084 401)	(3.370 3)
lnAge	0.666 1**	0.581 7**	0.537 2*	0.685 8**	0.502 9*
	(2.324 3)	(2.053 7)	(1.872 9)	(2.376 998)	(1.777 2)
Lc	−0.222 0***	−0.223 0***	−0.217 8***	−0.225 9***	−0.228 3***
	(−3.002 4)	(−3.067 6)	(−2.985 6)	(−3.040 694)	(−3.177 0)

续表

变量	模型一	模型二	模型三	模型四	模型五
Gro	0.013 1***	0.013 2***	0.012 8***	0.013 0***	0.012 6***
	(4.685 59)	(4.819 8)	(4.658 5)	(4.616 524)	(4.624 8)
常数项	−2.459 9***	−2.527 6***	−2.394 0***	−2.461 6***	−2.452 3***
	(−2.783 2)	(−2.908 3)	(−2.746 0)	(−2.781 3)	(−2.861 3)
观测值个数	248	248	248	248	248
Hausman p 值	0.000 0	0.000 0	0.000 0	0.000 1	0.000 0
F 值	3.409 6	3.637 2	3.585 4	3.331 3	3.755 8
p 值	0	0	0	0	0

***、**、*分别表示在 1%、5%和 10%的水平下显著

首先，考虑控制变量的合理性，在不加入解释变量的前提下，使用控制变量与被解释变量做回归，发现 5 个控制变量均与被解释变量存在相关关系，且在 1%与 5%水平上显著，其中股权集中度、总资产周转率、企业年龄、企业成长性均对我国光伏上市公司绩效有显著正向影响，董事会领导特征系数为负，表明当企业所有权与控制权分离时，可能会存在所有者与经营者目标不一致问题，进而产生沟通成本，不利于我国光伏上市公司绩效的提升。

其次，在控制变量基础上，第 2 列引入解释变量银行信贷、第 3 列引入解释变量股权融资、第 4 列引入解释变量政府补贴，分别考察单个解释变量对企业绩效的影响。其中，银行信贷和股权融资与企业绩效正相关，且两种回归都在 1%的水平上显著，政府补贴与企业绩效不存在相关性。

最后，考虑完整模型回归结果，即加入所有解释变量与控制变量，考察各解释变量对被解释变量的综合影响。回归前，针对前述章节建立的面板模型进行 Hausman 检验，p 值=0.000，表示在 1%水平上的显著性拒绝原假设，选择固定效应模型，回归结果如表 6.7 最后一列所示，银行信贷、股权融资与政府补贴的系数分别为 0.032 5、0.156 1、−0.029 1，且分别在 5%或 10%水平上显著。

银行信贷与我国光伏上市公司绩效正相关，且在 5%的水平上显著，说明我国光伏上市公司促进绩效提升的资金来源依赖于银行信贷，且在选取的光伏上市公司样本中，银行信贷额占资金支持总额的 66.8%。2011 年光伏市场需求萎靡、原材料与组件价格大幅下降、国内光伏企业产能过剩且集体面临"双反"调查，银行出于自身经营安全考虑，收紧对光伏企业放贷政策，银行放贷前，对光伏企业进行严格审查，筛选出经营状况良好、发展潜力大且具有还款能力的企业进行放贷。与此同时，银行信贷是一种需要在约定的期限还本付息的融资方式，获得贷款的光伏企业需要按规定时间偿还债务，这种偿还要求在一定程度上限制了光伏企业的无效扩张与过度投资，管理者背负的债务契约也可以很好地激发工作热

情[66]，银行信贷对中国光伏上市公司绩效的显著正向作用也说明了我国金融市场的有效性。

股权融资与我国光伏上市公司绩效正相关，且在 5%的水平上显著。除银行信贷外，股权融资也是上市公司有力的融资手段，随着获取银行信贷难度的增大，我国股票市场制度的不断完善，越来越多的光伏企业选择通过资本市场获取融资，相比于其他融资方式，股权融资成本更低且可以作为长期募集手段，与投资者建立联系，受到投资者监督，能够提高资金利用效率，进而提升企业绩效。

上文曾分析第 4 列在控制变量的基础上单独引入政府补贴，其回归结果不显著；但当对完整模型回归时，如第 5 列所示，政府补贴与中国光伏上市公司绩效负相关，且在 10%的水平上显著，系数较小且显著水平不高，说明政府补贴在提升企业绩效方面产生了负面影响，但作用效果较弱。显著性从不相关到 10%水平显著说明单独引入政府补贴模型设定不合理，模型可能存在遗漏变量进而导致内生性的问题，引入剩余两个解释变量后，在一定程度上缓解了遗漏变量导致的内生性问题，使模型更完善，回归结果更加可靠。加入所有解释变量对完整模型进行回归，政府补贴对企业绩效的影响变为显著负相关，可能的原因有：第一，政府补贴传递了行业利好信号，吸引更多潜在进入者涌入光伏行业，导致行业竞争加剧、产能过剩等问题，进而导致企业绩效很难提高。第二，政府补贴对光伏行业的扶持政策，在大政策背景加政府隐形背书背景下，银行对光伏企业放贷规模增大，企业获得充裕的现金流且政策降低了企业认知中的市场不确定性，进而导致过度投资，在产能过剩的基础上过度投资对企业绩效产生负面影响。第三，一些地方政府出于政绩考核、官员晋升和地方经济发展的考量，强势扶持地方光伏产业发展，导致资源大幅倾向光伏产业，而各地方发展水平、执政能力、自身资源禀赋存在较大差异，导致光伏产业发生大量重复性建设，追求快速回报又导致资本大量流向上游低端技术[67]，大量资源流向低端产能又导致结构性产能过剩，不利于光伏产业均衡发展。第四，大政策背景下的地方政府盲目投资加剧了信息不对称，政府机构与企业管理者天然存在信息不对称问题，而过热的政策背景下，政府部门对光伏企业有较大投资热情，而企业管理者为了获得更多政策支持，有动力按政策需求包装自己进而向外释放优质企业信号，进而获得政策支持，造成政策资源的浪费和错配，企业很容易获得扶持导致企业创新和发展动力减弱，包装自己的动力加强，如此循环，企业很难保持持续创新，进而导致绩效提升困难。

2. 资金支持对光伏产业上市公司技术创新的影响研究

为探究资金支持与我国光伏上市公司技术创新的关系，本节按照式（6.5）建立面板模型，资金支持对我国光伏上市公司技术创新影响的回归结果如表 6.8 所示。

表 6.8 资金支持对光伏产业上市公司技术创新影响的回归结果

变量	模型一	模型二	模型三	模型四	模型五
lnBankC		0.179 8***			0.150 2***
		(5.848 3)			(4.951 3)
lnEquf			0.583 4***		0.451 6***
			(5.160 1)		(4.001 2)
lnGovf				0.078 88*	0.047 6
				(1.880 4)	(1.394 9)
Econ	0.166 0	0.809 7	0.101 5	0.148 4	0.612 2
	(0.204 9)	(1.066 2)	(0.147 8)	(0.184 280)	(0.923 0)
Tato	0.685 7*	0.872 1**	0.607 2*	0.696 9*	0.839 6***
	(1.875 4)	(2.559 7)	(1.874 6)	(1.917 4)	(2.697 2)
lnAge	−0.344 1	−0.756 7	0.196 0	−0.485 0	0.349 4
	(−0.474 2)	(−1.118 0)	(0.614 4)	(−0.668 9)	(1.134 8)
Lc	−0.058 0	−0.062 7	−0.119 4	−0.030 6	−0.150 4
	(−0.309 8)	(−0.360 7)	(−0.699 1)	(−0.164 1)	(−0.925 446)
Gro	0.000 7	0.001 4	0.000 7	0.001 7	0.001 3
	(0.098 6)	(0.216 2)	(0.097 1)	(0.239 6)	(0.204 7)
常数项	3.968 1*	3.692 3*	1.372 3	3.980 3*	−0.309 7
	(1.773 2)	(1.759 0)	(1.354 4)	(1.789 6)	(−0.301 0)
观测值个数	248	248	248	248	248
Hausman p 值	0.015 4	0.007 9	0.242 6	0.005 6	0.182 4
F 值	14.187 1	16.896 9	8.397 94	14.110 8	10.206 2
p 值	0	0	0	0	0

***、**、*分别表示在 1%、5%和 10%的水平下显著

首先，在不加入解释变量的前提下，使用控制变量与被解释变量做回归，考察控制变量的合理性，回归结果如表 6.8 第 1 列所示，除总资产周转率外，其余四个控制变量与被解释变量均不存在显著相关关系，总资产周转率系数为 0.6857，且在 10%的水平上显著。

其次，在控制变量的基础上，后续回归分别引入银行信贷、股权融资、政府补贴三个解释变量单独做回归，结果分别如表 6.8 第 2、3、4 列所示，银行信贷与我国光伏上市公司技术创新存在正相关关系，且在 1%水平上显著，系数为 0.1798，表明银行信贷对我国光伏上市公司技术创新有积极影响；股权融资与我国光伏上市公司技术创新存在正相关关系，且在 1%水平上显著，系数为 0.5834，超过 0.5，处于相对较高水平，表明股权融资在我国光伏上市公司技术创新中扮演

重要角色；政府补贴与我国光伏上市公司技术创新存在正相关关系，且在10%水平上显著，系数为 0.078 88，尽管相关关系显著，但系数较小，表明虽然政府补贴对我国光伏上市公司技术创新存在积极影响，但影响作用较小。

最后，考虑完整模型回归结果，即加入所有解释变量与控制变量，考察各解释变量银行信贷、股权融资、政府补贴对企业技术创新的综合影响。回归前，前述章节建立的面板模型 Hausman 检验 p 值=0.1824，大于 0.1，表示接受原假设，选择随机效应模型，回归结果如表 6.8 最后一列所示，银行信贷、股权融资与政府补贴的系数分别为 0.1502、0.4516、0.0476，银行信贷与股权融资均在 1%水平上显著，政府补贴不存在相关关系，说明解释变量银行信贷和股权融资与我国光伏上市公司技术创新显著正相关，政府补贴对我国光伏上市公司技术创新无显著影响。补贴可以促进光伏产业新技术的开发，但是这种作用的大小受到很多因素的影响，比如企业对新技术的利用能力、企业研发投入等。本章的实证则说明政府对研发的促进作用虽然是正的，但是影响是比较有限的。

银行信贷的正向影响可以解释为，银行出于自身经营安全考虑，仅对筛选出的具有发展潜力且具有借贷资质的光伏企业放贷，且对放贷资金使用流向进行严格监督，使借贷资金尽可能流向提高企业生产率的技术创新投资，进而提高企业技术创新产出[68]。股权融资同样作为光伏企业资金重要来源渠道，受法律规定，上市公司需按时披露资金用途与企业经营情况，公开信息受到广大投资者监督，进而提高资金配置效率与透明度，企业出于股价、公司形象与未来可以持续利用股权融资募集资金考虑，会积极投资于技术创新以树立公司正面形象。政府补贴不显著的可能原因有，我国政府补贴中明确规定要将补贴资金用到研发的政策较少，大部分企业使用补贴资金扩大产能，并未直接用于研发支出。

3. 内生性检验

模型存在内生性问题可能会导致识别不干净，出现有偏估计等问题，解释变量和被解释变量相互影响、互为因果是内生性产生的原因之一，在本模型中，解释变量中的政府补贴可能与被解释变量技术创新互为因果，如企业可能会使用补贴进行研发，企业也可能利用自有技术创新结果申请政府补贴，导致变量识别不干净，产生内生性问题，为尽可能缓解模型存在的潜在内生性问题，本节寻找工具变量，使用工具变量法缓解内生性问题。首先选择有效的工具变量，使用构造工具变量的 Lewbel 方法[69]，以政府补贴与政府补贴均值的差的三次方作为有效工具变量，令 sub_iv=（政府补贴−政府补贴均值）^{3}，可以在无法找到外部工具变量的情况下寻找到有效工具变量，将工具变量加入到 2SLS（two stage least square，两阶段最小二乘法）模型中进行估计，回归结果如表 6.9 所示。

表6.9 内生性检验

第二阶段 （对技术创新）	模型（5） lnTech
lnBankC	0.168 97***
	(5.50)
lnEquf	0.290 65**
	(2.04)
lnGovf	0.020 54
	(0.40)
常数项	3.000 382
	(1.56)
控制变量	控制
第一阶段 （对政府补贴）	lnGovf
sub_iv	0.052 63***
	(23.23)
lnBankC	
lnEquf	
常数项	
控制变量	控制
Wald chi2	3 544.64
Prob>chi2	0.000 0
N	248

注：括号内为 z 值
***、**分别表示在 1%、5%的水平下显著

观察第一阶段回归值，sub_iv 与政府补贴正相关，系数为 0.052 63，且在 1%的水平上显著，说明工具变量与内生变量正相关，满足相关性要求，且 Wald chi2=3544.64，处于较高水平，即认为本节所选取的工具变量与扰动项不相关，满足外生性，综上，本节所选取工具变量满足有效性要求。

观察第二阶段回归值，解释变量系数与显著水平相比于表 6.8 所示的完整回归均未发生明显变化，表明回归结果较为稳健。

4. 资金支持对光伏产业上市公司技术创新效率的影响研究

在上述章节中，使用随机效应模型探究了资金支持对我国光伏上市公司技术创新的影响，分别使用银行信贷、股权融资、政府补贴作为资金来源，分析不同资金来源分别如何影响我国光伏上市公司技术创新产出。

在前文的基础上，本章关注的另一个重要问题是，我国光伏产业技术创新的资本利用率处于何种水平。技术效率是指在生产技术不变、市场价格不变的条件下，按照既定要素投入比例，生产一定量产品所需的最小成本占实际生产成本（投入水平）的百分比。技术创新过程中创新要素的投入产出比代表了技术创新效率，是衡量技术创新能力与资源配置效率的重要指标。本节将技术创新效率纳入模型，深入探究资金支持对技术创新效率的影响。

当前对于技术创新效率的测算主要有以下两种方法。第一种是随机前沿法，在对随机前沿模型进行估计的同时统计检验参数，为了区分技术非效率和随机误差，随机前沿法还设定了技术非效率项。第二种方法为数据包络分析法，采用非参数方法设定确定性边界，不需要建立函数模型。相比于非参数方法，随机前沿法通过确定生产前沿的具体形式，能够更好地处理随机误差和技术损失误差。

随机前沿法的一般模型为

$$y_{it} = f(x_{it}, t)\exp(v_{it} - \mu_{it}) \tag{6.7}$$

其中，y_{it} 表示 i 企业在 t 时期的产出；$f(\cdot)$ 表示企业在完全效率下的最大产出，即生产前沿产出；x_{it} 表示投入；v_{it} 表示随机扰动项对产出的影响，它服从 $N(0, \sigma_v^2)$；μ_{it} 表示个体冲击影响，为技术非效率项，它服从 $N^+(\mu, \sigma_\mu^2)$，即非负断尾正态分布，v_{it} 与 μ_{it} 相互独立。

技术效率可表示为：

$$\text{TE} = \frac{E\left[f(x_{it})\exp(v_{it} - \mu_{it})\right]}{E\left[f(x_{it}, t)\exp(v_{it})|\mu_{it} = 0\right]} = \exp(-\mu_{it}) \tag{6.8}$$

其中：

$$\mu_{it} = \mu_i \exp[-\eta(t - T)] \tag{6.9}$$

其中，η 表示时间因素对技术非效率项 μ_{it} 的影响；$\eta > 0$ 表示技术效率指数（$-\mu_{it}$）随着时间的改变而递增。

本章用柯布-道格拉斯形式来设定随机前沿模型函数：

$$Y_{it} = AL_{it}^\alpha K_{it}^\beta \exp(v_{it} - \mu_{it}) \tag{6.10}$$

等式两边同时取对数，得到对数形式的柯布-道格拉斯随机前沿模型：

$$\ln Y_{it} = \beta_0 + \beta_1 \ln K_{it} + \beta_2 \ln L_{it} + v_{it} - \mu_{it} \tag{6.11}$$

而技术非效率函数一般设定为

$$\mu_{it} = \delta_0 + Z_{it}\delta + W_{it} \tag{6.12}$$

以此进一步分析资金支持对光伏产业技术创新效率的影响。

$$\mu_{it} = \delta_0 + \delta_1 \text{BankC}_{it} + \delta_2 \text{Equf}_{it} + \delta_3 \text{Govf}_{it} + \sum_{4}^{8} \delta_n \text{cvs} + w_{it} \tag{6.13}$$

其中，Y_{it} 表示企业 i 第 t 年的创新产出，使用专利申请量衡量；K_{it} 和 L_{it} 分别表示企业 i 第 t 年研发资金投入和研发人员投入；$BankC_{it}$ 表示企业 i 在第 t 年通过银行信贷获得的资金支持；$Equf_{it}$ 表示企业 i 在第 t 年通过股权融资获得的资金支持；$Govf_{it}$ 表示企业 i 在第 t 年通过政府补贴获得的资金支持；cvs 表示控制变量，为股权集中度、总资产周转率、企业年龄、董事会领导特征和企业成长性五项；v_{it} 表示随机干扰项；μ_{it} 表示技术非效率项。

使用 Frontier 软件分析上述模型，结果如表 6.10 所示。

表 6.10　资金支持对光伏产业上市公司技术创新效率的影响

变量	模型一	模型二	模型三	模型四
前沿生产函数				
C	−4.1561***	−4.2745***	−4.5899***	−3.9814***
	(−5.6914)	(−5.4867)	(−6.1009)	(−4.9926)
lnK	0.4489***	0.4470***	0.46634***	0.4414***
	(8.5531)	(8.3488)	(8.9688)	(8.0460)
lnL	0.1441*	0.1735*	0.1642	0.1398*
	(1.8839)	(2.2828)	(2.0972)	(1.8321)
非效率函数				
C	2.1732*	1.0844	1.0704	2.5722*
	(1.9657)	(1.0032)	(0.8834)	(2.2419)
BankC	−0.1941***			−0.1615***
	(−2.9903)			(−2.4753)
Equf		−0.4149*		−0.1253
		(−2.0700)		(−0.5538)
Govf			−0.1470	−0.0686
			(−1.6321)	(−0.6517)
控制变量	控制	控制	控制	控制
均方差 σ	1.9236***	1.9917***	2.0392***	1.8737***
	(3.8844)	(3.8514)	(3.9582)	(4.4089)
γ	0.9368***	0.9409***	0.9394***	0.9394***
	(36.3425)	(45.4461)	(37.4677)	(37.7445)
log 函数值	−337.0735	−340.2381	−341.1687	−336.3149
单边似然比检验	54.1813***	47.8520***	45.9910***	55.6985***

***、*分别表示在 1%、10%的水平下显著

在随机前沿模型中，主要考虑 γ 的取值。γ 是变量率，衡量了非效率项在误差中的相对重要性，越接近 1 即代表设定的模型越合理。观察表 6.10，模型一的 γ 值为 0.9368，模型二的 γ 值为 0.9409，模型三和模型四的 γ 值为 0.9394，均大于 0.9 接近于 1，表明模型设定合理性较高。且似然比检验在 1%的水平上显著，表明模型存在非效率且与随机前沿模型较为吻合。为分别考察银行信贷、股权融资与政府补贴对我国光伏上市公司技术创新效率的影响，单独引入解释变量，结果如前三列所示。从表 6.10 中可以看出，创新投入要素——人员与资本的投入显著提高了我国光伏上市公司的技术创新产出。

模型中用来衡量技术创新效率的指标为非效率，因此当解释变量系数为负时，代表解释变量对被解释变量有正向影响。如表 6.10 所示，当单独引入 3 个解释变量时，在非效率项中银行信贷、股权融资的系数均为负数，且分别在 1%和 10%的水平上显著，表明银行信贷和股权融资均能显著提高企业技术创新效率，政府补贴不显著。

在单独考虑 3 个解释变量后，将 3 个解释变量共同引入模型中，综合考虑资金支持对我国光伏上市公司技术创新效率的影响，结果如表 6.10 第 4 列所示，银行信贷与我国光伏上市公司技术创新效率正相关，且在 1%的水平上显著，股权融资和政府补贴没有显著影响。

本节测算得到的 2011~2018 年我国光伏上市公司技术创新效率如表 6.11 所示，整体来看，技术创新效率呈上升趋势，但平均值集中在 0.19~0.24。

表 6.11　光伏产业技术创新效率描述

年份	最大值	最小值	平均值
2011	0.8541	0.0223	0.1964
2012	0.7837	0.0255	0.1994
2013	0.9013	0.0192	0.1950
2014	0.8235	0.0280	0.2009
2015	0.8632	0.0451	0.2189
2016	0.8793	0.0656	0.2099
2017	0.8895	0.0155	0.2150
2018	0.7881	0.0153	0.2392

5. 技术创新的中介效应检验及分析

为探究资金支持、技术创新与我国光伏上市公司绩效之间的关系，本节按照式（6.6）建立面板模型，资金支持、技术创新与我国光伏上市公司绩效三者关系的回归结果如表 6.12 所示。

表 6.12 资金支持、技术创新与光伏产业上市公司绩效的回归结果

变量	模型一	模型二	模型三	模型四	模型五
lnBankC		0.0255*			0.0228*
		(1.8482)			(1.6717)
lnEquf			0.1132**		0.1408**
			(2.0550)		(2.4354)
lnGovf				−0.0179	−0.0314*
				(−1.0874)	(−1.8383)
lnTech	0.0834***	0.0630**	0.0716***	0.0872***	0.0573*
	(3.0839)	(2.1705)	(2.6114)	(3.2009)	(1.9659)
Econ	0.9588***	1.0534***	0.9918***	0.9622***	1.0904***
	(3.0586)	(3.3354)	(3.1843)	(3.0705)	(3.4926)
Tato	0.3905***	0.4308***	0.3961***	0.3853***	0.4245***
	(2.7362)	(3.0014)	(2.7967)	(2.6996)	(2.9927)
lnAge	0.6948**	0.6294**	0.5888**	0.7281**	0.5629**
	(0.0142)	(2.2353)	(2.0769)	(2.5773)	(1.9913)
Lc	−0.2172***	−0.2191***	−0.2145***	−0.2232***	−0.2260***
	(−2.9967)	(−3.0396)	(−2.9822)	(−3.0719)	(−3.1667)
Gro	0.0130***	0.0132***	0.0128***	0.0128***	0.0125***
	(4.7604)	(4.8300)	(4.7253)	(4.6656)	(4.6268)
常数项	−2.7907***	−2.7568***	−2.6920***	−2.8088***	−2.6694***
	(−3.1979)	(−3.1770)	(−3.1043)	(−3.2195)	(−3.1105)
观测值个数	248	248	248	248	248
Hausman p 值	0.0000	0.0000	0.0000	0.0001	0.0000
F 值	3.6898	3.7263	3.7589	3.6360	3.8102
p 值	0	0	0	0	0

***、**、*分别表示在 1%、5%和 10%的水平下显著

首先，考虑中介变量和控制变量，在不加入解释变量的基础上，考察中介变量与控制变量对被解释变量的影响，回归结果如表 6.12 第 1 列所示，可以看到，除董事会领导特征外，5 个变量均与被解释变量显著正相关，且中介变量专利申请数，控制变量股权集中度、总资产周转率、企业成长性均在 1%水平上显著，企业年龄在 5%水平上显著，控制变量董事会领导特征与被解释变量企业绩效负相关，且在 1%水平上显著。

其次，在中介变量和控制变量的基础上，分别引入解释变量银行信贷、股权融资、政府补贴单独对被解释变量回归，结果如表 6.12 中 2~4 列所示，探究资金支持对我国光伏上市公司的影响。其中银行信贷系数为 0.0255，表明银行信贷与光伏企业绩效正相关，且在 10%水平上显著，但系数较小，表明影响程度不大；股权融资系数为 0.1132，表明股权融资与光伏企业绩效正相关，且在 5%水平上显著。政府补贴系数为负，但回归不显著。

最后，考虑包含全部解释变量、中介变量、控制变量的完整模型，回归结果如表 6.12 最后一列所示。对面板模型进行 Hausman 检验，$p=0.000<0.001$，表示在 1%水平上显著拒绝原假设，选择固定效应模型。在完整回归中，第 5 列各解释变量系数和显著性与第 2、第 3 和第 4 列相比变化不大。中介变量技术创新与被解释变量企业绩效正相关，且在 10%的水平上显著，但系数较小，仅为 0.0573，表明技术创新显著提高了我国光伏上市公司绩效水平。TFP 的提高是技术进步的重要体现，TFP 的提高会带来生产成本的大幅下降，如金刚线的国产化为国内光伏硅片制造领域带来了明显的成本、效率和环保优势，为光伏发电成本的下降做出了突出贡献，因此我国光伏企业需重视技术创新，持续加大研发投入，并提高技术创新产出。

前述章节中构建了以技术创新为中介变量的中介效应模型，并解释了中介效应作用路径，根据分析，需要验证系数 a、b、c 的显著性，整理表 6.7、表 6.8 和表 6.12 的回归结果，如表 6.13 所示。

表 6.13 中介效应检验表

模型	被解释变量	解释变量	回归系数		t 值
模型一	Y	lnBankC	0.0325**	(c_1)	2.5355
		lnEquf	0.1561**	(c_2)	1.9492
		lnGovf	−0.0291*	(c_3)	−1.6934
模型二	lnTech	lnBankC	0.1502***	(a_1)	4.9513
		lnEquf	0.4516***	(a_2)	4.0012
		lnGovf	0.0476	(a_3)	1.3949
模型三	Y	lnBankC	0.0228*	(c'_1)	1.6717
		lnEquf	0.1408**	(c'_2)	2.4354
		lnGovf	−0.0314*	(c'_3)	−1.8383
		lnTech	0.0573*	(b)	1.9659

注：模型一、模型二和模型三分别对应式（6.4）、式（6.5）、式（6.6）
***、**、*分别表示在 1%、5%和 10%的水平下显著

稳健性检验回归系数如表 6.14 所示，模型二和三的政府补贴系数没有通过显著性检验；进一步进行中介效应 Sobel 检验，结果如表 6.15 所示，检验值 Z=0.9872>0.97，表明中介变量技术创新的中介效应成立，与主回归结论保持一致，验证了主回归的稳健性。

表 6.14 稳健性检验

变量	模型一 Y	模型二 lnTech	模型三 Y
lnBankC	0.1161***	0.1795***	0.0729*
	(2.8620)	(5.9065)	(1.6564)
lnEquf	0.4138**	0.6399***	0.3192*
	(2.2667)	(5.7058)	(1.7277)
lnGovf	−0.0938*	0.0371	−0.1130
	(−1.7278)	(0.9442)	(−2.0819)
lnTech			0.2200**
			(2.3932)
Econ	0.5554	1.8561***	0.0589
	(0.5599)	(2.8174)	(0.0588)
Tato	1.6780***	0.0425	1.7269***
	(3.7714)	(0.1366)	(3.9223)
lnAge	−0.2800	0.4896	0.0006
	(−0.3126)	(1.6307)	(0.0006)
Lc	−0.4422*	−0.2654	−0.4097*
	(−1.9441)	(−1.6353)	(−1.8191)
Gro	0.0034	0.0001	0.0029
	(0.3984)	(0.0213)	(0.3462)
常数项	−1.2641	−1.2493	−2.0834
	(−0.4660)	(−1.2403)	(−0.7708)
观测值个数	248	248	248
F 值	2.5341	14.8206	2.6615
p 值	0	0	0

***、**、*分别表示在 1%、5%和 10%的水平下显著

表 6.15 稳健性检验（中介效应检验表）

模型	被解释变量	解释变量	回归系数		t 值
模型一	Y	lnBankC	0.1161***	(c_1)	2.8620
		lnEquf	0.4138**	(c_2)	2.2667
		lnGovf	−0.0938*	(c_3)	−1.7278
模型二	lnTech	lnBankC	0.1795***	(a_1)	5.9065
		lnEquf	0.6399***	(a_2)	5.7058
		lnGovf	0.0371	(a_3)	0.9442
模型三	Y	lnBankC	0.0729*	(c'_1)	1.6564
		lnEquf	0.3192*	(c'_2)	1.7277
		lnGovf	−0.1130**	(c'_3)	−2.0819
		lnTech	0.2200**	(b)	2.3932

***、**、*分别表示在1%、5%和10%的水平下显著

6. 实证结果分析

在6.1节中提出了4条假设，根据上述回归结果，H1中银行信贷和股权融资能够对我国光伏上市公司绩效产生正向影响成立，政府补贴系数为负，即H1中政府补贴能够对我国光伏上市公司绩效产生正向影响不成立。资金支持中银行信贷、股权融资和政府补贴三条路径均能对我国光伏上市公司的技术创新产生正向影响，H2成立。技术创新作为中介变量，调节了资金支持对我国光伏上市公司绩效的正向影响，有利于我国光伏上市公司绩效的提高，在资金支持的三种路径中均表现出中介作用，且在政府补贴影响企业绩效过程中表现为遮掩效应，H3与H4成立。

银行信贷作为一种资金支持手段，为我国光伏上市公司技术创新研发提供资金支持，而技术创新产出可以提高企业绩效，即技术创新在银行信贷提高光伏企业绩效过程中发挥部分中介作用。作为一种重要的资金来源，银行信贷在所选样本资金支持中占比高达50%以上。光伏企业一味追求规模扩张造成了产业内恶性循环发展。2012年我国光伏产业遭遇行业寒冬，美国与欧盟均对我国光伏产业进行反倾销调查立案；国内多家多晶硅企业停产；行业出现严重产能过剩问题。在此背景下，银行出于自身资金与经营安全的考虑，收紧对光伏企业的放贷口。经过几年的发展与调整，光伏产业逐渐回暖，各银行也逐渐放松对光伏企业的放贷要求。2014年，招商银行信用风险管理部发布了《光伏行业信贷指导意见》，意见认为，银行业介入光伏发电行业已具有较大空间和前景，招商银行也将"光伏电站行业"定为"适度进入类行业"，在综合考虑上网条件、工程造价、股东实

力等因素的基础上,适度进入,择优支持。随后在央行鼓励新兴产业发展的背景下,各大银行也逐渐推出"光伏贷"以支持光伏产业的发展,2014年银行信贷占比曾高达77.3%。

银行为光伏企业提供资金支持,银行为了确保自身的经营安全,将对申请信贷企业的信贷资质进行严格审查,并对授信额度和后续资金使用进行监管,以确保企业能够按时偿还其信贷本息。企业凭借自身信用获得信贷额度,因此企业有树立与保持良好信用形象的动力。为了保持自身良好形象,企业降低无效率投资,扩大创新投入,运用技术创新产出改善企业的管理和生产工艺,从而创造更先进的产品或服务,以满足不断变化的市场需求,争夺市场份额,激发活力,为企业发展带来新的增长动力。因此,形成了如图6.6所示的闭合循环。

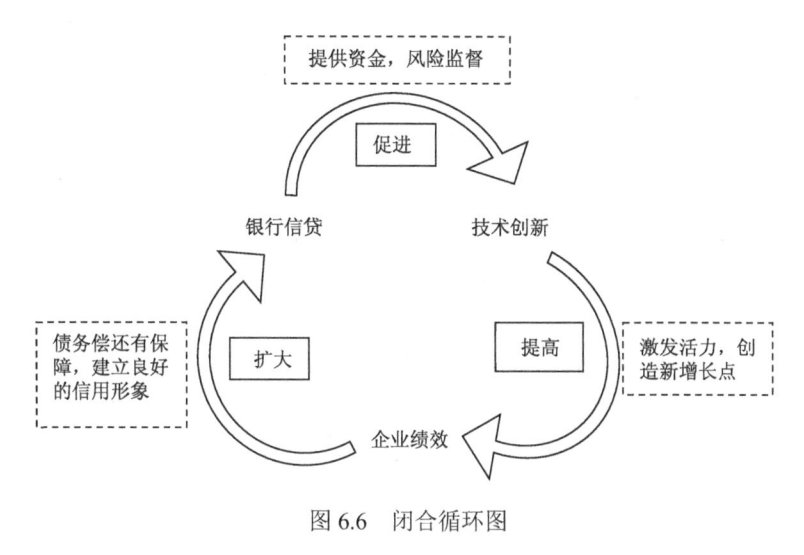

图6.6 闭合循环图

股权融资作为资金支持的一种途径,是光伏企业的重要资金来源,通过股权融资,光伏产业上市公司的技术创新能力得到了显著提升,从而有效提高了光伏企业的绩效,同时技术创新也在一定程度上起到了中介作用。企业在证券市场发行股票为企业提供了成本相对低廉的资金来源,使企业在技术创新和持续运营方面获得稳定的资金支持,从而促进创新活动的成功和创新成果的有效转化。证券市场是我国资本市场的重要组成部分,对促进国家经济发展有着至关重要的作用,也能对社会资源配置进行调控,上市公司需要受到投资者监管,从而使企业在制定决策时更加审慎和合理,有助于提高企业绩效。

政府的补贴推动了光伏企业在技术创新方面的能力提升,然而,技术创新所带来的好处只能部分掩盖政府补贴对企业绩效的负面影响,技术创新的中介作用则表现为遮掩效应。

第 3 章主要从中央政府和各个部委的政策着手，但是实际的补贴更多地由地方政府来发放。财政分权体制让地方政府对产业的发展有更多的经济自主权，地方政府强势扶持光伏产业这一战略性新兴产业的发展，却可能造成成本-收益扭曲和生产要素扭曲。为了推动光伏产业的可持续发展，地方政府不仅致力于集中资源培养龙头企业，树立绿色发展的形象，同时还加大了补贴投入，以吸引更多的企业进入该产业，从而扩大产业规模。在短时间内，全国有超过 30 个省份将光伏产业列为优先发展的领域，同时上百个城市也在积极推进光伏产业基地的建设。过度的补贴可能导致产业的过度投资。而且一些政府对光伏企业部分补贴的发放和使用监管不到位，还会导致寻租和骗补行为的发生。此外，早期的一些补贴还可能被用于企业的生产扩张和低技术门槛的项目中，这使得政府补贴的使用效率低下，最终阻碍了光伏企业效益的提升。一些研究认为，地方政府的政策对光伏产业发展带来的影响并不都是积极的[70,71]。

尽管第 4 章的研究表明政策并非导致产能出现波浪式过剩的主要因素，仍有其他因素需要考虑。在第 3 章的研究中发现，光伏政策群 1 的主要目的是促进光伏技术的广泛应用，这一政策导向的实施将有助于企业规模的扩大。根据 14 家光伏上市企业的投资数据，有研究指出，政府补贴在 2009 年至 2013 年期间持续攀升，而光伏产业的投资规模增速也高达 38.72%，远超过传统行业的增长水平[72]。政府补贴与产业成本之间的黏性关系的相关研究表明，企业通常会将政府补贴投资于扩大生产的项目，以获得政府后续的补贴资金[73]。因此，政府补贴成为光伏企业进行投资决策时的重要考虑因素。所以在特定阶段的补贴，有可能降低光伏投资和光伏企业的经济效益。

6.5 本章小结

本章研究了政府补贴对光伏企业创新的影响。尽管政府补贴对光伏企业创新有积极的促进作用，但是对光伏企业经营绩效的影响，不如银行信贷和股权融资的市场化资金支持方式。第 3 章对光伏政策的动态演化分析中，政策群 2 主要强调的就是市场化。光伏政策和市场机制形成互补，才能更好地发挥作用。本章研究的是政府直接补贴的影响，结合第 4 章中提到了政府政策缓解了光伏企业的融资约束问题，光伏政策对光伏创新的促进作用是毋庸置疑的。本章的研究表明地方政府如何科学落实中央政府的产业政策，是一个重要的问题和课题。当然光伏企业创新还受到了外部环境的影响，下一章将研究光伏政策和区域创新体系的耦合作用。区域创新体系对光伏创新的作用则进一步表明，地方在发展光伏等产业的时候，更要充分考虑区域的发展特征和科技实力。

第7章　光伏政策与区域创新体系耦合机制

考虑到我国区域经济、科技发展不平衡的现状和国情，区域创新体系发育程度和区域创新能力存在显著差异[74]。企业的创新活动受到区域创新体系的显著影响[75]。因此，对于同样的产业政策，不同区域的企业受到区域科技资源、创新能力、创新网络等影响，对光伏政策的反应不同，同样的研发活动所取得的成效也不同。因此，在研究产业政策对光伏企业创新的影响时，需要对企业所处的区域创新体系特征加以充分考虑。

故本章选取沪深 A 股中的 41 家光伏上市企业作为研究对象，并在梳理了我国政府部门发布的 285 项光伏产业政策的基础上，以 2009~2020 年为时间跨度建立面板数据模型，实证研究了我国光伏产业政策对企业创新绩效的影响作用，并引入区域创新体系这一异质性因素检验其在影响路径中的调节作用。

7.1　研究设计

7.1.1　研究假设

1. 产业政策对光伏企业创新绩效的影响假设

技术创新是驱动光伏产业发展的核心要素。由于光伏自身的产业特性，其创新活动需要大量创新资源的投入与支持，且其创新过程具有高度的不确定性和风险性，再加之企业创新活动存在技术外溢的外部性问题，这些都会导致光伏企业创新活力不足。此时，需要政府通过产业扶持政策，降低企业创新活动的不确定性并纠正技术外溢的外部性问题，从而刺激微观企业的创新意愿，增加研发投入，提高技术创新水平。

以往学者多将产业政策分成"供给面、需求面、环境面"三个维度来研究产业政策对企业创新的作用机制[76,77]。在供给层面，光伏产业政策主要通过研发补贴、税收优惠、人才培养及信息服务等支持措施为微观企业研发提供支持。产业政策工具在技术研发和产业化间建立起联系机制，促进企业进行知识要素向物质要素的转化，加速光伏企业的创新进程。例如，"金太阳示范工程"通过给予光伏发电关键技术产业化适当的补助或贴息，以支持光伏发电技术在各领域的示范应用。在需求层面，产业政策主要通过税收减免、上网电价补贴、政府采购、并网补贴等方式为光伏产业创造应用市场，以降低市场不确定性和产品的市场准入成本，通过扩大市场需求间接影响企业创新活动。例如，上网电价补贴政策为光伏产业的投资者塑造了较为稳定的光伏发电应用市场，为投资者提供了较大的市场信心，从而使其产生了更大的创新投资意愿。在环境层面，产业政策利用资金支持、税收优惠、法规管制及目标规划等方式为光伏产业的技术发展、产品化及市场化指明方向，为企业提供良好的政策环境。

但也有学者认为，光伏产业政策对企业创新绩效具有抑制作用。他们认为光伏产业政策存在涉及的财政补贴政策过多、政策内容单一、项目维持监管力度薄弱、研发政策不足等问题。政府的财政补贴对微观光伏企业的研发投入具有挤出效应，这将增加研发要素的边际价格，导致研发投资的路径依赖，甚至有可能引发企业产生为了迎合政府监管的寻租行为，这将严重损害企业的创新能力及创新绩效。例如，2009年的"太阳能屋顶计划"和"金太阳示范计划"两个补贴计划均采取的事前补贴的方式，既缺乏对光伏企业创新的激励，又缺乏对项目建成后电站质量的验收和监督，导致部分企业骗补贴、拖工期、以次充好等乱象频发，造成企业间的无序竞争和产能过剩。产能过剩进一步抑制企业创新投资的意愿，不利于光伏产业创新可持续发展。

概而言之，如图7.1所示，产业政策对光伏企业创新绩效的作用效果可能为正，也可能为负。因此，研究产业政策对微观光伏企业的创新绩效的实施效果是否真正有效是有意义的，需要我们认真思考并验证。所以本章结合区域特征，提出以下研究假设。

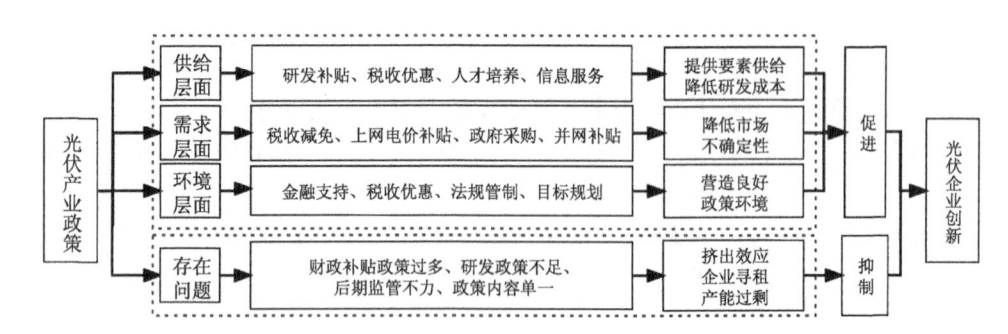

图 7.1 光伏产业政策对企业创新绩效的作用机理

产业政策对我国光伏企业的创新绩效无显著性的影响（H1a）。
产业政策对我国光伏企业的创新绩效有显著性的正向影响（H1b）。
产业政策对我国光伏企业的创新绩效有显著性的负向影响（H1c）。

2. 区域创新体系的调节作用假设

光伏企业的创新活动依赖于其内部与外部环境之间的良性互动，光伏产业政策对企业创新绩效的作用效果除受微观企业不同的内在属性影响外，也可能受企业所在的不同区域创新体系环境的影响。同样的产业政策在不同区域环境体系的地区产生的作用效果可能截然不同。江苏、浙江及广东为我国的光伏产业强省，在相同的国家产业政策的引领下，为何它们可以做到出类拔萃，这离不开其自身良好的区域创新环境。创新体系优质的地区，其区域内企业多倾向于高研发投入，设计能力、技术提升能力及新产品的综合销售能力都较强，光伏企业高效利用产业政策的支持、引领作用，逐步形成区域高创新能力和产业政策高利用效率的良性循环，从而进一步推动省内光伏企业创新绩效的提升，推动光伏产业创新高质量发展。而反观部分地区，在发展光伏产业时未能充分考虑自身区域的具体条件，为完成政策指标而争上光伏发电项目，盲目扩大投资规模，导致重复建设，产能过剩现象严重。区域创新体系无法有效支撑产业政策真正落地。

所以，光伏企业所在的区域创新体系不同是否会影响到产业政策对其创新绩效的作用路径需进一步研究。故本章提出如下研究假设。

区域创新体系在产业政策对企业的创新绩效的作用路径中没有显著性的调节效应（H2a）。

区域创新体系在产业政策对企业的创新绩效的作用路径中具有显著性的正向调节效应（H2b）。

区域创新体系在产业政策对企业的创新绩效的作用路径中具有显著性的负向调节效应（H2c）。

3. 模型构建

本章分析我国光伏产业政策对光伏企业的创新绩效有何作用效果，以及区域创新体系的差异性是否会影响产业政策对光伏企业创新绩效的传导效果。我们在实证模型中引入时间序列，并将多个企业作为样本分析，所以运用的实证模型需具备描述每个企业发展情况因时间变化而形成规律的能力。基于以上需求，本章选择构建面板数据模型进行分析。

为了验证 H1a~H1c，即产业政策对光伏企业创新绩效的作用效果，本章首先构建如下面板数据模型（7.1）：

$$\text{Patent}_{it} = \beta_0 + \beta_1 \text{IP}_{t-1} + \sum \gamma_i \text{CV}_{it} + \varepsilon \tag{7.1}$$

其中，被解释变量为企业创新绩效 Patent_{it}；解释变量为产业政策 IP_{t-1}；CV_{it} 为控制变量；β_0 为截距项；β_1、γ_i 为各变量的估计系数；ε 为随机误差项（下同）。

为了体现政策实施的滞后性影响，对 IP 进行滞后一期处理。当 β_1 不显著时，H1a 成立；当 β_1 显著为正时，H1b 成立；当 β_1 显著为负时，H1c 成立。

为了验证 H2a~H2c，即区域创新体系这一因素在产业政策对光伏企业创新绩效传导过程中的调节效应，本章构建如下模型（7.2）：

$$\text{Patent}_{it} = \beta_0 + \beta_1 \text{IP}_{t-1} + \beta_2 \text{EI}_{it} + \beta_3 \text{IM}_{it} + \beta_4 \text{IP}_{t-1} \times \text{EI}_{it} + \beta_5 \text{IP}_{t-1} \times \text{IM}_{it} + \sum \gamma_i \text{CV}_{it} + \varepsilon \tag{7.2}$$

其中，EI 和 IM 为区域创新体系的测度变量，β_2 和 β_3 分别是它们的估计系数。调节效应的检验逻辑为：检验区域创新体系对产业政策与企业创新绩效间的关系是否具有调节作用，就是检验式（7.2）中产业政策和区域创新体系交互项的系数 β_4 和 β_5，如果预期式（7.2）中交互项的系数 β_4 和 β_5 存在显著性，则表明区域创新体系在研究路径上存在调节效应。

4. 光伏产业政策梳理和企业样本选取

中国光伏产业自 20 世纪 90 年代初见端倪，政府部门为支持产业发展开始制定出台相关政策。但初期国内的光伏市场发展未完善，政策仍处于调整阶段，多以鼓励扶持光伏发电产业化为主要目的。2009 年，政府部门开始实施"金太阳示范工程"，出台了众多政策以推动光伏产业应用。后随国内光伏市场的快速发展，我国政策也随产业链的完善而逐渐稳定，政策开始以鼓励应用端发展及提高产业整体创新绩效为主要目的[78]。本章选择的时间跨度为 2009 年至 2020 年，共收集整理了 285 份国家层面与光伏产业有关的产业政策（图 7.2），基本上覆盖了这一时间段的所有光伏产业政策，文本来源于北大法宝数据库，以及国家能源局、国家发展和改革委员会、财政部、中国光伏行业协会等部门及行业网站。

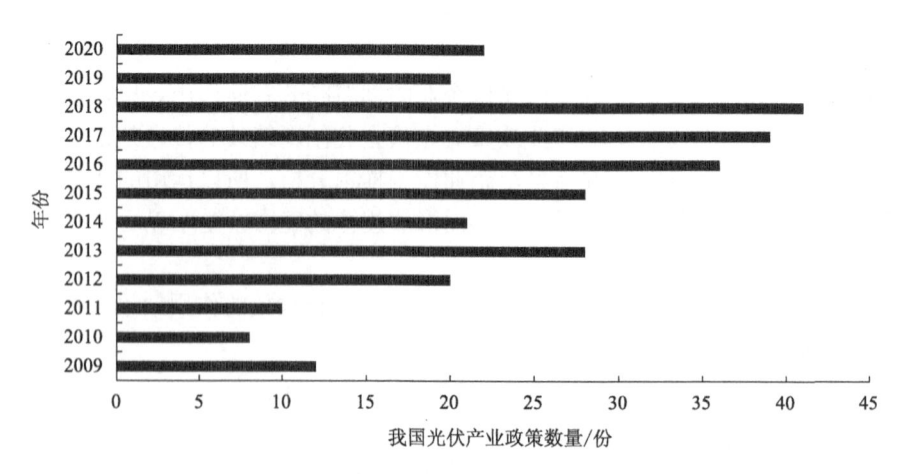

图 7.2　2009~2020 年我国光伏产业政策数量

本章选取上海证券交易所和深圳证券交易所 A 股上市的光伏企业作为研究对象。在选取过程中，本章选取了主营业务涉及光伏产业生产制造环节的上市企业，共计 74 家，后剔除了样本期间内被特别处理、连续三年亏损被退市警告以及上市时间不满三年的企业样本数据。经过筛除，还剩余 41 家光伏企业作为研究样本。研究样本中专利数据从国家知识产权局中的专利检索系统获取，企业其他特征变量数据来源于国泰安数据库以及各上市企业的年度报告，省域层面的数据来源于《中国区域创新能力评价报告》。

7.1.2 变量定义与测度

1. 被解释变量

企业创新绩效。本章用来测度被解释变量企业创新绩效的数据为光伏企业样本的历年发明专利申请量。专利数据是度量企业创新能力的有效方法，虽然部分学者认为专利数量在经济影响效力方面具有较大的差别，并不是所有的专利都具备有效的经济价值。但专利数量是测度企业创新绩效的最直接、客观体现，且专利数据可以通过数据库获取，不存在定义不准确和企业间因研发数据未披露而缺乏可比性的问题，且专利是由国家知识产权局专利局审查授予的，根据国际专利分配计划进行统一分类，其中包含大量创新信息。而且，专利计数方法被多次用于以往许多估计技术变化的研究中，是研究学者普遍认可的测度指标。

2. 解释变量

（1）产业政策。选取中国历年中央政府和有关部委出台的有关光伏产业的政策文本数量测度产业政策。已有研究测度产业政策的方法主要有以下几种：一是使用政府补贴和税收减免等数据[79,80]，这些数据由于统计不准确，相应的估算结果会存在一定的误差。二是对产业政策分维度制定赋值标准进行量化打分[81,82]。但这种方法或多或少涉及主观性，不同的赋值标准或不同的打分主体都会使测度结果产生差异，进而可能导致研究结果具有一定的不确定性。三是使用政策文本数量测度产业政策[83,84]。考虑到政府密集出台光伏产业政策这一现实情况，产业政策数量在一定程度上可以反映政府对光伏产业的重视情况，故本章选择用政策文本数量来测度产业政策。本章在稳健性检验部分，还采用 4.1 节的光伏产业政策情感量化数据替代政策文本数量测度产业政策，以验证本章使用政策文本数量测度产业政策的合理性。

（2）区域创新体系。区域创新体系会影响产业政策对光伏企业创新绩效的传导效果，选取《中国区域创新能力评价报告》中区域创新能力中的企业创新和创新环境指标得分测度解释变量区域创新体系。在以往的研究中，《中国区域创新能力评价报告》的指标被广泛运用于研究区域创新体系，具有很好的学术参考价值。根据报告中五个指标的评价原则及我们研究的具体问题，最终选择与微观企业及区域创新体系联系最紧密的"企业创新"和"创新环境"两个二级指标来度量我国各省域的区域创新体系。"企业创新"下包括企业研究开发投入、设计能力、技术提升能力及新产品销售收入四个综合指标，用来衡量一个地区内企业应用新知识、开发新技术、利用新工艺，以及制造新产品的能力；"创新环境"下包括创新基础设施、市场环境、劳动者素质、金融环境及创业水平五个综合指标，用来衡量一个地区为技术的产生、流动与应用提供相应环境的能力。

3. 控制变量

（1）企业规模。选择用员工总数的自然对数和企业资产总额的自然对数来控制对企业规模的影响。通常认为，大规模的企业比中小型企业更能承受创新风险，因为它们在业务运营和科研创新资源获取方面更具规模效应，所以它们会具有更强烈的意愿开展研发创新活动以保持自己在市场上的竞争优势，扩大自己的市场占有率，故产业政策对规模大的企业的创新绩效效果更明显。但也有研究认为小规模的企业可以从行为特征上取得自己的专属优势，可更有效地使用外部知识资源，运用利基战略思想维持自身高技术的创新[85]。

（2）研发投入。选取企业研发投入占营业收入的比例作为度量研发投入对企业创新绩效影响的指标[86]。从一个企业历年的研发投入中可看出该企业研发活动的活跃程度。通常认为，企业增加研发投入有利于其自身科技知识的累加，企业运用创新知识展开研发活动，进而提高其自身的创新绩效。

（3）企业年龄。采用企业上市注册成立年限作为测度企业年龄对创新绩效影响的指标。依据生命周期理论，在企业发展这一动态演化过程中，企业年龄是影响企业成长性的重要因素之一[87]。通常认为，新上市的企业存在持续创新激励，创新活力更强，具有较优的企业创新绩效，在一定年限内，企业的创新激励随年龄的增长呈"U"形分布趋势，但超过一定年限，企业的持续创新激励会逐渐减弱。

（4）高管股权激励。采用高管持股的总数占企业总股本的比例来测度高管股权激励。高管股权激励可以有效减少高管和股东之间的委托代理问题，还可增强管理层的风险共同承受能力，激发管理层为获取更高收益而从事长期的企业研发创新的主动性，做出创新发展绩效最大化的科研投资决策[88]。

（5）企业经营。本章采用产权比率来测度企业经营。已有研究表明，良好的企业经营能力有利于企业创新能力和创新质量的提升，同时企业研发投入预期会受经营业绩的影响[89]，当企业经营欠佳时，管理层会相应减少企业创新投入以降低财务风险，这不利于企业创新质量的提升。

综上所述，各研究变量定义与测度如表 7.1 所示。

表 7.1 研究变量定义与测度

变量类型	变量名称	变量代码	变量测度
因变量	企业创新绩效	Patent	专利申请量
自变量	产业政策	IP	产业政策总数
	区域创新体系	EI	企业创新指标
		IM	创新环境指标
控制变量	企业资产总额	Assets	企业资产总额的自然对数
	员工人数	NOE	企业员工总数的自然对数
	研发投入	R&D	研发投入/营业收入
	企业年龄	Age	t 期年份－上市公司注册成立年份
	产权比率	EQR	负债总额/所有者权益总额
	高管股权激励	MEL	高管持股总数/企业总股本

7.2 实证结果分析

7.2.1 产业政策对企业创新绩效的回归分析

由于面板回归通常涉及三个模型，分别是混合 OLS（ordinary least square method，普通最小二乘法）模型、随机效应估算模型和固定效应估算模型，因此我们针对研究假设 H1a~H1c、面板数据式（7.1）依次进行 F 检验、BP（Breusch-Pagan）检验及 Hausman 检验，检验结果如表 7.2 所示。

表 7.2 式（7.1）F 检验、BP 检验及 Hausman 检验结果

检验类型	检验值	检验结论
F 检验	$F(40,399)=9.899, p=0.000$	固定效应估计模型
BP 检验	$\chi^2(1)=353.438, p=0.000$	随机效应估计模型
Hausman 检验	$\chi^2(6)=18.448, p=0.005$	固定效应估计模型

从表 7.2 检验结果可知：F 检验中 $p=0.000<0.05$，呈现出 5%水平的显著性，可见相对于混合 OLS 模型而言，应选择固定效应估计模型。BP 检验中 $p=0.000<0.05$，呈现出 5%水平的显著性，意味着相对于混合 OLS 模型，选择随机效应估计模型更优。Hausman 检验中 $p=0.005<0.05$，呈现出 5%水平的显著性，所以相

对于随机效应估计模型，应选择固定效应估计模型。根据检验结果，本章最终选择固定效应估计模型进行回归分析，这也恰好在一定程度上缓解了因遗漏变量而产生的内生性问题。产业政策对光伏企业创新绩效的回归结果如表 7.3 所示。

表 7.3 产业政策对光伏企业创新绩效的回归结果

变量	系数	标准误差	t 值	p 值
IP	0.349**	0.146	2.40	0.017
Assets	0.386***	0.110	3.51	0.000
NOE	−0.031	0.130	−0.24	0.815
R&D	0.166	0.149	1.12	0.266
Age	−0.906***	0.335	−2.71	0.007
EQR	0.028	0.03	0.94	0.348
MEL	−0.014*	0.007	−1.93	0.055
R^2(组内)=0.078				

*、**、***分别表示在 10%、5%和 1%的水平下显著

结果显示，产业政策对光伏企业创新绩效具有显著的正面影响（$\beta_1 = 0.349$，$p = 0.017 < 0.05$），表明 H1b 成立。政府制定出台的一系列与光伏产业有关的产业政策有助于在一定程度上减弱企业研发活动的负外部性，激发光伏企业的创新活力，进而有效地提高企业创新绩效。与第 6 章不同，本章采用的政策变量是中央政府和有关部委发布的政策数量。进一步说明，光伏政策发挥作用的路径不是通过补贴，而是政策的引导作用。

观察控制变量的结果，发现企业资产总额的自然对数对企业创新绩效具有显著的正向影响，可见相对于资产总额较小的光伏企业，资产总额较大的企业在业务运营和科技创新获取方面更易形成规模效应，便更愿意主动开展科研创新活动以提升自身的竞争优势，占据市场份额，故产业政策对资产规模较大的企业的创新绩效影响效果更明显。员工人数的自然对数对企业创新绩效具有不显著的负向影响。研发投入与企业创新绩效之间呈现不显著的正向影响。光伏企业增加研发投入力度以增强企业创新活力，积累科研知识，提高自身创新绩效。产权比率与企业创新绩效之间呈现不显著的正向关系。企业年龄和高管股权激励对企业的创新绩效呈现显著的负向影响。通常情况下，新上市的企业存在创新激励，具有较强创新活力，而随着年龄增长，企业的持续创新激励逐渐减弱，不利于企业创新绩效的提升。过高的高管股权激励可能激化个人腐败问题，甚至造成创新资源浪费，此时便不利于企业创新发展。

7.2.2 区域创新体系的调节效应回归分析

我们针对 H2a~H2c、面板数据模型式（7.2）依次进行 F 检验、BP 检验及 Hausman 检验，检验结果如表 7.4 所示。

表 7.4 式（7.2）的 F 检验、BP 检验及 Hausman 检验结果

检验类型	检验值	检验结论
F 检验	$F(40,432)=10.075, p=0.000$	固定效应估计模型
BP 检验	$\chi^2(1)=357.387, p=0.000$	随机效应估计模型
Hausman 检验	$\chi^2(10)=31.804, p=0.000$	固定效应估计模型

结果显示：F 检验中 $p=0.000<0.05$，呈现出 5%水平的显著性，可见相对于混合 OLS 模型而言，应选择固定效应估计模型。BP 检验中 $p=0.000<0.05$，呈现出 5%水平的显著性，意味着相对于混合 OLS 模型，选择随机效应估计模型更优。Hausman 检验中 $p=0.000<0.05$，呈现出 5%水平的显著性，所以相对于随机效应估计模型，应选择固定效应估计模型。根据检验结果，选择固定效应估计模型进行回归分析。

区域创新体系在产业政策对光伏企业创新绩效的作用过程中的调节效应检验的回归结果如表 7.5 所示。

表 7.5 区域创新体系在产业政策对光伏企业创新绩效的作用过程中的调节效应检验的回归结果

变量	系数	标准误差	t 值	p 值
IP	0.511***	0.164	3.10	0.002
EI	−1.078*	0.586	−1.84	0.067
IM	0.935	0.624	1.50	0.135
IP×EI	0.943***	0.344	2.74	0.006
IP×IM	−0.947***	0.361	−2.63	0.009
Assets	0.426***	0.1	4.27	0.000
NOE	0.002	0.123	0.02	0.985
R&D	0.084	0.136	0.62	0.537
Age	−1.069***	0.296	−3.61	0.000
EQR	0.024	0.029	0.82	0.413
MEL	−0.007	0.006	−1.05	0.296
R^2(组内)=0.145				

*、***分别表示在 10%、1%的水平下显著

从回归结果可看出，交互项 IP×EI 的回归系数显著为正（$\beta_4 = 0.943$, $p = 0.006 < 0.01$），说明区域创新体系中的企业创新能力对产业政策与光伏企业创新绩效具有显著的正向调节效应，这一结果符合 H2b。这表明，企业创新能力较强地区，其区域内企业多倾向于高研发投入，且设计能力、技术提升能力以及新产品的综合销售能力都较强。光伏企业为满足自身较高的研发创新习惯与要求，便愿意更加积极主动地去了解、配合并利用产业政策以增加自身研发投入、提高其创新水平，这时便有利于提高该省域的产业政策利用效率。而且相比于企业创新能力弱的地区的企业，创新能力强的地区的企业可能在申请国家更大额度的财政补贴上更具优势，此时就形成了区域高创新能力和产业政策高利用效率的良性循环，从而推动光伏企业创新绩效的提升。

而交互项 IP×IM 的回归系数显著为负（$\beta_5 = -0.947$, $p = 0.009 < 0.01$），表明区域创新体系中的创新环境指标，在产业政策对光伏企业创新绩效的作用路径中具有负向的调节效应，在创新环境相对优越的省域，产业政策对光伏企业创新绩效的作用效果会被显著性地削弱，这一结果符合 H2c。在创新环境较好的区域内，其创新基础设施、市场环境以及金融环境都较为成熟、完善，该区域的光伏企业已经拥有一套稳定且适合自己的研发创新规划以保证利润最大化，此时光伏产业政策的实施就可能会扭曲市场行为。光伏企业为了迎合国家政策要求，通常选择进一步加大研发投入力度，资金的过度投入不仅无法形成规模经济效应，还会引起资源的浪费，导致重复研发，降低资源配置效率。此时产业政策对光伏企业创新绩效的作用效果会被明显地削弱。

7.2.3 稳健性检验

1. 替代被解释变量

为检验本章研究结果是否具有稳健性，本章选择用专利授权量替代专利申请量度量被解释变量企业创新绩效，同样采用面板回归模型考察产业政策对企业创新绩效的关系以及区域创新体系的调节作用。由检验结果表 7.6、表 7.7 可知，除面板数据回归模型中个别变量的回归系数的正负号以及显著性水平有所变化外（是由于专利从申请到授权存在时间差，产业政策对光伏企业专利授权量的影响存在滞后效应），主要研究变量显著性和回归系数符号并未改变，说明原有的研究结论不存在由测量误差导致的内生性问题，基本结论是一致的，因此该模型估计的结果具有稳健性。

表 7.6 式（7.1）的稳健性检验结果（一）

变量	系数	标准误差	t 值	p 值
IP	0.366***	0.122	3.01	0.003
Assets	0.408***	0.091	4.49	0.000
NOE	−0.113	0.112	−1.01	0.311
R&D	0.134	0.122	1.09	0.275
Age	0.561**	0.245	2.29	0.023
EQR	−0.017	0.026	−0.66	0.507
MEL	−0.011*	0.006	−1.88	0.061
R^2(组内)=0.298				

*、**、***分别表示在 10%、5%和 1%的水平下显著

表 7.7 式（7.2）的稳健性检验结果（一）

变量	系数	标准误差	t 值	p 值
IP	0.693***	0.042	16.58	0.000
EI	−0.027**	0.014	−1.97	0.049
IM	0.008	0.007	1.04	0.301
IP×EI	0.556**	0.262	2.12	0.034
IP×IM	−0.503**	0.252	−2.00	0.046
Assets	0.201**	0.081	2.47	0.014
NOE	0.042	0.098	0.43	0.665
R&D	0.029	0.107	0.27	0.785
Age	−1.172***	0.234	−5.01	0.000
EQR	0.036	0.023	1.58	0.114
MEL	0	0.005	0.06	0.951
R^2(组内)= 0.145				

、*分别表示在 5%和 1%的水平下显著

2. 替代解释变量

为检验本章研究结果是否具有稳健性，本章借用第 4 章对光伏产业政策情感指标替代产业政策数量以测度光伏产业政策，同样采用面板回归模型考察产业政策对企业创新绩效的关系以及区域创新体系的调节作用。由检验结果表 7.8、表 7.9 可知，除面板数据回归模型中个别变量的回归系数的正负号以及显著性水平有所变化外，主要研究变量显著性和回归系数符号并未改变，基本结论是一致的，因此该模型估计的结果具有稳健性。

表 7.8 式（7.1）的稳健性检验结果（二）

变量	系数	标准误差	t 值	p 值
IP	0.341***	0.105	3.25	0.001
Assets	0.467***	0.1	4.68	0.000
NOE	−0.030	0.124	−0.24	0.810
R&D	0.100	0.137	0.73	0.466
Age	−0.900***	0.282	−3.19	0.002
EQR	0.020	0.029	0.70	0.488
MEL	−0.008	0.006	−1.18	0.239
R^2(组内)= 0.115			

***表示在1%的水平下显著

表 7.9 式（7.2）的稳健性检验结果（二）

变量	系数	标准误差	t 值	p 值
IP	0.395	0.3	1.317	0.189
EI	−1.077*	0.602	−1.789	0.074
IM	1.043	0.728	1.432	0.153
IP×EI	0.879**	0.351	2.505	0.013
IP×IM	−0.923**	0.392	−2.355	0.019
Assets	0.468***	0.1	4.688	0.000
NOE	−0.016	0.124	−0.128	0.898
R&D	0.104	0.137	0.758	0.449
Age	−0.934***	0.295	−3.162	0.002
EQR	0.026	0.029	0.887	0.376
MEL	−0.006	0.006	−0.994	0.321
R^2(组内)= 0.129			

*、**、***分别表示在 10%、5%和1%的水平下显著

7.3 研究结论与启示

本章选取沪深 A 股中 41 家光伏产业上市公司作为研究样本，采用专利申请量测度企业创新绩效，并在整理了 2009~2020 年我国 285 份光伏产业政策基础上，选取历年光伏产业政策数量测度产业政策，实证研究了光伏产业政策对企业创新绩效的影响和作用机制，又引入了区域创新体系这一重要因素作为调节变量，研究其对产业政策和光伏企业创新绩效的调节作用。得出了以下主要研究结论。

(1) 产业政策对光伏企业创新绩效具有显著的促进作用。中央政府制定出台的系列光伏产业创新政策极大地激活了市场活力,进而扩大了市场及需求,降低了光伏产业市场中的不确定性和研发活动的负外部性,增强了企业的创新活力,从而对企业创新绩效有显著的积极影响。

(2) 区域创新体系在一定程度上会对产业政策与企业创新绩效之间的关系形成显著的调节效应。区域创新体系的两个指标中光伏企业所在省域的企业创新能力和创新环境指标分别对产业政策与光伏企业创新绩效具有显著的正向调节效应和显著的负向调节作用。此结果在一定程度上也证明了之前学者关于产业政策对企业创新绩效的影响效应问题产生分歧的原因,可见评价产业政策的效应问题不可简单、绝对地归结为是与否的问题,需充分考虑各方因素在其中的调节作用。

(3) 继续增强政府扶持光伏企业的产业创新政策力度,制定出台一系列更合理有效、可操作性更强的产业政策。加大财政、金融及并网支持力度,并保持一定的稳定性与连续性,以使得光伏产业政策更好地作用于微观创新企业。除此之外,还要建立健全政府补助事前审批力度和事后监督评价制度,严厉打击企业构造虚假信息进行骗补的不良行为,并充分发挥政府补助的信号属性,对于具有巨大发展潜力但缺乏资金的企业重点补助,进而带动其他利益相关者协作支持;对有规定用途的专项补助资金政府要建立监督机制,由企业定期汇报情况,政府实时核实,严厉处罚光伏企业吃政策的不良行为,提升产业政策以创新产出为导向的命中率及靶向精准性。

(4) 重视区域创新体系的调节作用,实施有针对性的创新驱动型产业政策。目前,我国出台的光伏产业政策大多是普适性的,缺乏对区域创新体系和企业异质性的考量。而实际上我国各区域的创新体系具有较大差异,因此我国普适性的产业政策不能达到最优效果,在制定光伏产业政策时应协调区域创新体系。各地方政府部门要积极做好区域产业调研工作,根据各自地方的具体情况,有针对地布局新兴产业政策,避免盲目上项目、搞低水平的重复研发。应利用好创新环境的调节作用,加大对创新环境较薄弱的地区的光伏产业政策倾斜,优化资源配置,进而使得产业政策更好地推动光伏企业创新绩效的提升。而且光伏产业政策在制定过程中,还需关注到光伏企业自身真实的创新水平到底如何,应设定一定的行业准入硬性门槛,避免引起企业因政策诱导而跟风投入,进而拉低资源的配置效率。

(5) 光伏企业要加大自身创新投入力度,提升企业创新能力以增强产业政策对企业创新绩效的促进作用。研发投入是创新活动的起点,企业提升自身创新能力可以有效带动区域创新能力水平的提高,此时区域创新体系的调节作用使得产业政策可以更好地提升企业的创新绩效。而企业创新绩效的提高同时也能够为企业创新活动提供更强大的资金支持与保障,此时就形成了良性循环,有利于光伏企业和产业整体水平的提升，进而提高我国光伏技术创新水平。

7.4 本章小结

本章研究表明，光伏政策对企业创新的促进受到了区域创新体系差异的影响。产业政策制定和作用发挥要充分考虑外部环境的影响和约束，才能更加体现政策的科学性和政策目标的达成性。

创新可以推动生产力的发展。但是生产率的提高不仅仅来源于创新，还有可能是分工和贸易。出口是否促进了光伏产业生产率的提高，是衡量光伏出口促进政策作用的关键所在。

第8章 出口对中国光伏企业全要素生产率的影响

全球贸易信息系统数据显示，2008年我国成为全球最大的光伏产品出口国，在此后的16年间，连续蝉居榜首。我国光伏出口占据全球份额的半壁江山。而根据《补贴与反补贴措施协议》(Agreement on Subsidies and Countervailing Measures，SCM Agreement)，很多光伏政策可能被归入补贴的范畴。也正因如此，2011年下半年开始中国光伏产品屡遭国外反倾销和反补贴调查。一些企业的产品也因此被征收高额的关税。

企业异质性理论认为高生产率的企业更倾向于出口[90]。出口学习效应理论则认为企业出口可以促使其提高生产率，也存在所谓的出口学习效应[91]。这都说明出口企业可能有更高的生产率。

如果光伏政策促进了出口，而出口又能提高光伏产业的生产率，那么产业政策将能通过促进出口推动光伏产业发展。当然首先需要验证的是，出口是否促进了光伏企业生产率的提高。本章通过实证来分析这一问题，主要分为两个阶段，第一阶段是对我国光伏上市公司TFP的测算，第二阶段是探究出口对我国光伏上市公司TFP的影响作用。

8.1 模型设定与变量选取

8.1.1 模型设定

本章使用柯布-道格拉斯生产函数估计TFP，其表现形式为

$$Y_{it} = A_{it} L_{it}^{\alpha} K_{it}^{\beta} \tag{8.1}$$

其中，Y_{it}表示总产出；L_{it}表示劳动要素投入；K_{it}表示资本要素投入；A_{it}表示TFP。对上式取对数：

$$\ln Y_{it} = \alpha \ln L_{it} + \beta \ln K_{it} + \mu_{it} \tag{8.2}$$

由于TFP能够提高生产要素的边际产出水平，所以包含TFP的μ_{it}会与资本投入和劳动投入产生相关性，即残差项与回归项相关，如直接使用最小二乘法对式(8.2)进行估计，会产生同时性偏差与样本选择性偏差。进一步将残差项μ_{it}分解为$\mu_{it} = \omega_{it} + e_{it}$，其中$\omega_{it}$表示可能影响企业当前要素投入的部分残差项，$e_{it}$是真正的残差项，即将式(8.2)写为

$$\ln Y_{it} = \alpha \ln L_{it} + \beta \ln K_{it} + \omega_{it} + e_{it} \quad (8.3)$$

则 $TFP_{it} = \ln Y_{it} - \alpha \ln L_{it} - \beta \ln K_{it}$。目前学术界存在的七种 TFP 测算方法各有优劣，本章选取两种半参数估计方法——OP(Olley and Pakes)方法和 LP(Levy and Pu)方法对 TFP 进行测算，并在此基础上进行第二阶段的回归检验，使用 LP 方法测算的 TFP 做主回归被解释变量，使用 OP 方法测算的 TFP 做稳健性检验。

在对出口等可能影响光伏上市公司 TFP 的因素进行分析时，本章选择面板数据的固定效应模型，并固定该模型的时间效应，以控制时间的影响。基于影响机制分析，建立如下基准模型：

$$TFP_{it} = \beta_0 + \beta_1 EXP_{it} + \beta_k X_{it} + \varepsilon_{it} \quad (8.4)$$

其中，TFP_{it} 表示 i 企业 t 年的 TFP；EXP_{it} 表示 i 企业 t 年的出口情况；X_{it} 表示 i 企业在 t 年的其他控制变量。

8.1.2 样本选取与数据来源

1. 数据来源

本章使用的企业数据主要来源于国泰安数据库，主要包含资产负债表、利润表和现金流量表中的部分财务数据。在公司选择方面，在国泰安数据库下载全部上市公司主营业务和经营范围数据，使用"光伏"等关键词筛选主营业务，筛选出 12 家光伏上市公司，继续使用"光伏"等关键词筛选经营范围，挑选整理出主营业务只包括光伏的 18 家光伏上市公司。最终，本章选取沪深交易所 A 股上市的 30 家光伏企业作为研究对象，选择的时间跨度为 2015 年至 2021 年。

为了分析出口对光伏企业 TFP 的影响，本章统计了 30 家光伏上市公司的出口数据，出口数据来自国泰安数据库财务报表附注中损益项目的筛选，筛选标准为财务报表中分部标准中的按地区分部，出口数据为除中国以外的全部地区营业收入之和。此外，为了分析其他可能对光伏上市公司 TFP 产生影响的因素，本章还收集了研发投入金额、政府补贴、总资产、净利润率、员工人数等数据。

2. 描述性统计与 TFP 测算

本章主要变量的描述性统计同如表 8.1 所示。

表 8.1 主要变量描述性统计表

变量	符号	样本数	均值	标准差	最小值	最大值
总产出	$\ln Y$	209	21.881	0.929	19.475	24.518
资本	$\ln K$	209	21.642	1.271	18.481	24.637

续表

变量	符号	样本数	均值	标准差	最小值	最大值
中间投入	ln$M$	209	21.248	1.088	17.973	24.406
劳动力	ln$L$	209	7.786	0.858	5.659	9.775
投资	ln$I$	209	19.627	1.548	15.436	23.082
全要素生产率 LP	TFP_lp	206	15.612	0.641	14.163	17.315
全要素生产率 OP	TFP_op	206	10.322	0.487	8.852	11.631
净利润率	Roa	206	0.0350	0.227	−1.773	0.217
出口比例	Export	206	21.492	19.637	0.000	77.451
研发投入	R&D	206	18.375	1.406	11.125	21.785
政府补贴	Subsidy	205	17.159	1.383	11.113	20.232
企业规模	Scale	206	22.767	0.979	20.151	25.080

在估计 TFP 之前，本章首先对生产函数进行了估计，确定各生产要素对于产出的贡献。对于上市公司层面上资本存量和投资额的核算，使用 CSMAR 数据库中的"固定资产原值+在建工程=资本存量"衡量资本存量[92]；使用 CSMAR 数据库中的"购建固定资产、无形资产和其他长期资产支付的现金"作为 OP 方法的投资额；使用 CSMAR 数据库中的"购买商品接受劳务支付的现金"作为 LP 方法的投资额。在实际回归中将时间和企业固定作为控制变量，使用 Stata 测算 TFP[93]，具体结果如表 8.2 所示。

表 8.2 测算的 TFP 值

变量	OP	LP
	ln$Y$	ln$Y$
ln$L$	0.649***	0.200***
	(0.092)	(0.041)
ln$K$	0.299**	0.225***
	(0.153)	(0.070)
样本量	209	209

注：括号内为标准差

表示 $p < 0.05$，* 表示 $p < 0.01$

在回归结果中，OP 方法劳动要素系数要高于资本要素系数，而 LP 方法中，劳动要素系数略低于资本要素系数。测算得到的 TFP 描述性统计如表 8.3 所示。

表 8.3 TFP 测算结果描述性统计表

变量	样本量	均值	标准差	最小值	最大值
OP	209	10.350	0.488	8.872	11.651
LP	209	15.460	0.655	13.993	17.304

3. 影响因素分析

TFP 是无法被投入要素解释的总产出剩余，即 TFP 可以捕捉到影响产出水平的技术进步、要素配置、技术效率及其他各种影响因素的综合效应。根据前述分析，可以发现非劳动要素和非资本要素可能会对光伏上市公司的 TFP 产生影响，因此需要将它们纳入 TFP 影响因素分析模型中，根据光伏上市公司发展的实际情况，本章考虑以下可能影响到我国光伏企业 TFP 的因素。

出口学习效应理论认为出口会促进 TFP 的提升。一家公司开始出口，它可能会遇到挑战，这可能会影响其生产率水平。出口公司在国外市场的客户态度和偏好与国内市场不同，也存在文化和制度距离，还面临汇率波动以及全球/区域经济不确定性的影响。为了应对上述问题，企业建立了新的机制和惯例，以支持出口过程。通过这种方式，企业可以有效地管理与市场相关和与技术相关的外部知识流动，这两者都有助于改善生产率。因此，本章将出口比例作为解释变量进行考察。

由于生产过程中广泛存在规模经济和规模不经济，因此本章将企业规模作为可能因素进行考察。使用企业资产总额描述企业规模。

通常认为 R&D 会提高企业 TFP，且 R&D 可以反映一个企业的科技实力和核心竞争力。因此本章将 R&D 作为对光伏上市公司 TFP 可能的影响因素。

光伏产业已经成为我国处于国际领先地位的新兴产业，而在光伏产业发展过程中，我国政府也对光伏企业给予了大量补贴，这些补贴是否促进了我国光伏上市公司 TFP 的提高自然成为本章关心的话题。因此本章将政府补贴作为对光伏上市公司 TFP 可能的影响因素。

净利润率能体现一家企业的盈利水平与经营能力，因此本章将净利润率作为对光伏上市公司 TFP 可能的影响因素。

本章将出口比例、企业规模、研发投入、政府补贴、净利润率等作为可能的影响因素进行分析。综上所述，各研究变量定义与测度如表 8.4 所示。

表 8.4 变量定义与测度

变量类型	变量名称	变量代码	变量测度
因变量	全要素生产率 OP	TFP_op	OP 方法测算的 TFP
	全要素生产率 LP	TFP_lp	LP 方法测算的 TFP

续表

变量类型	变量名称	变量代码	变量测度
自变量	出口比例	Export	企业出口比例
控制变量	企业规模	Scale	企业资产总额取自然对数
	净利润率	Roa	企业净利润率
	研发投入	R&D	研发投入取自然对数
	政府补贴	Subsidy	政府补贴取自然对数
	人力资本	NOE	企业员工总人数取自然对数

8.2 实证结果分析

表 8.5 为基于面板数据固定效应模型回归的结果。为了检验本章结果是否具有稳健性,本章使用 LP 方法测算得到的 TFP 作为被解释变量,使用面板回归模型考察出口对我国光伏企业 TFP 的影响。为了检验本章结果是否具有稳健性,使用 OP 方法测算得到的 TFP 作为被解释变量,同样采用面板回归模型考察出口对我国光伏企业 TFP 的影响。检验结果表明,除面板数据回归模型中个别变量的回归系数的正负号以及显著性水平有所变化外,主要研究变量显著性和回归系数符号并未改变,基本结论是一致的,因此该模型的估计结果具有稳健性。出口对中国光伏上市公司 TFP(OP 方法和 LP 方法)影响的主回归与稳健性检验结果如表 8.5 所示。

表 8.5 计量回归结果

变量	(1)	(2)	(3)	(4)
	LP	LP	OP	OP
Export	−0.005***	−0.009***	−0.006***	−0.007***
	(0.001)	(0.002)	(0.001)	(0.002)
R&D	0.103***		0.108***	
	(0.030)		(0.032)	
Subsidy	0.009		0.006	
	(0.018)		(0.019)	
Scale	0.390***		0.307***	
	(0.071)		(0.075)	
NOE	0.097		−0.360***	
	(0.069)		(0.074)	

续表

变量	(1)	(2)	(3)	(4)
Roa	0.224***		0.243***	
	(0.072)		(0.076)	
常数项	3.902***	15.447***	4.047***	10.219***
	(1.110)	(0.066)	(1.179)	(0.049)
N	205.000	206.000	205.000	206.000

***表示在1%的水平下显著

表8.5为基于面板数据固定效应模型回归的结果，第（2）、（4）列分别反映了不加入其他变量，只关注出口比例与中国光伏上市公司TFP之间的关系。第（1）、（3）列反映了加入其他控制变量后的回归结果。

出口比例（Export）与中国光伏上市公司TFP负相关。当只关注出口比例与光伏上市公司TFP两个变量的关系时，第（2）、（4）列的系数都为负值，并通过1%水平的显著性检验。当加入其他可能影响光伏上市公司TFP的因素之后，出口比例与TFP的相关系数仍为负值，且也通过1%的显著性水平检验。因此，中国光伏上市公司存在"出口-生产率悖论"的情况，出口并没有提高光伏上市公司的TFP。但β值较小，说明虽然出口比例在计量上显著，但在经济学意义上并不十分显著，出口比例对我国光伏企业TFP的影响较小。

研发投入（R&D）对中国光伏上市公司TFP的影响非常显著，均在1%水平之内。表明企业的研发投入越高，研发创新能力越强，企业的TFP就越高，企业可以通过提高研发水平、增加研发投入来提高生产率水平。

政府补贴与中国光伏上市公司TFP不相关，主回归和稳健性检验回归的政府补贴对我国光伏企业的影响不显著。说明虽然政府为了扶持我国光伏产业的发展而对光伏企业给予了一定的补贴，但这部分补贴并没有对我国光伏上市公司的TFP产生影响，补贴的重点可能在于促进规模的扩张，补贴方式和补贴政策需要完善和改进。

企业规模（Scale）对中国光伏上市公司TFP的影响均非常显著，均在1%水平之内，且系数较大，说明企业规模会对光伏上市公司TFP产生影响，即上市公司规模越大，TFP水平越高，说明我国光伏上市公司存在规模效应。

净利润率（Roa）与光伏上市公司TFP正相关，且两种回归都在1%的水平上显著。表明企业的净利润率越高，企业的TFP就越高。表明企业盈利与生产率的提高是一个良性循环，获利越多的企业越有能力和动力去提高生产率。

人力资本（NOE）与光伏上市公司TFP生产率相关性存在不确定性，主回归的人力资本对我国光伏企业的影响不显著，稳健性检验回归的人力资本对我国光伏企业的影响在 1%的水平上显著。由于人力资本使用的是企业员工总人数取自然对数，这个结果也和要素的边际收益递减规律相吻合。

8.3 结论与启示

选取了沪深 A 股中 30 家光伏上市公司作为研究样本，使用 TFP 测度企业生产率水平，并在使用 LP 方法测算得到的 TFP 做主回归的基础上，使用 OP 方法测算得到的 TFP 做稳健性检验，实证研究了光伏出口对我国光伏产业生产率的影响作用。

结果发现，出口比例对光伏企业 TFP 的影响显著为负。表明我国光伏上市公司不存在出口学习效应，可能存在"出口-生产率悖论"。这说明我国光伏企业在出口过程中没能学习与吸收其他国家先进的技术与管理方法，对外出口对企业自身生产率的提升有限，甚至产生负面影响。我国光伏企业研发投入可以提高企业竞争力，可以促进技术进步，说明我国光伏企业在研发方面的投入是有效且有效率的。

基于以上结论，本章提出以下建议：①过去十几年我国光伏出口取得了快速的增长，但出口并没有使我国光伏企业在进入出口市场后通过学习创新获得生产率的提升。在当前我国光伏出口在数量上已经达到较高水平的情况下，应更加重视出口质量的提升，更加重视技术水平的提高。②政府补贴的目的是提高我国光伏产业的技术水平，但政府对于光伏新兴产业给予的补贴与支持并未显著提高我国光伏企业的生产率水平，政策补贴可能会存在寻租和欺骗等现象，可能会存在重复建设与产能过剩等问题，因此政府需要在政策补贴方面开展精细化管理，在政策落实、扶持手段及资金去向等方面加大管理力度，保证每个环节的合理性并切实落实。③光伏企业要加大自身创新研发投入力度，本章研究发现，光伏企业研发投入可以提高企业生产率水平。研发投入是创新活动的起点，企业提升自身创新能力可以有效提高生产率水平与技术水平。较高的生产率水平可以为企业带来更多的利润，净利润也会对生产率的提高起到促进作用，从而形成良性循环，促进我国光伏企业和产业的高质量发展。

8.4 本章小结

本章的实证研究表明，由于出口增加并不能提高光伏产业的 TFP，所以光伏政策未能通过出口扩张发挥太大的作用。本章开头部分的假设也不存在。结合第 4 章、第 5 章、第 6 章和本章的研究结果，光伏政策主要是通过促进技术创新来发挥作用的，而且其影响的路径不是通过补贴，而是通过政策引导来发挥作用。在第 3 章中，政策群 5 主要是针对光伏扶贫的，第 9 章将对这一问题进行研究。

第9章 光伏扶贫政策的扶贫效应[①]

光伏扶贫将光伏发电技术应用于精准扶贫领域,是通过光伏产业发展促进乡村振兴的重大创新举措,既符合国家清洁、低碳能源发展规划,同时又能带动贫困人口长期稳定增收,进而有助于实现扶贫开发的战略目标。2015年,光伏扶贫项目成为精准扶贫十大工程的重点项目之一,在助力脱贫攻坚、消除绝对贫困方面发挥了重要作用。第3章的研究结果中政策群5聚焦的就是光伏扶贫。本章运用实地调查法,对安徽省B市W县4个乡镇建设户用型光伏扶贫电站的贫困户进行问卷调查,研究了光伏扶贫政策的效果。

9.1 安徽省B市W县光伏扶贫项目调查和现状分析

光伏扶贫项目发源于安徽省。2014年10月,国家能源局、国务院扶贫开发领导小组办公室联合印发《关于实施光伏扶贫工程工作方案》,决定利用6年时间组织实施光伏扶贫工程。随后,光伏扶贫项目在具备光伏电站建设条件的贫困地区得到大面积推广。安徽省B市的贫困县W县处于国家集中连片特困地区,属于国家级扶贫开发重点县,2015年被列入光伏扶贫试点县,而且该县光伏扶贫项目施行十分成功,因此将该县的光伏扶贫项目作为研究对象。

9.1.1 安徽省主要光伏扶贫政策梳理

光伏扶贫项目是由政府主导的投资项目,其发展高度依赖政策驱动。2014年11月,中国光伏扶贫项目试点工作开始启动,安徽省成为首批6个光伏扶贫项目试点省份之一。安徽省按照国家统一要求,制订具体工作方案和实施方案,为本省落实光伏扶贫工程奠定基础,2014~2020年安徽省主要光伏扶贫政策如表9.1所示。2015年6月,《安徽省人民政府办公厅关于实施光伏扶贫的指导意见》(皖政办〔2015〕34号)[②]要求,"2015—2020年,用6年时间在31个重点县建设光伏电站96万千瓦,实现受益贫困户家庭年均增收3000元左右,受益贫困村集

[①] 在党的坚强领导下,2020年我国脱贫攻坚战取得了全面胜利,完成了消除绝对贫困的艰巨任务。本章所有的光伏扶贫政策和调查数据采集年份都截止到2020年。本章的工作一方面从学术研究的角度对相关政策成效进行了验证;另一方面也总结了光伏扶贫这一中国实践,可以为其他发展中国家提供宝贵的经验。调查对象均是2020年之前的建档立卡的既往贫困户,简称为贫困户。

[②] 引自安徽省人民政府网站,https://www.ah.gov.cn/szf/zfgb/8127491.html。

体年均增收6万元左右",还确定了具体的受益对象,即"一是无集体经济收入或集体经济薄弱、资源缺乏的贫困村;二是无劳动力、无资源、无稳定收入来源的贫困户"。安徽省设定光伏扶贫项目建设总体目标,持续推进和完善光伏扶贫工作进展,为后续各重点县细化光伏扶贫工作方案提供了参考依据。

表9.1 2014~2020年安徽省主要光伏扶贫政策

政策名称	相关内容	出台部门	出台时间
关于组织开展光伏扶贫工程试点工作的通知	在六个省(区)开展光伏扶贫试点工作	国家能源局、国务院扶贫开发领导小组办公室	2014年11月
安徽省人民政府办公厅关于实施光伏扶贫的指导意见	在省扶贫开发重点县推进光伏扶贫建设	安徽省人民政府办公厅	2015年6月
关于实施光伏发电扶贫工作的意见	按精准扶贫要求,因地制宜实施光伏扶贫工作	国家发展和改革委员会、国务院扶贫开发领导小组办公室、国家能源局、国家开发银行、中国农业发展银行	2016年3月
安徽省"十三五"光伏扶贫规划	大力推进光伏扶贫进程,加快扶贫对象脱贫致富步伐	安徽省能源局、安徽省扶贫开发领导小组办公室	2017年3月
安徽省光伏扶贫电站管理实施办法	明确光伏扶贫电站性质、受益对象、运维主体等	安徽省能源局、安徽省扶贫开发领导小组办公室	2018年7月
安徽省光伏扶贫电站收益分配管理实施办法	明确光伏扶贫电站收益分配方式	安徽省扶贫开发领导小组办公室	2019年3月
关于积极应对新冠肺炎疫情影响切实做好光伏扶贫促进增收工作的通知	支持鼓励贫困劳动力就地就近就业,对受疫情影响生活陷入困境的贫困群众和因疫致贫返贫群众予以补助	国务院扶贫开发领导小组办公室综合司、财政部办公厅	2020年2月

2016年3月,《关于实施光伏发电扶贫工作的意见》[①]强调,"在光照资源条件较好的地区因地制宜开展光伏扶贫,既符合精准扶贫、精准脱贫战略,又符合国家清洁低碳能源发展战略;既有利于扩大光伏发电市场,又有利于促进贫困人口稳收增收"。此后,国家密集出台相关政策,要求各地方政府按要求建设光伏扶贫项目,为打赢脱贫攻坚战增添力量。

2017年3月,《安徽省"十三五"光伏扶贫规划》[②]明确了光伏电站建设模式,包括贫困户户用型扶贫电站、贫困村村级扶贫电站及集中式扶贫电站,还进一步规定了各项目模式所对应的扶贫对象,要求"保证每户每年收入不低于3000

---

① 《关于实施光伏发电扶贫工作的意见》,https://www.nea.gov.cn/2016-04/05/c_135250679.htm。
② 《安徽省"十三五"光伏扶贫规划》,https://www.wangjiang.gov.cn/data/upfile/8/file/1705/17050314393085.pdf。

元，收益达到 20 年以上"。在脱贫攻坚进入关键阶段后，政府及时出台各项管理方案，2018 年 7 月印发《安徽省光伏扶贫电站管理实施办法》①，2019 年 3 月印发《安徽省光伏扶贫电站收益分配管理实施办法》②，进一步落实光伏电站运行、收益分配等具体实施措施，完善和补充光伏扶贫管理工作。

2020 年 2 月，面对新冠疫情冲击，国务院扶贫开发领导小组办公室综合司、财政部办公厅考虑到部分贫困群众易因疫致贫、返贫，于是印发《关于积极应对新冠肺炎疫情影响切实做好光伏扶贫促进增收工作的通知》③，要求"为减少疫情对务工增收的影响，2020 年光伏扶贫发电收益的 80%用于贫困人口承担公益岗位任务的工资和参加村级公益事业建设的劳务费用支出，支持鼓励贫困劳动力就地就近就业"。

9.1.2 问卷数据获取与整理

1. 数据获取

本章选择安徽省 B 市 W 县作为研究区域，研究所使用的数据来自课题组 2021 年 11 月至 2022 年 1 月对 W 县建档立卡的既往贫困户的入户调查。此次调查是在与安徽省 B 市 W 县扶贫办合作的基础上进行的，调查人员不仅熟悉该县乡镇和村级层面的相关情况，对于当地光伏扶贫项目的开展和农户的基本情况也较为了解。课题组选取了 W 县 4 个具有代表性的乡镇进行调查，采取随机抽样的方式对这 4 个乡镇 39 个自然村的贫困户进行了入户调查，共计发放问卷 765 份，回收问卷 765 份。本次调查获取了详细的家庭人口特征、致贫原因、家庭消费等信息，为光伏扶贫项目的评估提供了直接的数据支撑。整理分析这些数据后发现，样本贫困户在家庭人口特征方面的信息与国家统计局的相关统计数据基本一致，在家庭收入与支出等经济状况方面处于全国农村中低水平，样本数据总体符合现实，说明本次调查获得的样本代表性良好，表明本章研究结论具有一般性。

2. 数据整理

为了准确评估光伏扶贫项目对贫困户的扶贫效果，本章根据研究需要对建档立卡贫困户的调查数据进行了处理：①剔除存在缺失值和非正常观察值的样本；②剔除问卷填写有逻辑矛盾的样本；③考虑到家庭收入容易存在汇报误差，因此

---

① 《安徽省光伏扶贫电站管理实施办法》，https://fzggw.ah.gov.cn/public/22554241/145240101.html。

② 《安徽省光伏扶贫电站收益分配管理实施办法》，https://nync.ah.gov.cn/group2/M00/02/E2/ wKg8FGQze1CAPvpAAANsobAkKMg039.pdf。

③ 《关于积极应对新冠肺炎疫情影响切实做好光伏扶贫促进增收工作的通知》，http://www.zhongfang.gov.cn/zhongfang/c105162/202012/657391ea4aef48fe96df27642aa7acab.shtml。

结合实际情况，根据 2020 年脱贫验收标准，剔除人均纯收入低于 4000 元的样本；④考虑到家庭消费结构的复杂性，难以获得精确的家庭消费数据，因此为防止极端值干扰，剔除家庭消费上下 1%的样本。最终得到有效样本共 409 个，其中包括 333 户参与光伏扶贫项目的贫困家庭样本和 76 户未参与光伏扶贫项目的贫困家庭样本。

9.1.3 安徽省 B 市 W 县光伏扶贫状况分析

1. 样本贫困家庭基本情况分析

本次问卷调查获得的 409 份有效样本贫困家庭基本信息如表 9.2 所示。从表 9.2 可以看出，在户主性别分布上，男性户主占比 85%，远高于女性户主；在户主年龄分布上，大多数户主年龄在 41~65 岁，占比 62.8%，户主年龄在 65 岁以上的占比 31.1%，户主年龄在 18~40 岁的占比仅为 6.1%，样本贫困家庭户主群体整体呈现出老龄化特征。在户主婚姻状况分布上，未婚人数占比 28.6%，离异或丧偶人数占比 24.7%，已婚人数占比 45.7%；在户主受教育程度分布上，79%的户主受教育程度为小学及以下，占比较高，其中有 33.5%的户主没有接受过正式教育，有 45.5%的户主受教育程度为小学，18.8%的户主受教育程度为初中，仅有 2.2%的户主接受过更高程度的教育，由此可见，大部分户主受教育程度偏低。

表 9.2 样本贫困家庭基本情况

变量名称	类别	频率（n=409）	百分比/%
户主性别	男	347	85
	女	62	15
户主年龄	18~40 岁	25	6.1
	41~65 岁	257	62.8
	65 岁以上	127	31.1
户主婚姻状况	未婚	117	28.6
	已婚	187	45.7
	离异或丧偶	101	24.7
	其他	4	1
户主受教育程度	未受过正式教育	137	33.5
	小学	186	45.5
	初中	77	18.8
	高中/中专/技校/职高	7	1.7
	专科（大专）	2	0.5

续表

变量名称	类别	频率（n=409）	百分比/%
家庭规模	1 人	122	29.8
	2 人	116	28.4
	3 人	100	24.5
	4 人	46	11.2
	5 人	20	4.9
	6 人	5	1.2
家庭劳动力人数	0 人	84	20.6
	1 人	178	43.5
	2 人	104	25.4
	3 人	38	9.3
	4 人	5	1.2
	5 人	0	0
	6 人	0	0
患大病或长期疾病人数	0 人	234	57.2
	1 人	144	35.2
	2 人	28	6.9
	3 人	3	0.7
	4 人	0	0
	5 人	0	0
	6 人	0	0
家庭残疾人数	0 人	197	48.2
	1 人	178	43.5
	2 人	31	7.6
	3 人	3	0.7
	4 人	0	0
	5 人	0	0
	6 人	0	0
家庭总耕地面积	小于或等于 3 亩	210	51.3
	大于 3 亩且小于或等于 6 亩	137	33.5
	6 亩以上	62	15.2
致贫原因	因病或因残致贫	308	75.3
	其他	101	24.7

注：1 亩≈666.67 平方米

在家庭规模分布上，农村贫困家庭的家庭规模趋于小型化，家庭规模普遍不超过3人，家庭规模为1人和2人的较多，分别占比29.8%和28.4%，家庭规模为3人的占比24.5%，家庭规模为4人及以上的总共占比17.3%。在患大病或长期疾病人数分布上，超过一半的家庭患大病或长期疾病的人数是0，占比57.2%，35.2%的家庭中有1人患大病或长期疾病，还有6.9%和0.7%的家庭分别有2人和3人患大病或长期疾病。在家庭残疾人数分布上，接近一半的家庭残疾人数是0，占比48.2%，有1人残疾的家庭占比也较高，为43.5%，有2人和3人残疾的家庭分别占比7.6%和0.7%，可见有相当部分的贫困家庭健康状况低下，存在患大病或长期疾病、残疾的家庭成员。在家庭劳动力人数分布上，主要集中在0~2人，劳动力人数是1人的家庭占比最多，为43.5%，劳动力人数是2人的家庭占比25.4%，有20.6%的家庭没有劳动力，少数家庭劳动力人数为3~4人，多于4人的家庭没有，可以看出贫困家庭劳动力不足，这与贫困家庭中有患病、残疾的家庭成员有关。在家庭总耕地面积分布上，超过一半的家庭总耕地面积小于或等于3亩，占比51.3%，大于3亩且小于或等于6亩的占比33.5%，这一分布特征符合农村贫困家庭规模小型化的特点。

在贫困家庭致贫原因分布上，由表9.2可以看出，样本贫困家庭是因病或因残致贫的占比较高，为75.3%，其他致贫原因的贫困家庭占比24.7%，说明因病或因残致贫是农村贫困的突出原因。其中，在参与光伏扶贫项目的样本贫困家庭中，因病或因残致贫的家庭占比80%，其他致贫原因的家庭占比20%。说明光伏扶贫项目的扶贫对象包含了大部分因病或因残致贫的贫困人口，具有高度的瞄准性。

2. 样本贫困家庭经济情况分析

由表9.3可知，在家庭年纯收入分布上，年纯收入在10 001~30 000元的占比最高，为48.4%；年纯收入在30 001~50 000元的占比27.4%；年纯收入在10 000元及以下的占比8.6%；年纯收入在70 000元以上的占比最小，为2.9%；75.8%的贫困家庭年纯收入分布在10 001~50 000元这一区间。年纯收入分布在10 000元及以下这一相对较低的收入区间和70 000元以上这一相对较高的收入区间的家庭最少，样本贫困家庭之间存在一定的收入差距，但总体而言样本贫困家庭之间年纯收入处于相近水平。

表9.3 样本贫困家庭经济情况

变量名称	类别	频率（$n=409$）	百分比/%
家庭年纯收入	10 000元及以下	35	8.6
	10 001~30 000元	198	48.4

续表

变量名称	类别	频率（n=409）	百分比/%
家庭年纯收入	30 001~50 000 元	112	27.4
	50 001~70 000 元	52	12.7
	70 000 元以上	12	2.9
家庭年总消费	4 000 元及以下	98	24
	4 001~10 000 元	196	47.9
	10 001~20 000 元	91	22.2
	20 000 元以上	24	5.9

在家庭年总消费分布上，年总消费在4001~10 000 元的占比最高，为47.9%；年总消费在4000 元及以下和10 001~20 000 元的分别占比24.0%和22.2%；年总消费在20 000 元以上的占比最小，仅为5.9%。94.1%的贫困家庭年总消费不超过20 000 元，反映出大部分样本贫困家庭的消费水平偏低。从对样本贫困家庭的年纯收入和年总消费情况分析可以看出，样本贫困家庭整体上收入和消费水平不是很高。

3. 参与光伏扶贫项目与未参与光伏扶贫项目的样本贫困家庭特征比较

为了了解参与光伏扶贫项目的贫困家庭和未参与光伏扶贫项目的贫困家庭之间的特征差异，本部分对两组样本贫困家庭各项特征变量的均值差异进行 t 检验。本章将样本按照是否参与光伏扶贫项目分为处理组和对照组，参与光伏扶贫项目的贫困家庭是处理组，未参与光伏扶贫项目的贫困家庭是对照组。

表 9.4 比较了总样本中参与光伏扶贫项目的贫困家庭和未参与光伏扶贫项目的贫困家庭的九方面特征。可以发现，处理组和对照组家庭规模差异不到 1 人/户，家庭残疾人数差异也不到 1 人/户，且分别在 5%和 1%显著性水平下显著，处理组和对照组在家庭劳动力人数、患大病或长期疾病人数以及患病就医次数上没有显著差异。在家庭总耕地面积上也没有显著差异。总体而言，处理组和对照组在家庭人口结构、健康状况方面差异不大。

表 9.4 总样本贫困家庭特征比较

变量名称	处理组（参与光伏扶贫项目的贫困家庭）	对照组（未参与光伏扶贫项目的贫困家庭）	差异
家庭规模	2.426 4	2.105 3	0.321 1** （0.154 9）
家庭劳动力人数	1.303 3	1.131 6	0.171 7（0.118 4）
患大病或长期疾病人数	0.522 5	0.460 5	0.062 0（0.083 6）

续表

变量名称	处理组（参与光伏扶贫项目的贫困家庭）	对照组（未参与光伏扶贫项目的贫困家庭）	差异
家庭残疾人数	0.648 6	0.434 2	0.214 4*** （0.073 2）
患病就医次数	3.012 0	1.486 8	1.525 2 （1.436 5）
家庭总耕地面积	3.613 4	3.497 4	0.116 0 （0.374 5）
家庭年纯收入	31 236.720 0	25 642.820 0	5 593.907 0** （2 303.790 0）
家庭年总消费	8 638.703 0	7 221.803 0	1 416.900 0** （678.392 7）
家庭年人均消费	13 289.230 0	11 833.170 0	1 456.060 0** （634.834 5）

注：括号内数据为标准误
***、**分别代表在1%、5%的水平上显著

处理组家庭的年纯收入、年总消费和年人均消费与对照组家庭之间差异性显著，且差异均在5%显著性水平下显著。其中，处理组的平均家庭年纯收入、平均家庭年总消费、平均年人均消费分别比对照组家庭多5593.9070元、1416.9000元和1456.0600元，说明处理组家庭的经济状况整体上好于对照组家庭。

表9.5比较的是"因病或因残致贫"的家庭中参与光伏扶贫项目的贫困家庭和未参与光伏扶贫项目的贫困家庭的九方面特征。在"因病或因残致贫"的贫困家庭中，处理组和对照组在家庭规模、家庭劳动力人数、患大病或长期疾病人数、家庭残疾人数、患病就医次数以及家庭总耕地面积上没有显著差异。而在家庭年纯收入、家庭年总消费和家庭年人均消费方面，处理组均高于对照组，且处理组和对照组之间的差异均在10%显著性水平下显著。

表9.5 "因病或因残致贫"的样本贫困家庭特征比较

变量名称	处理组（参与光伏扶贫项目的贫困家庭）	对照组（未参与光伏扶贫项目的贫困家庭）	差异
家庭规模	2.452 5	2.266 7	0.185 8 （0.202 0）
家庭劳动力人数	1.296 5	1.066 7	0.229 8 （0.148 0）
患大病或长期疾病人数	0.547 5	0.555 6	−0.008 1 （0.110 0）
家庭残疾人数	0.802 3	0.688 9	0.113 4 （0.104 9）
患病就医次数	3.448 7	1.600 0	1.848 7 （1.822 0）
家庭总耕地面积	3.552 9	3.460 9	0.092 0 （0.479 9）
家庭年纯收入	31 026.360 0	2 6241.160 0	4 785.200 0* （2 890.777 0）
家庭年总消费	8 882.395 0	7 246.600 0	1 635.795 0* （988.610 2）
家庭年人均消费	3 926.084 0	3 427.941 0	498.143 0* （374.748 7）

注：括号内数据为标准误
*代表在10%的水平上显著

因此，通过比较总样本贫困家庭以及"因病或因残致贫"的样本贫困家庭的处理组和对照组家庭特征，我们发现以下特征：第一，参与光伏扶贫项目的贫困家庭与未参与光伏扶贫项目的贫困家庭在家庭人口结构和健康状况方面差异较小。第二，参与光伏扶贫项目的贫困家庭的年纯收入显著高于未参与光伏扶贫项目的贫困家庭。第三，参与光伏扶贫项目的贫困家庭的年总消费和年人均消费都显著高于未参与光伏扶贫项目的贫困家庭。本章接下来会进一步就光伏扶贫项目对贫困家庭的影响进行实证分析。

4. 贫困户对光伏扶贫项目的评价

本章通过问卷调查获得了 333 户参与光伏扶贫项目的贫困户对光伏扶贫政策、光伏发电收益、光伏发电设施及光伏扶贫项目前景四个方面的评价。贫困户对光伏扶贫政策的评价结果如表 9.6 所示。

表 9.6 光伏扶贫政策评价

题目	选项	频率（n=333）	百分比/%
您对光伏扶贫政策的了解程度	完全不了解	2	0.6
	比较不了解	1	0.3
	一般	6	1.8
	比较了解	42	12.6
	完全了解	282	84.7
您认为本地政府有关部门或村委对光伏扶贫政策的宣传力度	非常小	0	0
	比较小	0	0
	一般	2	0.6
	比较大	20	6
	非常大	311	93.4
您认为光伏扶贫政策落实到位情况	非常不好	0	0
	比较不好	0	0
	一般	2	0.6
	比较好	16	4.8
	非常好	315	94.6
您对光伏扶贫项目的满意度	非常不满意	0	0
	比较不满意	0	0
	一般	0	0
	比较满意	14	4.2
	非常满意	319	95.8

关于贫困户对光伏扶贫政策的了解程度，有 97.3%的贫困户选择了了解，这与贫困户对本地政府有关部门或村委对光伏扶贫政策的宣传力度的评价结果一致，99.4%的贫困户都认为本地相关部门对光伏扶贫政策的宣传力度大。但仍有极少部分贫困户对光伏扶贫政策不了解，这部分占比仅为 0.9%。关于光伏扶贫政策落实到位的情况，99.4%的贫困户都认为当地光伏扶贫政策落实情况好，仅 0.6%的贫困户选择了一般。关于贫困户对光伏扶贫项目的满意度，所有参与光伏扶贫项目的贫困户对此满意，其中有 95.8%的贫困户非常满意。根据统计结果，绝大多数参与光伏扶贫项目的贫困户对光伏扶贫政策的满意度较高，说明光伏扶贫政策获得了贫困户的认可。

贫困户对光伏发电收益的评价如表 9.7 所示。所有参与光伏扶贫项目的贫困户都认为光伏发电收益的公示情况好。关于光伏发电收益的发放及时到位情况，有 0.6%的贫困户选择了一般，96.1%的贫困户认为非常好，这一结果与贫困户是否同意光伏扶贫项目收益比其他扶贫项目收益更稳定的评价一致。而关于是否同意光伏扶贫项目收益比其他扶贫项目收益更多，有 0.3%的贫困户选择了比较不同意，0.6%的贫困户选择了一般，99.1%的贫困户同意此观点。关于与现金补贴比较，贫困户是否更愿意选择光伏收入的问题，0.6%的贫困户选择一般，96.7%的贫困户选择非常愿意，可见与现金补贴比较，贫困户更倾向于光伏收入，而且有95.5%的贫困户认为光伏收入在自己的家庭收入中非常重要。从以上分析可以看出，绝大多数参与光伏扶贫项目的贫困户对光伏发电收益的各方面都给予了较高的评价。

表 9.7 光伏发电收益评价

题目	选项	频率（n=333）	百分比/%
您认为光伏发电收益的公示情况	非常不好	0	0
	比较不好	0	0
	一般	0	0
	比较好	15	4.5
	非常好	318	95.5
您认为光伏发电收益的发放及时到位情况	非常不好	0	0
	比较不好	0	0
	一般	2	0.6
	比较好	11	3.3
	非常好	320	96.1

续表

题目	选项	频率（n=333）	百分比/%
您认为光伏发电收益稳定性情况	非常不好	0	0
	比较不好	0	0
	一般	2	0.6
	比较好	10	3
	非常好	321	96.4
您是否同意光伏扶贫项目收益比其他扶贫项目收益更稳定？	非常不同意	0	0
	比较不同意	0	0
	一般	2	0.6
	比较同意	10	3
	非常同意	321	96.4
您是否同意光伏扶贫项目收益比其他扶贫项目收益更多？	非常不同意	0	0
	比较不同意	1	0.3
	一般	2	0.6
	比较同意	11	3.3
	非常同意	319	95.8
与现金补贴比较，您是否更愿意选择光伏收入？	非常不愿意	0	0
	比较不愿意	0	0
	一般	2	0.6
	比较愿意	9	2.7
	非常愿意	322	96.7
光伏发电收入对您家庭收入的重要程度	非常不重要	0	0
	比较不重要	0	0
	一般	2	0.6
	比较重要	13	3.9
	非常重要	318	95.5

贫困户对光伏发电设施的评价如表 9.8 所示。关于光伏发电设施的安全状况、供电稳定情况和运营维护情况，不超过 1%的贫困户认为一般，剩下的都选择了比较好或非常好，由此可见，当地光伏发电设施的质量以及建设后期的运营维护情况总体良好。

第 9 章　光伏扶贫政策的扶贫效应

表 9.8　光伏发电设施评价

题目	选项	频率（n=333）	百分比/%
您家庭的光伏发电设施的安全状况	非常不好	0	0
	比较不好	0	0
	一般	3	0.9
	比较好	15	4.5
	非常好	315	94.6
您家庭的光伏发电设施供电稳定情况	非常不好	0	0
	比较不好	0	0
	一般	3	0.9
	比较好	13	3.9
	非常好	317	95.2
您家庭的光伏发电设施运营维护情况	非常不好	0	0
	比较不好	0	0
	一般	2	0.6
	比较好	13	3.9
	非常好	318	95.5

贫困户对光伏扶贫项目前景的评价如表 9.9 所示。对于贫困户对维持光伏发电收入是否有信心、对光伏扶贫项目使得家庭持久脱贫是否有信心以及对光伏扶贫项目未来发展的看法三个问题，0.6%的贫困户选择了一般，剩下的 99.4%的贫困户都对光伏扶贫项目持积极态度。关于贫困户对当前生活的满意度，所有参与光伏扶贫项目的贫困户都选择了满意，其中有 4.2%的贫困户比较满意，95.8%的贫困户非常满意。

表 9.9　光伏扶贫项目前景评价

题目	选项	频率（n=333）	百分比/%
您对维持光伏发电收入是否有信心？	非常没信心	0	0
	比较没信心	0	0
	一般	2	0.6
	比较有信心	12	3.6
	非常有信心	319	95.8
您对光伏扶贫项目未来发展的看法	非常不看好	0	0
	比较不看好	0	0
	一般	2	0.6
	比较看好	12	3.6
	非常看好	319	95.8

续表

题目	选项	频率 (*n*=333)	百分比/%
您对光伏扶贫项目使得您的家庭持久脱贫是否有信心？	非常没信心	0	0
	比较没信心	0	0
	一般	2	0.6
	比较有信心	11	3.3
	非常有信心	320	96.1
您对当前生活的满意度	非常不满意	0	0
	比较不满意	0	0
	一般	0	0
	比较满意	14	4.2
	非常满意	319	95.8

总的来说，大多数参与光伏扶贫项目的贫困户对光伏扶贫政策、光伏发电收益、光伏发电设施和光伏扶贫项目发展前景四个方面的评价都比较好，有极少部分贫困户的评价是一般。

9.2 安徽省B市W县光伏扶贫项目减贫效果分析

9.2.1 计量模型构建

1. 基本模型

$$Y_i = \beta_0 + \beta_1 ppap_i + \beta_i X_i + \varepsilon_i \tag{9.1}$$

其中，Y_i为被解释变量，本章将贫困家庭i年人均消费对数（lncon）和贫困脆弱性（vep）作为被解释变量；ppap为本章主要关注的核心解释变量，代表贫困家庭i是否参与光伏扶贫项目，$ppap_i=1$表示贫困家庭i参与了光伏扶贫项目，$ppap_i=0$表示贫困家庭i没有参与光伏扶贫项目。X_i为控制变量，表示一系列能够影响贫困家庭消费和贫困脆弱性的因素，其中包括户主特征变量和反映家庭特征变量；ε_i为随机扰动项。

2. 分位数回归模型

对于以上基本模型本章采用OLS方法进行回归，其基本原理是使用样本均值回归求出最小化残差平方和。首先，这实际上是分析光伏扶贫项目对贫困家庭人均消费以及贫困家庭贫困脆弱性条件期望的影响，只能体现条件分布集中趋势，没有考虑到在消费水平以及贫困脆弱程度的不同值域上，光伏扶贫项目对家庭人均消费以及家庭贫困脆弱性的影响可能存在变化。其次，OLS 方法受到极端值影响，从而使回归结果产生偏误。因此，基于以上两点考虑，本章采用分位数回归模型，进一步考察光伏扶贫项目对贫困家庭的人均消费和贫困脆弱性在各分位点上的影响，得到的回归结果不易受极端值干扰，能更精准地刻画光伏扶贫项目的影响效果。本章构建的分位数回归模型如下：

$$Q_q(Y_i \mid \text{ppap}_i, X_i) = \gamma_{0q} + \gamma_{1q}\text{ppap}_i + \gamma_{iq}X_i + \eta_i \tag{9.2}$$

其中，$Q_q(Y_i \mid \text{ppap}_i, X_i)$ 为 Y_i 在给定解释变量的情况下，分位点 q 所对应的条件分位数；ppap_i、X_i 为 OLS 回归模型中的解释变量；q 为具体的分位点；γ_{iq} 为 q 分位点对应的回归系数。本章使用被解释变量 0.25、0.5、0.75 分位点进行回归分析。

3. 内生性问题

在分析光伏扶贫项目对农村贫困家庭影响时，一个常规做法就是对比参与光伏扶贫项目的贫困家庭（处理组）和未参与光伏扶贫项目的贫困家庭（对照组）的差异。但是，贫困家庭是否参与光伏扶贫项目并非随机分组或是外生决定的，处理组和对照组之间可能存在样本自选择问题。一些无法观测的因素可能既是决定贫困家庭是否参与光伏扶贫项目的重要原因，同时又是在一定程度上影响家庭消费支出的因素，那么对于上述的实证分析模型，不可观测的信息不仅影响 Y_i，还可能与 D_i（处理变量）存在相关关系，模型不能满足 $E(\varepsilon_i \mid \text{ppap}_i) = 0$ 的条件，这就会导致内生性问题，从而得到的 OLS 估计结果是有偏的。本章采用倾向得分匹配法克服这一问题，检验 OLS 回归结果是否稳健。

4. 变量选取与设定

本章主要关注的是从消费视角出发的光伏扶贫项目减贫效果，因此选择家庭人均消费（lncon）和以家庭人均消费计算得到的贫困脆弱性作为本章的被解释变量。家庭人均消费支出是反映贫困家庭人口生活水平的指标，用于分析光伏扶贫项目对贫困家庭的短期效果。贫困脆弱性采用的指标是预期贫困脆弱性（VEP），它用来测度贫困家庭未来陷入贫困的可能性大小，即贫困家庭未来消费低于贫困标准线的概率，用以考察光伏扶贫项目是否能起到防止返贫的作用。

本章结合三阶段可行广义最小二乘法构建如下贫困脆弱性指标：利用家庭人均消费以及影响家庭人均消费的相关变量得到家庭未来人均消费的估计方程，假定人均年消费服从对数正态分布，从而计算出该家庭下期人均消费低于给定贫困

线的概率，那么，某一家庭在 $t+1$ 时陷入贫困的概率就是该家庭在 t 时的贫困脆弱性，表示为 VEP，即

$$\text{VEP}_{i,t} = P(C_{i,t+1} \leqslant z) \tag{9.3}$$

其中，$\text{VEP}_{i,t}$ 为家庭 i 在 t 时刻的贫困脆弱性；$C_{i,t+1}$ 为家庭 i 在 $t+1$ 时刻的消费；z 为贫困标准线。贫困脆弱性就表示为下一期的消费水平小于或等于贫困标准线所代表的消费水平的概率 P。由于 $t+1$ 时刻的消费水平是未知的，因此 $C_{i,t+1}$ 是家庭 i 在 $t+1$ 时刻的预期消费。具体计算步骤如下。

第一步，建立家庭人均消费方程，对家庭人均消费对数进行 OLS 估计：

$$\ln c_{i,t} = X_{i,t}\beta_i + e_i \tag{9.4}$$

其中，$c_{i,t}$ 为家庭 i 在 t 期的消费支出；β_i 为回归系数；$X_{i,t}$ 为一系列与家庭消费相关的特征变量，主要包括与户主特征有关的变量和与家庭特征有关的变量。本章的户主特征变量包括：户主的性别、年龄、受教育程度、婚姻状况。家庭特征变量包括：家庭人口数量、劳动力占比、家庭成员健康状况、人均收入、人均耕地面积。e_i 为误差项，包含了贫困个体未来可能经历的冲击。

假设个体未来消费的不确定性完全来自个体未来将经历的特殊冲击，并假设 e_i^2 依赖于可观测到的家庭和个人特征。用对式（9.4）回归得到的残差 $\hat{e}_i$ 代替观测不到的误差 e_i，将残差平方 $\hat{e}_i^2$ 作为消费波动的反映，建立消费波动模型并进行 OLS 估计：

$$\hat{e}_i^2 = X_i\theta_i + \eta_i \tag{9.5}$$

其中，θ_i 为回归系数，η_i 为随机误差项。

第二步，在第一步的基础上构建异方差结构作为权重，通过可行广义最小二乘法估计出下期人均消费对数的方差 $\hat{V}$，进而估计出下期人均消费对数的期望 $\hat{E}$。

$$\hat{V}\left[\ln c_{i,t+1} \mid X_{i,t}\right] = \hat{\sigma}_{e,i}^2 = X_{i,t}\hat{\theta}_{\text{FGLS}} \tag{9.6}$$

$$\hat{E}\left[\ln c_{i,t+1} \mid X_{i,t}\right] = X_{i,t}\hat{\beta}_{\text{FGLS}} \tag{9.7}$$

其中，$X_{i,t}\hat{\theta}_{\text{FGLS}}$ 为消费方差的一致估计；$X_{i,t}\hat{\beta}_{\text{FGLS}}$ 为消费期望的一致估计。

第三步，假设 $t+1$ 期人均消费服从对数正态分布，根据对应贫困标准线，估计贫困脆弱性。计算公式如下：

$$\widehat{\text{VEP}}_{i,t} = \widehat{\text{Pr}}(\ln c_{i,t+1} < \ln z \mid X_{i,t}) = \Phi\left[\frac{\ln z - X_{i,t}\hat{\beta}_{\text{FGLS}}}{\sqrt{X_{i,t}\hat{\theta}_{\text{FGLS}}}}\right] \tag{9.8}$$

其中，$\widehat{\text{VEP}}_{i,t}$ 为家庭 i 在 t 期的贫困脆弱性，指家庭在未来发生贫困的概率；$\ln z$ 为贫困线的对数。本章采用世界银行制定的国际贫困标准线人均日消费 1.9 美元（极

第 9 章 光伏扶贫政策的扶贫效应

低标准)和 3.1 美元(中标准)作为贫困标准线,并按照 2022 年人民币对美元的平均汇率换算成以人民币衡量的贫困标准。以这两个贫困标准线计算的贫困脆弱性分别记为 vep1 和 vep2。

本章的处理变量为贫困家庭是否参与光伏扶贫项目(ppap),ppap=1 表示贫困家庭参与光伏扶贫项目,ppap=0 表示贫困家庭未参与光伏扶贫项目。

参考已有文献对贫困脆弱性的研究,本章控制了个人特征变量和家庭特征变量。个人特征变量包括户主的年龄(age)、性别(gender)、婚姻状况(marriage)以及受教育程度(edu)。为了降低多重共线性的影响,模型中对年龄进行了标准化处理,同时考虑到户主年龄可能对家庭贫困脆弱性产生非线性影响,将户主年龄的平方项加入模型中。家庭特征变量包括家庭规模(familysize)、家庭劳动力占比(lpr)、家庭成员健康状况(health)、家庭人均耕地面积(pcland)、家庭成员患病就医次数(lnmed)以及家庭人均收入(lninc)。其中,家庭人口数量反映出家庭规模,劳动力占比反映了家庭人口结构特征。家庭成员健康状况包括两个指标,分别是家庭中患大病或长期疾病的人数和家庭中身有残疾的人数,这两个指标越大代表贫困家庭整体健康状况越差,有返贫的风险。参与光伏扶贫项目的样本贫困户中有大量因病或因残致贫的家庭,家庭成员的健康状况是影响这些家庭贫困脆弱性的重要因素。此外家庭人均耕地面积、家庭成员患病就医次数、家庭人均收入也是影响家庭贫困脆弱性的因素。最后,考虑到样本家庭之间的差异,为了消除异方差的影响以及避免极端值对计量结果的干扰,回归中将家庭人均消费、人均收入,还有家庭成员患病就医次数进行了对数化处理,即采用变量的自然对数形式。各变量具体指标说明见表 9.10。

表 9.10 变量指标说明

变量名称	变量符号	变量说明
家庭人均消费对数	lncon	家庭总消费/家庭总人数,然后取自然对数
贫困脆弱性	vep	家庭在下期陷入贫困的概率
光伏扶贫项目参与情况	ppap	家庭是否参与光伏扶贫项目,是=1,否=0
标准化户主年龄	agestd	实际年龄(周岁),进行标准化处理
标准化户主年龄平方	agestd^2	实际年龄(标准化处理后)的平方
户主性别	gender	男=1,女=0
户主婚姻状况	marriage	已婚=1,其他=0
户主受教育程度	edu	未受过正式教育、小学、初中、高中/中专/技校/职高、专科(大专)、大学本科及以上,分别定义教育年限为:0、6、9、12、15、16 年
家庭人均收入对数	lninc	家庭年纯收入/家庭总人数,然后取自然对数
家庭规模	familysize	家庭人口数量
家庭劳动力占比	lpr	家庭劳动力数量/家庭总人数

续表

变量名称	变量符号	变量说明
家庭人均耕地面积	pcland	家庭总耕地面积/家庭总人数
患大病或长期疾病人数占比	illr	家庭中患大病或长期疾病的人数（不包括残疾）/家庭总人数
家庭残疾人数占比	disr	家庭中身患残疾的人数/家庭总人数
患病就医次数对数	lnmed	过去3年内家庭成员患病就医的次数，加1，然后取自然对数

表 9.11 报告了总体样本贫困家庭各变量的描述性统计特征。表 9.12 和表 9.13 分别报告了参与光伏扶贫项目的样本贫困家庭（处理组）和未参与光伏扶贫项目的样本贫困家庭（对照组）各变量的描述性统计特征。

表 9.11 总体样本各变量的描述性统计

变量名称	样本量	均值	标准差	最小值	最大值
家庭总消费	409	8 375.416	5 953.069	550	31 980
家庭人均消费	409	3 859.815	2 405.715	490	17 480
家庭人均消费对数（lncon）	409	8.063	0.650	6.194	9.769
贫困脆弱性（vep1）	409	0.806	0.166	0.357	0.999
贫困脆弱性（vep2）	409	0.976	0.045	0.602	1
ppap	409	0.814	0.389	0	1
户主特征指标					
户主年龄	409	58.976	12.889	20	92
标准化户主年龄（agestd）	409	0.010	1.019	−3.070	2.620
标准化户主年龄平方（agestd^2）	409	1.035	1.359	0	9.427
户主性别（gender）	409	0.848	0.359	0	1
户主婚姻状况(marriage)	409	0.457	0.499	0	1
户主受教育程度（edu）	409	4.702	3.621	0	15
家庭特征变量					
家庭规模(familysize)	409	2.367	1.224	1	6
家庭劳动力占比（lpr）	409	0.543	0.366	0	1
家庭人均耕地面积（pcland）	409	1.673	1.318	0	8.120
患大病或长期疾病人数占比（illr）	409	0.237	0.329	0	1
家庭残疾人数占比（disr）	409	0.323	0.384	0	1
患病就医次数对数（lnmed）	409	0.652	0.772	0	6.151
家庭总收入	409	30 197.268	18 230.570	7 000	100 400
家庭人均收入	409	13 018.665	5 019.768	4 500	35 400
家庭人均收入对数（lninc）	409	9.407	0.365	8.412	10.474

表9.12 处理组样本的描述性统计

处理组（参与光伏扶贫项目的贫困家庭）

变量名称	样本量	均值	标准差	最小值	最大值
家庭总消费	333	8 638.703	6 098.665	550	31 980
家庭人均消费	333	3 900.797	2 455.406	550	17 480
家庭人均消费对数（lncon）	333	8.071	0.655	6.310	9.769
贫困脆弱性（vep1）	333	0.797	0.172	0.357	0.999
贫困脆弱性（vep2）	333	0.974	0.048	0.602	1
ppap	333	1	0	1	1

户主特征指标

变量名称	样本量	均值	标准差	最小值	最大值
户主年龄	333	57.784	12.720	20	92
标准化户主年龄（agestd）	333	−0.084	1.005	−3.070	2.620
标准化户主年龄平方（agestd^2）	333	1.015	1.340	0	9.427
户主性别（gender）	333	0.835	0.372	0	1
户主婚姻状况(marriage)	333	0.468	0.500	0	1
户主受教育程度（edu）	333	4.820	3.613	0	15

家庭特征指标

变量名称	样本量	均值	标准差	最小值	最大值
家庭规模(familysize)	333	2.426	1.231	1	6
家庭劳动力占比（lpr）	333	0.550	0.362	0	1
家庭人均耕地面积（pcland）	333	1.665	1.319	0	7.090
患大病或长期疾病人数占比（illr）	333	0.233	0.319	0	1
家庭残疾人数占比（disr）	333	0.335	0.384	0	1
患病就医次数对数（lnmed）	333	0.663	0.783	0	6.151
家庭总收入	333	31 236.723	18 130.446	7 000	100 400
家庭人均收入	333	13 289.229	5 017.013	4 500	35 400
家庭人均收入对数（lninc）	333	9.429	0.361	8.412	10.474

表9.13 对照组样本的描述性统计

对照组（未参与光伏扶贫项目的贫困家庭）

变量名称	样本量	均值	标准差	最小值	最大值
家庭总消费	76	7 221.803	5 146.630	750	24 200
家庭人均消费	76	3 680.250	2 180.645	490	9 200
家庭人均消费对数（lncon）	76	8.030	0.630	6.194	9.127
贫困脆弱性（vep1）	76	0.846	0.129	0.447	0.997
贫困脆弱性（vep2）	76	0.988	0.029	0.784	1
ppap	76	0	0	0	0

续表

户主特征指标					
户主年龄	76	64.197	12.391	34	92
标准化户主年龄（agestd）	76	0.422	0.979	−1.964	2.620
标准化户主年龄平方(agestd^2)	76	1.125	1.446	0	6.862
户主性别（gender）	76	0.908	0.291	0	1
户主婚姻状况(marriage)	76	0.408	0.495	0	1
户主受教育程度（edu）	76	4.184	3.636	0	12
家庭特征指标					
家庭规模(familysize)	76	2.105	1.161	1	5
家庭劳动力占比（lpr）	76	0.511	0.384	0	1
家庭人均耕地面积（pcland）	76	1.704	1.320	0	8.120
患大病或长期疾病人数占比（illr）	76	0.254	0.371	0	1
家庭残疾人数占比（disr）	76	0.268	0.379	0	1
患病就医次数对数（lnmed）	76	0.608	0.723	0	2.565
家庭总收入	76	25 642.816	18 085.461	7 200	73 000
家庭人均收入	76	11 833.169	4 889.506	5 000	32 000
家庭人均收入对数（lninc）	76	9.308	0.366	8.517	10.373

从总体样本来看，贫困家庭之间的收入差距较大，无论是家庭总收入还是家庭人均收入，最小值和最大值之间都有较大差距。同样，贫困家庭之间的消费差距也较大，尤其是家庭总消费和家庭人均消费的最小值，分别为550元和490元，远远低于两指标的平均值。vep1和vep2分别表示以人均日消费1.9美元和3.1美元为贫困标准线计算的贫困脆弱性。贫困脆弱性vep1的均值、最小值和最大值都低于贫困脆弱性vep2；户主婚姻状况的均值小于0.5，偏低；户主受教育程度平均为4.702年，文化水平总体不高；家庭人口数量平均为2~3人，平均家庭劳动力占比达到一半以上；样本家庭人均耕地面积与全国人均耕地面积接近，平均患大病或长期疾病人数与平均家庭残疾人数的比例低于平均家庭劳动力占比。

处理组家庭平均收入水平高于对照组，且差距较大。处理组家庭的平均总收入为31 236.723元，对照组家庭的平均总收入为25 642.816元，处理组高于对照组5593.907元，二者之间的差距较大。而在人均收入方面，处理组家庭和对照组家庭也存在一定的差距，处理组家庭和对照组家庭的平均人均收入分别为13 289.229元和11 833.169元，处理组高于对照组1456.06元。由此可以看出，参与光伏扶贫项目的样本贫困家庭的平均收入水平高于未参与光伏扶贫项目的样本贫困家庭。

处理组家庭平均消费水平高于对照组，二者之间的消费差距小于收入差距。处理组家庭平均总消费支出和平均人均消费支出分别为 8638.703 元和 3900.797 元，对照组家庭平均总消费支出和平均人均消费支出分别为 7221.803 元和 3680.250 元。其中，处理组家庭的平均总消费水平高于对照组家庭 1416.9 元，处理组的平均人均消费水平高于对照组 220.547 元。而且处理组家庭和对照组家庭之间的平均消费水平差距小于平均收入水平差距。由此可见，参与光伏扶贫项目的样本贫困家庭平均总消费水平高于未参与光伏扶贫项目的样本贫困家庭，同时参与光伏扶贫项目的样本贫困家庭在人均消费水平上也高于未参与光伏扶贫项目的样本贫困家庭。

处理组家庭平均贫困脆弱性明显低于对照组。在较低标准的贫困线下，处理组家庭平均贫困脆弱性为 0.797，对照组为 0.846。在较高标准的贫困线下，处理组家庭平均贫困脆弱性为 0.974，对照组为 0.988。可以看出，无论是较低标准还是较高标准的贫困线下，参与光伏扶贫项目的贫困家庭的平均贫困脆弱性都低于未参与光伏扶贫项目的贫困家庭，说明参与光伏扶贫项目的贫困家庭平均未来人均消费低于贫困线的概率小于未参与光伏扶贫项目的贫困家庭。但是，随着贫困标准线的提高，二者之间的差距在缩小。

处理组家庭平均残疾人数占比高于对照组，但是平均患大病或长期疾病人数占比低于对照组。处理组家庭和对照组家庭平均残疾人数占比分别为 0.335 和 0.268，参与光伏扶贫项目的贫困家庭中残疾人比例稍高。处理组家庭和对照组家庭平均患大病或长期疾病的人数占比分别为 0.233 和 0.254，处理组略低于对照组，差距极小。

为了检验模型是否存在多重共线性，本章计算了各变量的 VIF。如表 9.14 所示，各变量方差膨胀因子的范围在 1.09~1.88，远低于判断边界值 10，表明该模型不存在严重的多重共线性。

表 9.14　变量的多重共线性检验

变量	VIF	变量	VIF
marriage	1.88	illr	1.26
familysize	1.73	lnmed	1.24
agestd	1.44	lninc	1.19
disr	1.40	pcland	1.19
edu	1.38	$agestd^2$	1.15
lpr	1.34	ppap	1.09
gender	1.29	Mean VIF	1.35

9.2.2 实证结果分析

1. 光伏扶贫项目对贫困家庭人均消费影响及其可持续性分析

表 9.15 是对总样本进行 OLS 回归的结果报告，第（1）列结果汇报了光伏扶贫项目对贫困家庭人均消费的影响，第（2）列和第（3）列则分别汇报了在人均日消费 1.9 美元和 3.1 美元贫困标准线下，参与光伏扶贫项目对贫困家庭贫困脆弱性的影响。

表 9.15 光伏扶贫项目对贫困家庭人均消费和贫困脆弱性的估计结果

变量	(1) lncon	(2) vep1	(3) vep2
ppap	0.0152	−0.0245***	−0.0029
	(0.0770)	(0.0069)	(0.0030)
agestd	−0.0180	0.0221***	0.0058**
	(0.0376)	(0.0035)	(0.0025)
agestd^2	−0.0286	0.0001	−0.0089***
	(0.0250)	(0.0019)	(0.0030)
gender	−0.0446	−0.0013	0.0118**
	(0.0958)	(0.0085)	(0.0048)
marriage	−0.0588	0.0780***	0.0089***
	(0.0856)	(0.0083)	(0.0031)
edu	0.0214**	−0.0097***	−0.0027***
	(0.0096)	(0.0010)	(0.0005)
familysize	−0.1556***	0.0718***	0.0104***
	(0.0310)	(0.0039)	(0.0014)
lpr	0.0004	0.0038	0.0007
	(0.0950)	(0.0074)	(0.0039)
illr	−0.0514	0.0045	0.0144***
	(0.0947)	(0.0106)	(0.0040)
disr	−0.1157	0.0472***	−0.0133***
	(0.0969)	(0.0084)	(0.0045)
lnmed	0.1094***	−0.0485***	−0.0059***
	(0.0361)	(0.0048)	(0.0018)
pcland	−0.0064	−0.0087***	−0.0009
	(0.0244)	(0.0023)	(0.0010)

续表

变量	(1) lncon	(2) vep1	(3) vep2
lninc	0.4209***	−0.2904***	−0.0753***
	(0.0897)	(0.0087)	(0.0066)
常数项	4.4431***	3.4272***	1.6758***
	(0.8353)	(0.0799)	(0.0617)
样本数	409	409	409
R^2	0.1561	0.8894	0.6591

注：括号内数据为稳健标准误
***、**分别代表在 1%、5%的水平上显著

第（1）列的实证结果显示核心解释变量 ppap 的系数是 0.0152，没有表现出至少在 10%的水平上显著，说明相比于未参与光伏扶贫项目的贫困家庭，参与光伏扶贫项目对贫困家庭人均消费没有显著影响。这一点可以根据预防性储蓄理论进行解释。贫困户可能有较大的预防性储蓄倾向。而且光伏扶贫项目对贫困家庭的增收幅度受项目规模限制，所以对其消费的影响也不会比其他项目更大。

从第（2）列的回归结果来看，核心解释变量 ppap 的系数绝对值是 0.0245，符号为负，且在 1%的水平上显著。说明在人均日消费 1.9 美元的贫困标准线下，参与光伏扶贫项目使贫困家庭贫困脆弱性显著降低 2.45%，光伏扶贫项目在降低贫困家庭的贫困脆弱性方面取得了显著的效果。这说明，相比于其他扶贫项目，光伏扶贫的成效在持续性上具有一定的优势，能对贫困家庭增收起到持续性作用。光伏发电系统的较长寿命周期、相对稳定的上网电价且不存在滞销风险，都保证了贫困家庭收入的稳定增加。

但是第（3）列的实证结果显示，当贫困标准线提高到人均日消费 3.1 美元后，处理变量 ppap 的系数仍然为负，系数绝对值降低为 0.0029，且没有表现出至少在 10%的水平上显著，表明了在较高标准的贫困线下，参与光伏扶贫项目对于缓解贫困家庭的贫困脆弱性效果并不显著。这进一步说明在光伏扶贫力度下增收的幅度受限。这说明在较高的贫困标准线下，光伏扶贫项目在对贫困家庭贫困脆弱性的影响方面与其他扶贫项目没有显著差别，但是这一结果也给了我们警示，在当前彻底解决了绝对贫困问题的背景下，贫困标准线提高以后的返贫风险将成为未来需要关注的重点，如何抵抗风险、摆脱贫困脆弱状态是需要解决的关键问题。

此外，从控制变量来看，当贫困标准线为较低的 1.9 美元时，相比于未参与光伏扶贫项目的贫困家庭，参与光伏扶贫项目的贫困家庭户主的性别，以及贫困家庭中劳动力占比、患大病或长期疾病人数占比对贫困家庭贫困脆弱性的影响不显著。年龄、家庭规模与家庭贫困脆弱性显著正相关，受教育程度与家庭贫困脆

弱性显著负相关。婚姻状况、家庭残疾人数占比与家庭贫困脆弱性显著正相关，这些变量的值越大，越会增加贫困家庭未来陷入贫困的概率。患病就医次数、家庭人均耕地面积和家庭人均收入与家庭贫困脆弱性显著负相关，这些变量的值越大，越会降低贫困家庭未来陷入贫困的概率。

2. 光伏扶贫项目帮扶对象的精准性分析

1) 光伏扶贫项目对"因病或因残致贫"家庭的人均消费和贫困脆弱性的影响分析

精准扶贫政策的核心在于"精准"，针对不同贫困原因、贫困类型的群体施策，才能有效发挥政策效果。参考中国家庭追踪调查数据库的问卷设计，本章对贫困户的致贫原因进行分类，主要调查了以下几项致贫原因："因病或因残致贫"，即家庭成员身体患有大病或者长期疾病，又或者身体有残疾导致家庭贫困；"因学致贫"，即子女上学开支负担重；"因灾致贫"，即遭遇自然灾害或突发事件；"老年贫困"，即家庭赡养老人负担重或家中只有老人；"缺劳动力"；"缺土地或水""自身能力（知识、观念、技能）不足"以及其他原因。本章的调查数据显示，"因病或因残致贫"是样本贫困家庭的主要致贫原因，因此我们着重关注光伏扶贫项目对"因病或因残致贫"的家庭人均消费和贫困脆弱性的影响。

表 9.16 第（1）列结果汇报了光伏扶贫对"因病或因残致贫"的家庭人均消费的影响，第（2）列和第（3）列则分别汇报了在人均日消费 1.9 美元和 3.1 美元贫困标准线下，参与光伏扶贫项目对"因病或因残致贫"的家庭贫困脆弱性的影响。第（1）列估计结果显示，核心解释变量 ppap 的系数是 0.1343，没有表现出至少在 10%的水平上显著，说明了相比于未参与光伏扶贫项目的"因病或因残致贫"家庭，参与光伏扶贫项目对"因病或因残致贫"的家庭人均消费没有显著影响。第（2）列的估计结果显示，核心解释变量 ppap 的系数绝对值是 0.0153，符号为负，且在 10%的水平上显著。表明在人均日消费 1.9 美元的贫困标准线下，参与光伏扶贫项目使"因病或因残致贫"的家庭贫困脆弱性显著降低 1.53%，光伏扶贫项目对"因病或因残致贫"家庭的贫困脆弱性表现出显著的缓解作用。第（3）列估计结果显示，核心解释变量 ppap 的系数没有表现出至少在 10%的水平上显著。

表 9.16　光伏扶贫项目对"因病或因残致贫"家庭的人均消费和贫困脆弱性的估计结果

变量	(1)	(2)	(3)
	lncon	vep1	vep2
ppap	0.1343	−0.0153*	−0.0010
	(0.1031)	(0.0088)	(0.0040)

续表

变量	(1) lncon	(2) vep1	(3) vep2
agestd	0.0096	0.0189***	0.0022
	(0.0436)	(0.0040)	(0.0021)
agestd^2	−0.0265	−0.0024	−0.0064**
	(0.0323)	(0.0023)	(0.0025)
gender	−0.1390	−0.0030	0.0110*
	(0.1166)	(0.0106)	(0.0065)
marriage	−0.0195	0.0802***	0.0145***
	(0.1023)	(0.0100)	(0.0033)
edu	0.0271**	−0.0098***	−0.0028***
	(0.0106)	(0.0011)	(0.0007)
familysize	−0.1424***	0.0714***	0.0095***
	(0.0363)	(0.0046)	(0.0014)
lpr	0.0395	−0.0020	0.0001
	(0.1161)	(0.0087)	(0.0041)
illr	−0.0370	0.0026	0.0197***
	(0.1190)	(0.0131)	(0.0054)
disr	−0.0790	0.0519***	−0.0097**
	(0.1197)	(0.0120)	(0.0049)
lnmed	0.1070***	−0.0452***	−0.0061***
	(0.0412)	(0.0058)	(0.0019)
pcland	−0.0030	−0.0068**	−0.0015
	(0.0276)	(0.0026)	(0.0012)
lninc	0.3286***	−0.2939***	−0.0755***
	(0.1049)	(0.0102)	(0.0069)
常数项	5.1845***	3.4499***	1.6716***
	(0.9750)	(0.0941)	(0.0630)
样本数	308	308	308
R^2	0.1373	0.8905	0.6684

注：括号内数据为稳健标准误

***、**、*分别代表在 1%、5%、10%的水平上显著

对于"因病或因残致贫"的贫困家庭而言，一方面家庭中患有大病或者身有残疾的个人身体机能较差，劳动能力有限，导致劳动投入的回报较低，家庭收入有限，从而限制了家庭消费。另一方面，不健康的家庭成员会面临高额的医疗费

用,家庭的医药负担更重,在医疗上的支出可能会增加。有些学者认为疾病对家庭的冲击是暂时性的,但是大病、长期疾病或者残疾等会影响未来收入,对贫困家庭未来贫困具有持续影响,导致贫困户在长期难以摆脱贫困,即使暂时脱贫成功但仍然十分脆弱,在遭受冲击时更容易返贫。表9.16的结果表明,虽然参与光伏扶贫项目没有对"因病或因残致贫"的贫困家庭消费产生显著影响,但是在缓解"因病或因残致贫"家庭的贫困脆弱性方面发挥了显著作用。当贫困标准线较低时,光伏收入的稳定性使得贫困户仍然能维持一定水平的消费,能显著降低"因病或因残致贫"家庭未来陷入贫困的概率。当贫困标准线提高以后,光伏扶贫项目对"因病或因残致贫"家庭人均消费超过标准线的概率的影响不显著,与未参与光伏扶贫项目的"因病或因残致贫"家庭相比没有表现出显著差异。从精准性的视角看,光伏扶贫项目对"因病或因残致贫"的家庭开展了针对性的帮扶,起到了显著的帮扶作用。

2)光伏扶贫项目对低保户家庭人均消费和贫困脆弱性的影响分析

本章研究还调查了贫困户所属类型,包括一般贫困户、低保户、五保户、特困户。整理数据后发现,在409个样本户中属于低保户的有258户,占全部样本的63%。根据我国农村居民最低生活保障条例有关规定,家庭人均纯收入未达到户籍所在区县最低生活标准的农村居民属于低保户。但由于区域发展不平衡,各地区实际情况有所差异,低保户的识别除了会参考收入标准,还会考虑非收入标准,在实际操作中常常会给予家庭成员存在重度残疾或疾病而导致丧失劳动力的家庭低保待遇。所以,我们着重关注光伏扶贫项目对低保户家庭的人均消费和贫困脆弱性的影响。光伏扶贫项目对低保户家庭人均消费和贫困脆弱性影响的估计结果如表9.17所示。

表9.17 光伏扶贫项目对低保户家庭人均消费和贫困脆弱性影响的估计结果

变量	(1) lncon	(2) vep1	(3) vep2
ppap	0.1038	−0.0197**	−0.0002
	(0.1168)	(0.0098)	(0.0039)
agestd	−0.0305	0.0229***	0.0035
	(0.0478)	(0.0039)	(0.0022)
agestd^2	−0.0298	−0.0023	−0.0079***
	(0.0373)	(0.0022)	(0.0029)
gender	−0.1912	0.0013	0.0123**
	(0.1282)	(0.0111)	(0.0059)

续表

变量	(1) lncon	(2) vep1	(3) vep2
marriage	−0.0132	0.0650***	0.0106***
	(0.1220)	(0.0107)	(0.0036)
edu	0.0306***	−0.0091***	−0.0027***
	(0.0117)	(0.0011)	(0.0007)
familysize	−0.1824***	0.0728***	0.0098***
	(0.0428)	(0.0052)	(0.0015)
lpr	0.0798	0.0044	0.0003
	(0.1253)	(0.0085)	(0.0038)
illr	−0.0601	0.0157	0.0197***
	(0.1350)	(0.0137)	(0.0054)
disr	−0.0512	0.0432***	−0.0112**
	(0.1353)	(0.0128)	(0.0046)
pcland	0.0134	−0.0110***	−0.0019
	(0.0296)	(0.0028)	(0.0012)
lnmed	0.1601***	−0.0458***	−0.0069***
	(0.0453)	(0.0064)	(0.0019)
lninc	0.2959**	−0.2943***	−0.0763***
	(0.1202)	(0.0111)	(0.0076)
常数项	5.4983***	3.4620***	1.6813***
	(1.1224)	(0.1011)	(0.0701)
样本数	258	258	258
R^2	0.1738	0.9018	0.6913

注：括号内数据为稳健标准误

***、**分别代表在1%、5%的水平上显著

从表9.17的结果可以看出，光伏扶贫项目对低保户家庭人均消费影响不显著。在较低贫困标准线下，光伏扶贫项目显著降低了低保户家庭的贫困脆弱性。在较高的贫困标准线下，光伏扶贫项目对低保户家庭的贫困脆弱性影响不显著。光伏扶贫项目对低保户家庭的影响效果，与前文对"因病或因残致贫"家庭的结论一致，表明研究结果是可靠的，再次说明了光伏扶贫的精准性。

3. 光伏扶贫项目对不同贫困脆弱程度的贫困家庭的有效性分析

从光伏扶贫项目对贫困家庭的贫困脆弱性影响的OLS回归结果中可以看出，在较低的贫困标准线下，光伏扶贫项目对贫困家庭的贫困脆弱性具有显著的缓解

作用，当贫困标准线提高以后，光伏扶贫项目对于贫困家庭贫困脆弱性没有表现出显著的影响作用。为了更深入地了解光伏扶贫项目对家庭贫困脆弱性的影响效果，本章做了进一步的研究分析。表 9.18 第（1）、（2）和（3）列分别给出了在人均日消费 1.9 美元标准下，光伏扶贫项目对家庭贫困脆弱性 vep1 在第 0.25、0.5 和 0.75 分位点处的回归结果，表 9.19 第（1）、（2）和（3）列分别给出了在人均日消费 3.1 美元标准下，光伏扶贫项目对家庭贫困脆弱性 vep2 在第 0.25、0.5 和 0.75 分位点处的回归结果。

表 9.18　光伏扶贫项目对贫困家庭贫困脆弱性 vep1 影响的分位数回归结果

变量	(1) q25	(2) q50	(3) q75
ppap	−0.0257**	−0.0174**	−0.0075**
	(0.0108)	(0.0070)	(0.0038)
agestd	0.0217***	0.0218***	0.0252***
	(0.0050)	(0.0035)	(0.0023)
agestd^2	0.0035	−0.0015	−0.0050***
	(0.0032)	(0.0019)	(0.0016)
gender	−0.0102	0.0069	0.0188***
	(0.0133)	(0.0094)	(0.0057)
marriage	0.1084***	0.0787***	0.0489***
	(0.0143)	(0.0092)	(0.0049)
edu	−0.0101***	−0.0101***	−0.0110***
	(0.0015)	(0.0011)	(0.0007)
familysize	0.0606***	0.0714***	0.0861***
	(0.0055)	(0.0066)	(0.0044)
lpr	0.0032	0.0059	0.0144**
	(0.0119)	(0.0090)	(0.0059)
illr	0.0082	0.0072	0.0100*
	(0.0158)	(0.0102)	(0.0054)
disr	0.0591***	0.0236**	0.0251***
	(0.0156)	(0.0118)	(0.0065)
pcland	−0.0130***	−0.0096***	−0.0063***
	(0.0036)	(0.0029)	(0.0017)
lnmed	−0.0499***	−0.0490***	−0.0485***
	(0.0094)	(0.0062)	(0.0028)

续表

变量	(1) q25	(2) q50	(3) q75
lninc	−0.2818***	−0.2918***	−0.3043***
	(0.0148)	(0.0104)	(0.0095)
常数项	3.3408***	3.4530***	3.5559***
	(0.1330)	(0.0940)	(0.0831)
样本数	409	409	409

注：括号内数据为标准误，由 Bootstrap 自助抽样法得到（500 次重复）
***、**、*分别代表在 1%、5%、10%的水平上显著

表9.19 光伏扶贫项目对贫困家庭贫困脆弱性 vep2 影响的分位数回归结果

变量	(1) q25	(2) q50	(3) q75
ppap	0.0012	−0.0020	−0.0016*
	(0.0039)	(0.0026)	(0.0008)
agestd	0.0041	0.0035***	0.0020***
	(0.0025)	(0.0013)	(0.0006)
agestd^2	−0.0067**	−0.0039***	−0.0024***
	(0.0033)	(0.0013)	(0.0004)
gender	0.0046	0.0073***	0.0058***
	(0.0058)	(0.0028)	(0.0017)
marriage	0.0078*	0.0062**	0.0023**
	(0.0045)	(0.0024)	(0.0011)
edu	−0.0021***	−0.0011***	−0.0009***
	(0.0007)	(0.0003)	(0.0002)
familysize	0.0076***	0.0050***	0.0060***
	(0.0016)	(0.0010)	(0.0009)
lpr	0.0013	0.0031	0.0034***
	(0.0056)	(0.0031)	(0.0011)
illr	0.0145**	0.0075**	0.0049***
	(0.0061)	(0.0030)	(0.0014)
disr	−0.0106	−0.0101***	−0.0067***
	(0.0068)	(0.0030)	(0.0013)
pcland	−0.0018	−0.0006	−0.0002
	(0.0016)	(0.0009)	(0.0004)

续表

变量	(1)	(2)	(3)
	q25	q50	q75
lnmed	−0.0071***	−0.0038***	−0.0029***
	(0.0024)	(0.0015)	(0.0007)
lninc	−0.0595***	−0.0427***	−0.0341***
	(0.0084)	(0.0048)	(0.0039)
常数项	1.5262***	1.3793***	1.3029***
	(0.0779)	(0.0436)	(0.0358)
样本数	409	409	409

注：括号内为标准误，由 Bootstrap 自助抽样法得到（500 次重复）
***、**、*分别代表在 1%、5%、10%的水平上显著

从表 9.18 的回归结果可以看出，在人均日消费 1.9 美元的贫困标准线下，光伏扶贫项目对贫困脆弱程度不同的贫困家庭的贫困脆弱性具有显著的差异性影响。核心解释变量 ppap 在各分位点的系数都为负，且都在 5%的水平上显著，说明光伏扶贫项目对不同贫困脆弱程度的家庭的贫困脆弱性都具有显著的缓解作用。ppap 在各分位点的系数绝对值分别为 0.0257、0.0174、0.0075，可以看出随着分位的增大，ppap 的系数绝对值呈现出递减趋势，表明光伏扶贫项目对于贫困脆弱程度较低的家庭的贫困脆弱性缓解作用最大，对于贫困脆弱程度较高的家庭的贫困脆弱性缓解作用较小。

从表 9.19 的回归结果可以看出，在人均日消费 3.1 美元的贫困标准线下，光伏扶贫项目对贫困脆弱程度较高的贫困家庭的贫困脆弱性具有显著负向影响。核心解释变量 ppap 在 0.25 分位和 0.5 分位的系数分别为 0.0012 和−0.0020，都没有表现出至少在 10%的水平上显著，说明光伏扶贫项目对于贫困脆弱程度较低的家庭的贫困脆弱性没有显著的影响效果。ppap 在 0.75 分位的系数为负，系数绝对值为 0.0016，并在 10%的水平上显著，说明光伏扶贫项目能显著降低贫困脆弱程度较高的家庭的贫困脆弱性。

以上结果说明，在贫困标准线较低的时候，光伏扶贫项目对贫困脆弱程度较低的家庭的贫困脆弱性的缓解效果显著好于对贫困脆弱程度较高的家庭的贫困脆弱性的缓解效果。当贫困标准线提高以后，光伏扶贫项目对贫困家庭的贫困脆弱性的缓解作用有限，对贫困脆弱程度较低的家庭没有显著的影响，而对贫困脆弱程度较高的家庭有显著的缓解作用。分位数回归结果说明光伏扶贫项目对陷入贫困概率较大的贫困人群的帮扶是富有成效的，光伏扶贫项目的兜底作用具有显著的有效性。

4. 基于倾向得分匹配法的稳健性检验

为了排除内生性选择的干扰，本章采用倾向得分匹配方法，对可观测的变量匹配具有相似特征的个体，再利用匹配后的样本计算平均处理效应，从而对前文的研究结论进行稳健性检验。具体步骤如下。

首先，选择合适的协变量。协变量是影响贫困户参与光伏扶贫决策的主要因素，应满足共同支撑假定和平衡性假定。本章选取年龄（age）、性别（gender）、户主婚姻状况（marriage）、户主受教育程度（edu）、家庭规模（familysize）、家庭劳动力占比（lpr）、家庭人均耕地面积（pcland）、患大病或长期疾病人数占比（illr）、家庭残疾人数占比（disr）、患病就医次数（lnmed）、家庭人均收入（lninc）作为倾向得分匹配的协变量。

其次，运用 logistic 回归，估计倾向得分。倾向得分匹配的 logistic 模型如下：

$$P(ppap_i=1|x_i)=\frac{\exp(\beta x_i)}{1+\exp(\beta x_i)} \tag{9.9}$$

其中，x_i 为匹配协变量；β 为对应的估计系数。

再次，进行倾向得分匹配。本章参考大多数文献的做法，使用最近邻匹配、卡尺内最近邻匹配以及核匹配三种方法来匹配样本，保证匹配结果是稳健的，样本数据的分析结果是可靠的。

最后，计算平均处理效应。平均处理效应包含三类：一是处理组的平均处理效应（average treatment effects on the treated, ATT），表示参与光伏扶贫项目的贫困家庭的消费与贫困脆弱性变化的平均值。二是对照组的平均处理效应（average treatment effect on the untreated, ATU），表示未参与光伏扶贫项目的贫困家庭的消费与贫困脆弱性变化的平均值。三是全样本的平均处理效应（average treatment effect, ATE），表示全样本的贫困家庭消费与贫困脆弱性变化的平均值。由于本章探究的是光伏扶贫项目对贫困家庭人均消费以及贫困脆弱性的影响作用，主要关注的是参与光伏扶贫项目的贫困户的家庭消费变化以及贫困脆弱程度变化情况，因此，本章选择 ATT 进行分析。ATT 的一般表达式为

$$\text{ATT}=E(Y_i^1-Y_i^0|ppap_i=1,X=x) \tag{9.10}$$

其中，Y_i^1 为参与光伏扶贫项目的贫困家庭 i 的消费；Y_i^0 为未参与光伏扶贫项目的贫困家庭 i 的消费。

为了保证样本数据的匹配质量，首先检验是否满足共同支撑假设。图 9.1（a）

与图 9.1（b）的核密度图为贫困户匹配前后倾向得分共同取值结果范围图。从图中可以直观地看出，在匹配前处理组和对照组倾向得分的共同支撑区域有限，相当一部分没有重合，但是在匹配后，处理组和对照组样本的倾向得分分布较为一致，共同支撑区域有了较大范围的重叠，而且共同取值范围内包含了绝大多数样本。样本满足共同支撑假设。

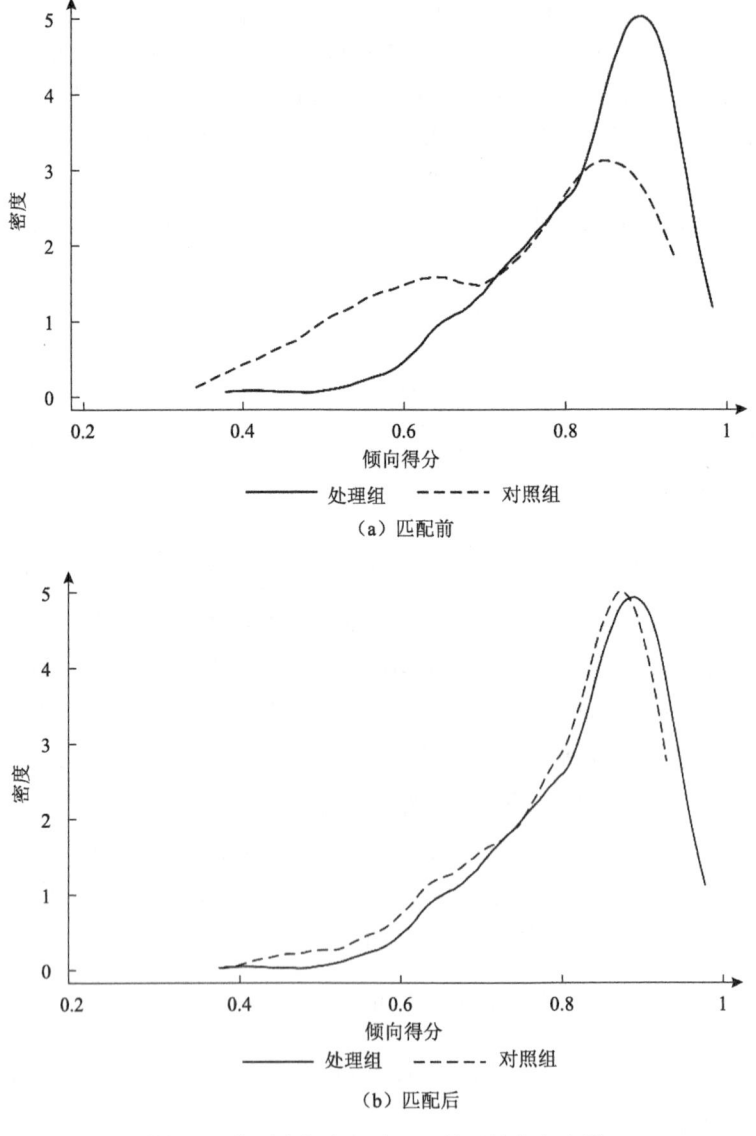

（a）匹配前

（b）匹配后

图 9.1　贫困户倾向得分匹配前后的核密度图

接着进行匹配平衡性假定检验。从整体平衡性检验结果（表9.20）来看，与匹配前相比，匹配后的伪R^2、卡方统计量、偏差均值均有所下降，说明样本匹配质量较高。

表9.20 匹配平衡性假定检验结果

匹配方法	伪R^2	卡方统计量	偏差均值
匹配前	0.086	33.690	18.800
最近邻匹配	0.022	18.090	8.600
卡尺内最近邻匹配	0.026	20.590	10.500
核匹配	0.010	8.610	5.900

本章对样本分别进行最近邻匹配、卡尺内最近邻匹配和核匹配，计算出家庭人均消费和贫困脆弱性的 ATT 值，表 9.21 是光伏扶贫项目对贫困家庭人均消费和贫困脆弱性倾向得分匹配法的估计结果。可以看出，ATT 的符号和显著性水平与表 9.15 基本一致。因此，证明在排除了样本自选择问题后，本章结论是稳健的。

表9.21 各结果变量倾向得分匹配法的估计结果

被解释变量	匹配方法	ATT	标准误	t 值
家庭人均消费（lncon）	最近邻匹配	0.0336	0.0991	0.34
	卡尺内最近邻匹配	0.0676	0.1046	0.65
	核匹配	0.0470	0.0849	0.55
贫困脆弱性（vep1）	最近邻匹配	−0.0338*	0.0176	−1.93
	卡尺内最近邻匹配	−0.0346*	0.0200	−1.73
	核匹配	−0.0298**	0.0126	−2.36
贫困脆弱性（vep2）	最近邻匹配	−0.0069	0.0052	−1.33
	卡尺内最近邻匹配	−0.0077	0.0055	−1.40
	核匹配	−0.0061	0.0041	−1.52

注：t 值由 Bootstrap 自助抽样法得到（500 次重复）
**、*分别表示在5%、10%的水平上显著

9.3 本章小结

本章从消费视角出发，对于安徽省 B 市 W 县 4 个乡镇既往建档立卡的贫困户开展入户调查，充分揭示了光伏扶贫项目的精准性、有效性和结果持续性的特征，验证了光伏扶贫政策的有效性。

第 10 章　进一步完善光伏政策的建议

10.1　强化自主创新在发展中的核心地位，将创新作为光伏政策的主要着力点

第 4 章至第 8 章对光伏政策效应的微观机制研究表明，光伏政策主要通过创新来推动产业发展。而各种形式的补贴无论是对创新、生产率提高、产能投资等影响都十分有限。这说明产业政策的核心是支持创新，而且这种支持主要是通过政策的引导作用来实现的。

有序推动各级政府生产补贴的逐步退出。地方政府为了争取光伏项目，往往都会给光伏企业各种优惠政策和补贴。这些生产补贴容易引起国际贸易摩擦。应通过统一部署，有序取消生产补贴，推动国内营商环境更加公平、有序和自由，进一步充分释放社会主义市场经济的活力。

将创新作为产业政策的核心。通过技术标准的升级，倒逼企业产品升级；通过对创新的支持，包括对光伏产业不同技术方向的同时支持，营造良好的创新生态；支持光伏领域科技型企业的创立，培育具有创新精神、创新活力的市场主体。

加大对高校和科研机构的研发投入。高校和科研机构的研究工作具有公共物品的性质和显著的正外部性。应加大政府对高校和科研机构科研经费投入，引导社会资金支持高校和科研机构的原始创新，为光伏等新兴产业发展注入技术源头的活水。

10.2　强化光伏政策和市场机制的相互耦合，推动"有为政府"和"有效市场"的协同与配合

第 4 章的研究表明，光伏政策对市场主体能起到引导作用。第 4 章和第 5 章的研究还表明，光伏产业的发展是由市场逻辑主导的。因此，必须要推动政策和市场的相互耦合。

充分发挥好政策信号的引导作用。政策的密集出台，能有效引导社会资源投向光伏等新兴产业。要更多地强调政策支持产业技术创新，引导产业走自主创新的发展道路；对光伏等产业技术不成熟、技术轨道可能存在变迁以及由此带来的

风险和不确定性也应充分重视，防止造成运动式投资和不必要的资源浪费。

光伏政策实施策略上要对接市场机制。在补贴和政府采购等具体政策实施策略上，要鼓励企业通过创新来参与竞争，充分发挥市场的创新和竞争作用，推动产业高质量发展。第9章研究表明光伏扶贫政策取得了非常好的社会效益，光伏扶贫本身也是政策和市场相耦合的一个政策工具，类似的政策设计具有非常强的借鉴意义。

10.3 发挥高校和研究机构在自主创新体系中的原始创新贡献，增强光伏等产业创新生态的活性

尽管本书未对高校在光伏产业的贡献开展研究，但是高校和研究机构在光伏产业发展中的贡献是不容忽视的。制定光伏等产业政策时，一定要坚持系统观念，从创新体系的角度审视相关政策。

强化高校和科研机构在创新链条前端的地位和贡献。大学、科研机构位于创新链的前端，应鼓励其加强基础研究和开发基础技术，为化解"卡脖子"产业问题提供广泛的支撑。进一步明确高校和科研机构原始创新的定位，推动高校、科研机构与企业在创新体系中的深度分工和高效协同，通过畅通创新链条促进科技成果的应用和转化。

鼓励高校和科研机构错位、多元、互补发展。坚持系统观念，采用更加包容性的评估与导向，引导高校和科研机构错位发展、特色发展，形成多元互补的格局，丰富创新生态中主体的多样性。依靠具有多样性的创新生态的体系能力，加快重点领域的科技突破，建立高技术产业国际竞争优势。

依托高校和科研机构资源与能力孕育专精特新"小巨人"。专精特新企业往往是高技术产业创新生态的重要环节，而其发展在很大程度上依赖科技人才的创业创新活动。高校和科研机构要加大力度培养高层次创新创业人才，提供专精特新的火种。通过科技人才的创业活动，实现高校科研成果的转化应用和溢出。打破高校和科研机构实验室分割管理和封闭运行的状态，构建实验室专业化运作和共享机制，为专精特新企业发展提供充分的物质条件。

10.4 精准研判和理解产业链复杂程度，针对性构建产业发展的策略和路径

总体而言，光伏产业链相对简单。对产业链相对简单的产业，要借助强政策

加速超车。比如光伏产业，要通过政策对产业创新的大力推动，推动活跃的创新主体相互协同，在较短时间内达到国际领先水平，实现"弯道超车"。

不能将光伏产业政策的经验过度、过泛地加以推广。对于产业链较为复杂的产业，要通过政策引导和聚合社会资本实现全面突破。类似电动汽车这样比较复杂的产业，要加强创新政策，增强国际合作，在产业链主要的关键领域实现突破；同时，借助资本市场通过市场化的方式募集巨额资金，推动技术和产品快速迭代、走向成熟。对于产业链极为复杂的产业，要发挥体制优势，坚决制胜。对于航空航天领域这样复杂的产业，产品复杂且面临国际技术封锁，要以国有资本为主体构建国家战略科技力量，广泛吸纳社会力量，完善新型举国体制，集中力量，攻坚克难。

10.5 深度契合新时代高技术产业发展趋势，提高光伏等产业政策制定的前瞻性和实施的有效性

第 4 章到第 8 章的研究表明政策具有很强的引导性，而且政策补贴可能存在对市场的扭曲。政策制定必须要考虑技术不确定性、微观主体行为的不确定性等，促进产业健康发展。

增强光伏等产业政策目标的前瞻性。中国经济发展取得了巨大成就，为高技术产业发展提供了庞大的市场和重要的物质基础，保障了高新技术及其产品的快速迭代。产业规划和产业发展目标制定过程中，应充分体现产业技术不断突破带来的产业形态可能的变化，突出技术指标和经济性指标的目标设定，确定政策退坡的思路、幅度和节奏。

适度扩大光伏等产业政策扶持对象的模糊性。产业政策引导产业整体朝着预定目标发展，尽量避免将特定类型的技术、产品或者企业作为扶持对象，推动产业技术更大范围的探索和自主创新。

提高政策实施的可预期性。产业政策实施应大体明确各类政策工具的预算，形成合理的预期，避免少数企业"大干快上抢补贴"；政策扶持的技术指标和经济性指标门槛逐年提高，建立对政策扶持科技创新的正确认知，防止部分社会投资的盲目涌入。

参 考 文 献

[1] Ling-Chin J, Heidrich O, Roskilly A P. Life cycle assessment (LCA): from analysing methodology development to introducing an LCA framework for marine photovoltaic (PV) systems[J]. Renewable and Sustainable Energy Reviews, 2016, 59: 352-378.

[2] 赵华. CL 建筑结构体系经济指标统计分析[J]. 新课程改革与实践, 2010, 5(7): 117.

[3] 詹晓燕. 多晶硅—光伏系统全生命周期碳排放研究[D]. 扬州: 扬州大学, 2011.

[4] 朱祺. 生物柴油的生命周期能源消耗、环境排放与经济性研究[D]. 上海: 上海交通大学, 2008.

[5] 李璨. 基于生命周期的光伏发电项目综合效益评价研究[D]. 青岛: 青岛科技大学, 2017.

[6] 王玲玲, 方志耕, 刘思峰, 等. 基于情景分析的自主创新能力建设战略态势研究[J]. 情报杂志, 2015, 34(4): 201-207.

[7] 林聚任. 社会网络分析: 理论、方法与应用[M]. 北京: 北京师范大学出版社, 2009.

[8] 张华平, 商建云. NLPIR-Parser: 大数据语义智能分析平台[J]. 语料库语言学, 2019, 6(1): 87-104.

[9] 刘勇, 杜一. 网络数据可视化与分析利器: Gephi 中文教程[M]. 北京: 电子工业出版社, 2017.

[10] Jacomy M, Venturini T, Heymann S, et al. ForceAtlas2, a continuous graph layout algorithm for handy network visualization designed for the Gephi software[J]. PLoS One, 2014, 9(6): e98679.

[11] Blondel V D, Guillaume J L, Lambiotte R, et al. Fast unfolding of communities in large networks[J]. Journal of Statistical Mechanics: Theory and Experiment, 2008, (10):P10008.

[12] 刘军. 整体网分析讲义: UCINET 软件实用指南[M]. 上海: 格致出版社, 2009.

[13] 杨颖, 戴彬. 基于多特征的中文关键词抽取方法[J]. 计算机应用与软件, 2014, 31(11): 109-112.

[14] 黄萃, 赵培强, 李江. 基于共词分析的中国科技创新政策变迁量化分析[J]. 中国行政管理, 2015, (9): 115-122.

[15] 程俊杰. 中国转型时期产业政策与产能过剩: 基于制造业面板数据的实证研究[J]. 财经研究, 2015, 41(8): 131-144.

[16] 洪巍, 李敏. 文本情感分析方法研究综述[J]. 计算机工程与科学, 2019, 41(4): 750-757.

[17] Tetlock P C, Saar-Tsechansky M, Macskassy S. More than words: quantifying language to measure firms' fundamentals[J]. The Journal of Finance, 2008, 63(3): 1437-1467.

[18] 杨杨, 杨兵. 税收优惠、企业家市场信心与企业投资: 基于上市公司年报文本挖掘的实证[J]. 税务研究, 2020, (7): 86-94.

[19] 赵妍妍, 秦兵, 刘挺. 文本情感分析[J]. 软件学报, 2010, 21(8): 1834-1848.

[20] Tetlock P C. Giving content to investor sentiment: the role of media in the stock market[J]. The Journal of Finance, 2007, 62(3): 1139-1168.

[21] 彭纪生, 孙文祥, 仲为国. 中国技术创新政策演变与绩效实证研究(1978—2006)[J]. 科研管理, 2008, (4): 134-150.

[22] 王晓珍, 彭志刚, 高伟, 等. 我国风电产业政策演进与效果评价[J]. 科学学研究, 2016, 34(12): 1817-1829.

[23] Rajan R G, Zingales L. What do we know about capital structure? Some evidence from international data[J]. The Journal of Finance, 1995, 50(5): 1421-1460.

[24] Faulkender M, Flannery M J, Hankins K W, et al. Cash flows and leverage adjustments[J]. Journal of Financial Economics, 2012, 103(3): 632-646.

[25] 伍中信, 张娅, 张雯. 信贷政策与企业资本结构: 来自中国上市公司的经验证据[J]. 会计研究, 2013, (3): 51-58, 96.

[26] 姜付秀, 屈耀辉, 陆正飞, 等. 产品市场竞争与资本结构动态调整[J]. 经济研究, 2008, (4): 99-110.

[27] 肖泽忠, 邹宏. 中国上市公司资本结构的影响因素和股权融资偏好[J]. 经济研究, 2008, (6): 119-134, 144.

[28] 陈强. 高级计量经济学及 Stata 应用[M]. 2 版. 北京: 高等教育出版社, 2014.

[29] Driscoll J C, Kraay A C. Consistent covariance matrix estimation with spatially dependent panel data[J]. The Review of Economics and Statistics, 1998, 80(4): 549-560.

[30] 陈志. 技术政策的产业生命周期、价值链的考虑: 以光伏产业为例[J]. 太原科技, 2010, (2): 13-17.

[31] 马胜红, 李斌, 陈东兵, 等. 中国光伏发电成本、价格及技术进步作用的分析[J]. 太阳能, 2010, (4): 6-13.

[32] 宋栋, 何永秀. 基于双因素学习曲线的风力发电成本研究[J]. 东北电力技术, 2017, 38(9): 1-3.

[33] 曾鸣, 鹿伟, 段金辉, 等. 太阳能光伏发电成本的双因素学习曲线模型研究[J]. 现代电力, 2012, 29(5): 72-76.

[34] 干越倩, 李楚萱, 薛泽桦. 产业政策对中国光伏产业绩效的影响机制研究[J]. 现代营销(学苑版), 2021, (6): 66-67.

[35] 郑竞宏, 杨俊, 魏玲, 等. 基于学习曲线模型的光伏上网电价预测[J]. 电气应用, 2012, 31(17): 51-55.

[36] 葛志祥. 我国分布式光伏发电上网定价模型及其投资价值分析[D]. 合肥: 合肥工业大学, 2019.

[37] 徐中平, 毛洪涛. 长期投资决策中学习曲线的应用[J]. 技术经济, 2001, (9): 60-61.

[38] 吴弼人. 光伏产业的起与伏: 我国太阳能光伏产业发展技术预见[J]. 华东科技, 2010, (4): 62-64.

[39] 胡佳. 政府补贴对光伏产业产能过剩的影响研究[D]. 长沙: 湖南师范大学, 2021.

[40] 李倩. GMM 方法在金融领域的发展与应用: 2013 年度诺贝尔经济学奖获得者拉尔斯·彼

得·汉森学术贡献评述[J]. 河北经贸大学学报, 2014, 35(4): 120-125.

[41] 迟春洁, 麻易帆. 基于改进型学习曲线理论的风电产业学习率估计[J]. 经济与管理研究, 2018, 39(5): 69-77.

[42] 丁浩. 可再生能源技术创新和扩散过程建模与政策优化[D]. 南京: 南京航空航天大学, 2020.

[43] 李鹏雁, 孙硕. 基于学习曲线的西北地区光伏发电成本分析[J]. 节能技术, 2017, 35(5): 469-474.

[44] 石方迪, 刘敦楠, 余涛, 等. 适应光伏学习曲线的分布式交易过网费机制[J]. 智慧电力, 2020, 48(3): 96-103.

[45] Arora A, Belenzon S, Suh J. Science and the market for technology[J]. Management Science, 2022, 68(10): 7176-7201.

[46] Anderson S P, de Palma A, Thisse J F. Discrete Choice Theory of Product Differentiation[M]. Cambridge: The MIT Press, 1992: 731-741.

[47] 童盼, 陆正飞. 负债融资、负债来源与企业投资行为: 来自中国上市公司的经验证据[J]. 经济研究, 2005, (5): 75-84, 126.

[48] Bottazzi L. Globalization and local proximity in innovation: a dynamic process[J]. European Economic Review, 2001, 45(4/5/6):731-741.

[49] 王燕青. 科技金融、技术创新与企业绩效的关系研究: 以高技术企业为例[D]. 苏州: 苏州大学, 2014.

[50] Rai A, Patnayakuni R, Patnayakuni N. Technology investment and business performance[J]. Communications of the ACM, 1997, 40(7): 89-97.

[51] Mashayekhi B, Bazaz M S. Corporate governance and firm performance in Iran[J]. Journal of Contemporary Accounting & Economics, 2008, 4(2): 156-172.

[52] 刘正阳, 王金鑫, 乔晗, 等. 商业模式对企业绩效的影响探究: 基于新能源上市企业数据[J]. 管理评论, 2019, 31(7): 264-273.

[53] 罗党论, 应千伟. 政企关系、官员视察与企业绩效: 来自中国制造业上市企业的经验证据[J]. 南开管理评论, 2012, 15(5): 74-83.

[54] 胥朝阳, 赵晓阳, 王晨晨. 研发投入、融资约束与企业绩效: 基于战略性新兴产业A股上市公司的经验证据[J]. 哈尔滨商业大学学报(社会科学版), 2018, (6): 89-100.

[55] 陈海声, 卢丹. 研发投入与企业价值的相关性研究[J]. 软科学, 2011, 25(2): 20-23.

[56] 岳书敬. 中国区域研发效率差异及其影响因素: 基于省级区域面板数据的经验研究[J]. 科研管理, 2008, (5): 173-179.

[57] 罗思平, 于永达. 技术转移、"海归"与企业技术创新: 基于中国光伏产业的实证研究[J]. 管理世界, 2012, (11): 124-132.

[58] Griliches Z. Patent statistics as economic indicators: a survey[J]. Journal of Economic Literature, 1990, 28(4): 1661-1707.

[59] 颜爱民, 马箭. 股权集中度、股权制衡对企业绩效影响的实证研究: 基于企业生命周期的视角[J]. 系统管理学报, 2013, 22(3): 385-393.

[60] 吴劼刚. 融资约束条件下的企业创新投入和企业绩效[D]. 北京: 北京交通大学, 2018.

[61] 郭梅清, 张成培. 企业年龄、研发投入与绩效的实证研究: 基于浙江省 A 股上市公司的经验数据[J]. 财会通讯, 2017, (36): 52-56.

[62] 叶超. 创业板上市公司董事会特征与公司绩效的实证研究: 以浙江省创业板上市公司为例[D]. 杭州: 浙江工业大学, 2017.

[63] 张显峰. 基于成长性和创新能力的中国创业板上市公司价值评估研究[D]. 长春: 吉林大学, 2012.

[64] 温忠麟, 张雷, 侯杰泰, 等. 中介效应检验程序及其应用[J]. 心理学报, 2004, (5): 614-620.

[65] 温忠麟, 叶宝娟. 中介效应分析: 方法和模型发展[J]. 心理科学进展, 2014, 22(5): 731-745.

[66] 白积洋. 银行监督提高了债务人的经营绩效吗?——来自房地产上市公司面板数据的实证检验[J]. 科学决策, 2012, (7): 1-37.

[67] 宋辉, 倪自银. 光伏产业链节点的技术与经济特征分析: 以江苏省为例[J]. 华东经济管理, 2014, 28(7): 86-89.

[68] 王玉泽, 罗能生, 刘文彬. 什么样的杠杆率有利于企业创新[J]. 中国工业经济, 2019, (3): 138-155.

[69] Lewbel A. Constructing instruments for regressions with measurement error when no additional data are available, with an application to patents and R&D[J]. Econometrica, 1997, 65(5): 1201.

[70] 陈昭锋. 政府主导式的中国光伏产业成长困境研究[J]. 现代经济探讨, 2013, (7): 39-43.

[71] 余东华, 吕逸楠. 政府不当干预与战略性新兴产业产能过剩: 以中国光伏产业为例[J]. 中国工业经济, 2015, (10): 53-68.

[72] 王舒娟. 我国光伏企业过度投资问题研究: 以超日太阳公司为例[D]. 广州: 暨南大学, 2016.

[73] 南晓莉, 张敏. 政府补助是否强化了战略性新兴产业的成本粘性?[J]. 财经研究, 2018, 44(8): 114-127.

[74] 袁潮清, 刘思峰. 区域创新体系成熟度及其对创新投入产出效率的影响: 基于我国 31 个省份的研究[J]. 中国软科学, 2013, (3): 101-108.

[75] 王余丁, 王蓓, 席增雷. 高新技术产业集聚对区域创新能力的影响研究[J]. 河北经贸大学学报, 2022, 43(2): 90-99.

[76] 李良成. 政策工具维度的创新驱动发展战略政策分析框架研究[J]. 科技进步与对策, 2016, 33(11): 95-102.

[77] 付红娟. 我国光伏产业政策对企业创新绩效的影响研究[D]. 北京: 华北电力大学(北京), 2020.

[78] 李凤梅, 柳卸林, 高雨辰, 等. 产业政策对我国光伏企业创新与经济绩效的影响[J]. 科学学与科学技术管理, 2017, 38(11): 47-60.

[79] 程跃, 段钰. 财政补贴政策对企业创新绩效的影响研究: 基于资源获取能力的实证思考[J]. 工业技术经济, 2022, 41(7): 104-112.

[80] 张杰, 陈志远, 杨连星, 等. 中国创新补贴政策的绩效评估: 理论与证据[J]. 经济研究, 2015, 50(10): 4-17, 33.

[81] 王晓珍, 蒋子浩, 郑颖. 风电产业创新政策有效性研究[J]. 科学学研究, 2019, 37(7): 1249-1257.

[82] 陈艳, 周园媛, 纪雅星. 产业政策对企业绩效的影响及作用机制研究: 来自中国光伏产业的经验数据[J]. 科技进步与对策, 2021, 38(22): 68-75.

[83] 何钰子, 汤子隆, 常曦, 等. 地方产业政策如何影响企业技术创新?——结构特征、影响机制与政府激励结构破解[J]. 中国软科学, 2022, (4): 45-54.

[84] 韩永辉, 黄亮雄, 王贤彬. 产业政策推动地方产业结构升级了吗?——基于发展型地方政府的理论解释与实证检验[J]. 经济研究, 2017, 52(8): 33-48.

[85] 朱平芳, 朱先智. 企业创新人力投入强度规模效应的分位点回归研究[J]. 数量经济技术经济研究, 2007, (3): 69-80.

[86] 颜晓畅, 黄桂田. 政府财政补贴、企业经济及创新绩效与产能过剩: 基于战略性新兴产业的实证研究[J]. 南开经济研究, 2020, (1): 176-198.

[87] 杨卫, 王陈陈. 政府补贴对战略新兴产业发展的影响: 以光伏上市企业为例[J]. 生态经济, 2019, 35(7): 76-81.

[88] 韦琳, 姚泳西, 顾群. 需求不确定性、股权激励与企业成本弹性[J]. 北京工商大学学报(社会科学版), 2021, 36(1): 68-80.

[89] 孙佳, 吕嘉琪, 于长宏. 异质性企业与基础研究决策[J]. 中国科技论坛, 2020, (4): 121-129.

[90] Melitz M J. The impact of trade on intra-industry reallocations and aggregate industry productivity[J]. Econometrica, 2003, 71(6): 1695-1725.

[91] de Loecker J. Do exports generate higher productivity? Evidence from Slovenia[J]. Journal of International Economics, 2007, 73(1): 69-98.

[92] 张沁琳, 沈洪涛. 政府大客户能提高企业全要素生产率吗?[J]. 财经研究, 2020, 46(11): 34-48.

[93] 任胜钢, 郑晶晶, 刘东华, 等. 排污权交易机制是否提高了企业全要素生产率: 来自中国上市公司的证据[J]. 中国工业经济, 2019, (5): 5-23.